◎ 万辅彬 蒋廷瑜 邹桂森 —— 著

BEILIUXING
TONGGU
DAGUAN

北流型铜鼓大观

广西科学技术出版社

编 委 会

作 者 简 介

万辅彬

男，汉族，1942年生，安徽繁昌人。中共党员，广西民族大学（原广西民族学院）原副校长，广西民族大学资深教授，博士生导师，首届广西高等学校教学名师，广西优秀留学回国人员。现任广西铜州文化研究会名誉会长、广西中华文化促进会铜鼓文化专业委员会主任，曾任中国古代铜鼓研究会常务理事，中国科学技术史学会理事、少数民族科技史专业委员会主任委员。先后主持3项国家自然科学基金项目、1项国家社会科学基金项目、1项国家社会科学重大项目子课题、2项国家软科学研究重大项目、1项自治区政府委托重大项目、2项国际合作项目。出版专著10余部，发表科技考古和科技史论文100余篇。1992年起享受国务院政府特殊津贴，2019年中共中央组织部授予"全国离退休干部先进个人"荣誉称号，2023年荣获中国古代铜鼓研究会终身成就奖。

蒋廷瑜

男，汉族，1939 年生，广西兴安人。广西壮族自治区博物馆二级研究馆员。1964 年毕业于北京大学历史系考古学专业，同年 9 月分配到广西壮族自治区博物馆工作。1979 年 7 月起历任广西壮族自治区文物考古工作队副队长、队长，广西壮族自治区博物馆馆长。主要从事田野考古及广西地方史、民族史研究，对广西先秦考古、秦汉考古、青铜文化及古代铜鼓有专门研究，发表学术论文 100 多篇，出版专著（含合著）20 余部。政协第六届、第七届广西壮族自治区委员会委员，曾任中国考古学会理事、广西历史学会副会长、中国古代铜鼓研究会理事长、广西文物专家小组组长、广西文物鉴定委员会主任委员、广西文史研究馆馆员。1990 年被评为广西有突出贡献科技人员，1991 年起享受国务院政府特殊津贴。2023 年荣获中国古代铜鼓研究会终身成就奖。

邹桂森

男，汉族，1988 年生，广西北流人，2020 年毕业于北京科技大学科技史与文化遗产研究院，科学技术史博士。现为广西民族大学科技史与科技文化研究院副教授，硕士生导师，英国剑桥李约瑟研究所访问学者。主要研究方向为科技史、冶金考古、铜鼓研究、商周考古，相关学术论文被 SSCI、SCI 收录，发表中文核心论文 10 余篇。主持科研课题 10 余项，其中包括国家级课题 1 项、国际交流项目 1 项、省部级课题 5 项。现任中国古代铜鼓研究会常务理事、广西铜州文化研究会理事、广西中华文化促进会铜鼓文化专业委员会秘书。

BEILIUXING
TONGGU
DAGUAN

大铜北
观鼓流
　　型

擂响北流型铜鼓
弘扬古铜州文化

北流市城区俯瞰图（刘军摄）

　　北流市，位于广西壮族自治区东南部，南与广东省高州市、化州市、信宜市接壤，地处北回归线以南，属典型的亚热带季风气候区。北流市是全国文明城市、国家卫生城市、国家园林城市、国家节水型城市、中国陶瓷名城、建筑之乡、荔枝之乡、百香果之乡、中华诗词之乡、中国慈孝文化之乡、中国乡贤文化之乡和广西第二大侨乡，也是百色起义和龙州起义领导人李明瑞，以及龙州起义领导人、中国工农红军高级将领俞作豫的故乡，同时也是"铜鼓王"的故乡。

　　北流历史悠久，秦始皇于岭南置三郡后，今北流市境域属象郡辖地。汉初，今北流市域属南越国；元鼎六年（公元前111年）至晋，属合浦郡的合浦、荡昌两县。南朝齐永明六年（488年），置北流郡（因圭江流向由南而北，故名），郡治在今北流市人民政府驻地陵宁路8号东北4千米望夫山东侧的圭江河畔，无属县，隶越州。南朝梁（502—557年）时，北流郡改称北流县，县治所在原北流郡所在地，是北流县行政建制之始。隋朝初期，北流县属合浦郡；大业二年（606年），陆川县并入北流县。唐武德四年（621年），"以州治之东有铜石山为名"置铜州，州治在今北流市人民政府驻地陵宁路8号东北3千米金龟岭南部宝圭驿东面的古城村，铜州古城现存有遗迹。五代至宋元时期，北流县隶容州；明清时期，北流县属梧州府。北流旧称"粤桂通衢"，素有"小佛山"和"金北流"之称。

北流市是北流型铜鼓的主要分布中心，因标准器型出土于北流而将该类型铜鼓命名为北流型铜鼓。《北流型铜鼓大观》一书由万辅彬教授、蒋廷瑜研究员和邹桂森博士著，万辅彬教授、蒋廷瑜研究员于2023年获得中国古代铜鼓研究会授予的"终身成就奖"，这本书全面记述了北流型铜鼓的发展脉络，介绍了国内外博物馆收藏的北流型铜鼓，讲述了许多北流型铜鼓特别是"铜鼓王"的故事，还介绍了北流型铜鼓铸造技术和调音技术，从历史文献、考古资料和热释光检测等方面综合分析北流型铜鼓的铸造年代等，确实蔚为大观、可圈可点。作为"铜鼓王"的故乡，北流市显现出比较活跃的活态铜鼓文化，如以北流型铜鼓铸造遗址为主题打造的广西铜石岭国际旅游度假区、以铜鼓形象及寓意展现的城市雕塑及城市亮化设施等。从北流型铜鼓开始铸造至今，北流这片土地一直生机盎然，在经济、文化等方面具有十分重要的地位。

北流型铜鼓的出现、发展和辉煌，说明当时北流一带矿产丰富，铜石岭铜矿数百年的开采，为当地的发展提供了坚实的物质基础。在北流市北边的平南县，有十多处西汉至唐代的冶铁遗址；在北流市西北部的贵港发现了罗泊湾汉墓，出土了大量器物，包括铜器两百余件、铁器二十余件，还有大量的漆器、竹木器残片，与纺织有关的陶纺轮和织机、织锦残片……其中，一面石寨山型铜鼓的胸部有六条船纹，这为西汉时期海上丝绸之路提供了技术证据。可见，当时北流及其周围地区，生产力相当发达，"富甲一方"，是海上丝绸之路第一港——合浦港的重要腹地。

汉代冶铜技术为北流陶瓷产业的发展提供了基础，因为陶冶（制陶与冶炼）是相互关联的，炼铜铸铜温度在1000℃左右，温度稍加提高，就可以烧制出精美的瓷器。宋代，北流制瓷业十分兴旺，北流河流域迅速成为南方最重要的产瓷区之一，形成"昼间白烟掩空，夜则红焰烧天"的生产盛况。北流河流域瓷窑数量众多，以岭垌一带的瓷窑最为密集，曾流传着"岭垌有99条龙窑"的说法，其规模之大全国少见，其品种之多享誉全国，其工艺之高令人叫绝。当时，岭垌龙窑生产的可与景德镇青白瓷媲美的日用品畅销海外。20世纪90年代初，广西文物工作队（今广西文物保护与考古研究所）的考古专家们，在岭垌窑发现有"宣和三年""绍兴十年""乾道六年""淳熙四年"等年款的瓷器印花模以及数百件瓷器，其中多件产品和碗模被定为国家一级文物。在对岭垌窑进行考古发掘的过程中出土了大量青白瓷残片，其数量之多、质量之精，全国罕见。

铸造铜鼓王、生产青白瓷都需要具有开创性的一流技术，这说明北流人自古以来就有追求卓越、拒绝平庸、争创一流、敢为人先的精神。

"千年铜州，活力北流！"北流自建制以来，铜鼓文化便作为其文化基因，深刻烙印在这片土地上。北流人民通过辛勤劳动，不断提高生活水平，创造出了不俗的成绩。近些年来，北流入选全国投资潜力百强县市、中国西部百强县市、全国休闲农业重点县，荣获全国健康城市建设进步最快城市、全国县域旅游发展潜力百佳县、广西高质量发展先进县、自治区民族团结进步示范市等称号。

2024 年为北流撤县设市 30 周年，回望历史，北流人民信心百倍，展望未来，豪情满怀。北流市已经制订了远景规划，决心在 2035 年与全国同步基本实现社会主义现代化；经济实力大幅提升，经济总量和城乡居民人均收入迈上大台阶；建成创新型北流，基本建成现代化经济体系；实现新型工业化、信息化、城镇化、农业现代化和乡村振兴中的一二三产业融合发展；努力"东融"，形成全方位开放发展格局；建成更高水平的法治北流、平安北流；建成文化旅游强市、教育强市、健康北流、美丽北流。

创造出北流型铜鼓的北流市有辉煌的过去，充满活力的北流市一定有更加美好的未来！

江家福

国家民族事务委员会原副主任

2024 年 6 月

前言

　　2017 年 4 月 19 日，习近平总书记在广西视察合浦汉代文化博物馆时强调，要让文物说话，让历史说话，让文化说话；要加强文物保护和利用，加强历史研究和传承，使中华优秀传统文化不断发扬光大；要增强文化自信，在传承中华优秀传统文化基础上发展社会主义先进文化，加快建设社会主义文化强国。

　　在习近平总书记的心中，中华传统文化具有重要的历史影响和现实价值。2021 年 4 月 27 日，习近平总书记在广西民族博物馆视察时，在馆藏 101 号北流型鼓（"铜鼓王"）前驻足，"铜鼓王"吸引了世界人民的目光。"铜鼓王"即北流出土的水埇庵铜鼓，鼓面直径约 165 厘米，残重 299 千克，是目前世界上最大的铜鼓，故称"铜鼓王"。"铜鼓王"属中国学者所划分的铜鼓八大类型中的北流型铜鼓。

　　北流型铜鼓，以广西北流市出土的铜鼓为代表。这类铜鼓，形体硕大厚重，鼓面宽大，边沿伸出鼓颈之外，有的鼓面边沿下折成"垂檐"；胸壁斜直外凸，最大径偏下，腰呈反弧形收束，胸腰间斜度平缓，只有一道凹槽分界；腰足间以一道凸棱分界，鼓足外侈，与鼓面直径大小相当；鼓耳结实，多为圆茎环耳；鼓面蛙饰小而朴实，太阳纹圆凸如饼且以八芒者居多，装饰纹样多为云雷纹。20世纪初，奥地利学者弗朗茨·黑格尔（Franz Heger）在铜鼓分类系统中，把这类铜鼓列为Ⅱ型。

北流型铜鼓在铜鼓研究中占有十分重要的地位。从考古资料而言，它是目前最早明确矿料来源的铜鼓类型。早在20世纪80年代，广西民族大学（原广西民族学院）、中国科学技术大学、广西壮族自治区博物馆等单位，在广西壮族自治区科学技术委员会的支持下，成立了"铜鼓矿料来源与铸造地点的研究"课题组，致力于探索铜鼓的矿料来源和铸造地点。该课题组分别从考古学、历史学、物理学、化学等不同学科提供的信息中，寻找铜鼓矿料来源与铸造地点的蛛丝马迹。根据广西考古界对北流铜石岭汉代冶铜遗址的研究，课题组认为从北流型铜鼓入手，比较容易找到突破口。主要做法是运用铅同位素质谱分析法寻找北流型铜鼓的矿料来源，也就是把北流型铜鼓的3种铅同位素（^{206}Pb、^{207}Pb、^{208}Pb）比值作为"指纹"，与铜石岭古铜矿的3种铅同位素比值进行比对，而后进行多学科综合性研究并得出结论。为了获取科学数据，课题组从广西壮族自治区博物馆和北流市博物馆等单位所藏的北流型铜鼓中提取试验样品，从北流及其周围十余个县提取矿料试验样品，对在北流铜石岭汉代冶铜遗址和容县西山汉晋冶铜遗址采集的炉渣、铜矿、铜锭、木炭、陶片、风管等遗物进行分析测试，从而找到它们之间的关系。与此同时，课题组还收集和查阅了大量历史档案资料，先后四次到北流、容县、桂平、横州等地进行民族学考察和考古学调查，实地录像，拍摄照片二百余张。多学科的综合性研究证明了北流铜石岭一带不仅是古代冶铜遗址，而且也是古代铸造北流型铜鼓的遗址，还是我国首次发现的铜鼓铸造遗址。

1986年10月，在河南郑州召开的"金属早期生产及应用"第二次国际会议（BUMAⅡ）上，课题组发表了《北流型铜鼓及其铸造遗址初探》和《广西北流型铜鼓的铅同位素考证》两篇论文，播放了录制好的《北流型铜鼓与铜石岭遗址》纪录片，得到国内外学者的好评。与会代表争先恐后地向课题组索取论文和纪录片的说明书，要求转录纪录片。1986年12月12日，中国新闻社发布了中国考古学、民族学、自然科学等学科的专家在当今世界上第一次找到铜鼓铸造遗址的消息，随后《光明日报》《新华文摘》等报刊转载了这一消息，中国国际广播电台也予以了报道。

1987年9月，在内蒙古呼和浩特召开的首届全国少数民族科技史学术讨论会上，课题组再次宣读了《俚人铸造铜鼓考》一文，并对以上研究成果作了进一步的阐述。

广西壮族自治区党委、人民政府有关领导同志对这一科研项目十分关心。时任自治区党委副书记李振潜听取了课题组的汇报，观看了《北流型铜鼓与铜石岭遗址》纪录片，并对课题组的研究成果给予了高度评价，希望课题组以此为起点，扩大研究领域，加强横向联系，取得更大的成果，并争取开发利用古代文化，为现代化建设服务。自治区人民政府原副主席、特邀顾问张声震要求课题组将此项研究工作深入下去，进行到底。

1987年11月25日，广西壮族自治区科学技术委员会召开了技术鉴定会议，中国科学院自然科学史研究所、中国社会科学院考古研究所、中国科学技术大学、北京工业学院（今北京工业大学）、四川大学、云南民族学院（今云南民族大学）、广西大学等科研和教学单位的九位专家对这项科研成果给予了充分的肯定，一致认为这项研究工作具有重大而深远的意义。首先，北流型铜鼓铸造遗址的发现解决了百余年来铜鼓研究未解决的难题，填补了铜鼓研究的空白，是一个突破性的进展。其次，研究方法有创新，运用铅同位素质谱分析法研究铜鼓的矿料来源，应用当时先进的VG-354质谱仪测定铜鼓和矿料的$^{207}Pb/^{206}Pb$、$^{208}Pb/^{206}Pb$等比值，为寻找铜鼓铸造遗址提供了"指纹"这一准确的科学数据。这是第一次利用自然科学方法解决青铜文化研究上难以解决的问题，为铜鼓和青铜文化研究提供了新的范例，这在国际上也是开创性的研究工作。最后，多学科合作、文理交叉的综合研究，不仅为铜鼓研究开创了新的途径，也为考古学、民族学、科学技术史的研究提供了新的经验。此外，万辅彬和蒋廷瑜两位教授牵头成立的"铜鼓王"复制小组经文化部正式批准，于1991—1997年在广西"九五"国家科技攻关项目——"世界铜鼓王的铸造工艺研究及复制"项目支持下对"铜鼓王"进行了研究复制，取得了巨大的成功。

进入21世纪以来，铜鼓研究方兴未艾。新成果不断涌现，极大地丰富了人们对铜鼓的认识。地方政府也正在加大对铜鼓文化的发掘与研究。北流型铜鼓作为历史上体型最大且最为重要的铜鼓类型之一，在一定程度上折射出古代岭南越人的物质文化、精神文化和制度文化，对民族文化传承与发展的意义重大。北流型铜鼓在古代岭南文化乃至古代中国南方青铜文化中占有十分重要的地位，其在铜鼓学术研究中的地位也十分突出。北流市是北流型铜鼓发源地、主要分布地与出土地，北流市委、市人民政府响应党中央号召，积极推进文物保护和文化遗产保护传承，挖掘文物和文化遗产的多重价值，组织专家学者编撰《北流型铜鼓大观》，讲好北流型铜鼓的故事。在当今大力推广文旅融合及弘扬中华优秀传统文化的背景之下，该书可让公众对北流型铜鼓这一广西文化名片有更为深刻的认识。

目　录

第一章

铜鼓的前世今生

世界上绝大多数鼓都以皮膜振动发声。数以千计出土于中国南方及东南亚的铜鼓，则是"铸铜为之，虚其一面，覆而击其上"。铜鼓的外形是"上宽而中束，下则敞口"。用宋人周去非的话来说："其制正圆而平其面，曲其腰，状如烘篮，又类宣座。"铜鼓由鼓面和鼓身组成，鼓面平展正圆，鼓身屈曲，分胸、腰、足三段。胸腰之间附有两对提耳，是一种用铜合金铸造的打击乐器。鼓面中心受击处略为隆起，有星形光芒状纹饰，称为太阳纹。太阳纹的周围环绕凸起的同心圆圈，称为弦，弦与弦之间的空隙处称为晕，晕圈之内装饰各种花纹。鼓身自上而下也划分有若干道平行的晕圈，填饰各种图案花纹。有的铜鼓在鼓面边沿装饰一些塑像，最常见的是青蛙，还有骑士、牛拉橇、凫、龟等等。

铜鼓这种奇特的乐器是我国古代南方少数民族创制的，在很多民族中长期流传使用，分布地域很广。我国云南、广西、贵州、广东、四川、重庆、湖北、湖南等省（自治区、直辖市）少数民族聚居地区都是铜鼓的分布区。在国外，越南、老挝、柬埔寨、缅甸、泰国、马来西亚、印度尼西亚等东南亚国家，以及大洋洲的巴布亚新几内亚，都有铜鼓出土。

1. 铜鼓的祖先是陶釜

极具地域特色和科技文化象征的铜鼓已流传 2700 年之久，其从最初的炊具中分离出来成为打击乐器，后来发展成为祭祀用的礼器，指挥作战用的军鼓和权力象征的重器，最后又回到民间作为乐器。这千古流传的青铜艺术瑰宝，至今还在中国南方和东南亚一些国家的民族之中使用，不但以自身雄浑的音色给众多古老民族世世代代带来欢乐，而且以它无穷无尽的奥秘，诱发着人们不断去思考和探索其内涵。

铜鼓作为打击乐器是从何演变而来的呢？我们知道，音乐产生于生产劳动过程中。在石器时代，人们打制石器时发现一些形状特别、石质较硬的石块能发出悦耳的声音，这样的石块就成了当时伴奏歌舞的乐器。相传春秋时期辑成的《尚书·虞书·益稷》里有一句话，"击石拊石，百兽率舞"，说的是一些人敲击、拍打着石磬，许多人便合着节拍跳起模仿百兽的舞。我们今天还可以在考古发掘中看到石制的乐器，如湖北随县播鼓墩出土的石磬。新石器时代有了陶器，人们在兴高采烈的时候，会情不自禁地敲击身边的陶器。新石器时代的陶釜不仅是人们日常生活必需的器具，还具有一切鼓类乐器的共性——有打击面和共鸣腔，因此适合做打击乐器。可以设想，当年人们在用陶釜煮食之后，在高兴之时，有人吁呀而歌，有人手舞足蹈，有人随手击打身边的陶釜作为伴奏。

后来，人们在无意中将孔雀石（一种铜矿石）投入火中，经过一段时间，便产生出一种呈黄色的金属块——有杂质的铜，它比陶坚硬，而且传热更快。我国古代先民经过摸索创造了范铸技术，人们便仿照陶釜的样子，用铜铸成铜釜。没承想，后来铜釜竟然变成了铜鼓。追溯起来，陶釜算是铜鼓的祖先。

2. 由铜釜变铜鼓的故事

关于铜鼓起源于何物的说法较多，有源于皮鼓说、源于錞于说、源于木臼说，似乎都有些道理，但源于铜釜说有考古证据支持，最后被人们普遍认同。

前面说到，铜鼓是由炊具铜釜演化而来的，所以早期铜鼓有炊具的痕迹（图1-1）。作为炊具的铜釜，主要作用是煮食，因此需要有一个易于接触火焰的底，便于受热；一个适量容积的体腔，便于盛食；一个略略敞开的口和微微内束的颈，便于承盖；为了方便提举，还要在腰部两侧设计一对半环状的耳。这就形成了釜高领、敞口、束腰、鼓腹、小平底的基本形态。云南西部古代濮人从敲击此类炊具受到启发，制作了专门用于打击的乐器铜鼓，原始形态的铜鼓也因此极像倒置的铜釜。

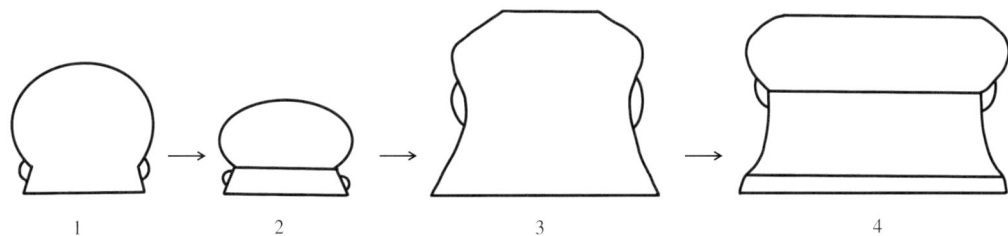

1、2.陶釜；3.铜釜；4.铜鼓。

图1-1 铜鼓发展示意图

1964 年，在云南省大理白族自治州祥云县大波那木椁铜棺墓中出土了一面鼓形釜及铜鼓。冯汉骥指出："祥云大波那铜棺墓中这种形状的铜釜及铜鼓的发现，给了我们以明确的启示。说明了早期铜鼓……是从铜釜发展而来，所以打击面只有一面而非两面。"

1975 年，考古工作者从云南楚雄万家坝的一座春秋晚期墓的棺底垫木下挖出 4 面铜鼓。这 4 面铜鼓的外表都很粗糙，鼓面小。引人注目的是，鼓面上有烟炱，说明它们曾作为炊具被使用过。经 ^{14}C 年代测定，这一墓葬距今 2640 ± 90 年。万家坝古墓群发掘简报指出："万家坝所出铜鼓，是迄今为止我国经科学发掘所获铜鼓中之最原始者。这批铜鼓身似釜，而且大部分鼓表面有烟痕，明显曾作炊爨之用；与此同时，有的釜又是利用铜鼓改制的。这些都足以证明本地的铜鼓不但是从釜发展而来，而且尚停留在乐器、炊器分工不十分严格的初期阶段。这对于解决铜鼓产生的时代、地点以及追溯其发展源流，都具有重要的意义。"这一结论已逐渐为国内外学者所认同。大量证据表明，"滇池和洱海之间这块富饶美丽的地方就是铜鼓与铜鼓文化的发源地"。

铜鼓不但在中国南方地区广泛流传，而且在东南亚的越南、老挝、缅甸、泰国、柬埔寨、马来西亚、印度尼西亚及大洋洲的巴布亚新几内亚都有出土。由于这些地区纬度低、炎热多雨，皮鼓容易受潮，会失去张力而松弛，声音变得低沉暗哑，木腔和皮面也容易霉烂。进入青铜时代，中国南方民族懂得用铜、锡、铅合金制造器物，即使在雨地里敲击这些器物，它们也能够发出清脆的响声，所以用青铜制鼓独受南方民族青睐。北方也曾有过仿木腔皮鼓做成上下皆有鼓面的铜鼓，如容庚和张维持合著的《殷周青铜器通论》中所著录的据说是商代的"双鸟饕餮纹鼓"，可惜这件器物早已流出国外，在国内只能看到它的图样，这类铜鼓均非敲之以作乐的鼓，极为罕见。从古至今，北方一直流行的是木腔皮鼓而非铜鼓。

铜鼓在中国南方诞生并广泛流传，最主要还是南方社会文化使然。铜鼓脱胎于铜釜后，其社会功能不断扩展。随着社会经济的发展，受人们精神上的追求及图腾崇拜意识的影响，铜鼓的功能、作用也变得愈来愈丰富多彩，用作猎首、乐器、重器、赏赐、贮贝、葬具、礼器等。大量出土器物上的歌舞、娱乐场景中，以及四川省珙县"僰人"悬棺葬崖画、广西的左江花山岩画上都有铜鼓形象。

铜鼓本身还是民族文化的载体，铜鼓的鼓身图案、立体饰物和铜鼓的社会功能反映了当时铸造和使用铜鼓民族的生产、生活、社会活动情形及精神追求和审美情趣。

3. 南方铜鼓的功用多过北方铜鼎

在历史长河中，伴随着科学技术的传播与发展，人类社会在不同时代、不同地域的文化具有多样性，可谓璀璨夺目、丰富多彩。由于南方铜鼓与北方铜鼎所处的时空不同，它们的社会文化功能和各自发展轨迹也不同，因此反映了中国南方（及东南亚地区）的文化多样性和独特性。

（1）北方铜鼎与王权

铜鼎的前身是新石器时代的陶鼎，陶鼎则是由陶釜发展而来。新石器时代之后，社会进入了使用青铜兵器和工具的时代，史称青铜时代。我国中原地区青铜时代便是夏、商、西周和春秋，这时陶鼎逐渐发展成铜鼎。由于统治者的需要，在晚商和西周早期，铜鼎铸造技术和设计艺术达到了高峰，铜鼎种类繁多，大体可分为圆鼎、方鼎及异形鼎。鼎上饰有丰富夸张的动物纹样。

①大禹铸九鼎的故事

《汉书·郊祀志上》记载，"禹收九牧之金，铸九鼎"，说的是大禹治水后，划天下为九州，命令九州的长官向中原进贡铜等金属，铸造九个大鼎。虽然现在还没有翔实的考古资料能证明大禹铸鼎，但夏铸鼎的可能性是存在的，这是因为在作为夏文化代表的二里头遗址发现了一批青铜器，其中有四件礼器——青铜爵是由至少四块范铸成的。掌握了块范铸造法，铸鼎也就不难了。正如考古学家张光直先生所说，"九鼎不但是通天权力独占的象征，而且是制作通天工具原料独占的象征。九鼎传说始于夏代是很恰当的"。

夏的统治者为什么要铸鼎呢?《左传·宣公三年》载王孙满说："昔夏之方有德也，远方图物，贡金九牧，铸鼎象物，百物而为之备，使民知神奸。故民入川泽山林，不逢不若，螭魅魍魉，莫能逢之，用能协于上下，以承天休。"

又如《国语·楚语下》云：

昭王问于观射父，曰："《周书》所谓重、黎实使天地不通者，何也？若无然，民将能登天乎？"对曰："……如是，则明神降之，在男曰觋，在女曰巫。……而敬恭明神者，以为之祝。使名姓之后，能知四时之生、牺牲之物、玉帛之类、采服之仪、彝器之量、次主之度、屏摄之位、坛场之所、上下之神、氏姓之出，而心率旧典者为之宗。于是乎有天地神民类物之官，是谓五官，各司其序，不相乱也。民是以能有忠信，神是以能有明德，民神异业，敬而不渎，故神降之嘉生，民以物享，祸灾不至，求用不匮。"

张光直先生认为这段话集中在"民""神"之间的关系，民、神之间的沟通要仰仗民里有异禀的巫觋，其中有高明者为祝为宗。巫觋在殷商王室中有重要地位，是智者、圣者，是有通天地本事者的通称。在帮助他们通神的配备中，如"牺牲之物"和"彝器之量"，商周的青铜礼器是为通民神，亦即通天地之用的，而使用它们的是巫觋。青铜彝器上的动物纹饰正是有助于巫觋沟通天地而配备的。由此可以清楚地看出，政治与宗教艺术是结合在一起的，作为通天地、通神民的巫术法器，青铜器可以与战车和戈钺、刑法这种统治工具相比。因为政权的集中在中国历史上一向是与财富的集中紧密结合，而财富集中又是文明产生的基础，所以中国古代青铜器作为统治工具的作用，在文明起源、国家起源、阶级社会起源这一类社会科学的原则性、法则性的问题上，有世界性的普遍意义。

自夏之后，鼎因在教化、沟通天人关系等方面起到的重大作用而为统治阶层所珍爱，进而演变成为庙堂的重器，累代传承，最终成为定国之宝。直至秦始皇、汉武帝都把它看得非同小可。

②周礼对列鼎的规定

周礼规定，鼎簋相配，即天子列九鼎八簋，以九鼎代表九州，以示驾驭、治理天下；诸侯七鼎六簋；卿、上大夫五鼎四簋；士三鼎二簋。

铜鼎是国家权力的象征，定都建国叫"定鼎"，迁都叫"移鼎"，改朝换代称作"革故鼎新"，试图篡权即为"问鼎"，天子威权谓之"一言九鼎"。

"问鼎"一词的由来有个故事。公元前1046年，纣王暴虐，商灭亡，九鼎为周武王姬发所得，姬发就建立了周朝。到公元前606年，楚庄王流露出觊觎天下的野心，就借朝拜天子的名义，到周王室去问九鼎的大小轻重，结果在周大夫王孙满那里碰了钉子。王孙满说："统治天下在乎德而不在乎鼎。"楚庄王很不服气地说："你不要依仗九鼎，我楚国有的是铜，我们只要折断戈戟的刃尖，就足够做九鼎了。"王孙满说："楚君您别忘了，当初夏禹是因为有德，天下诸侯都拥戴他，各地才贡献铜材，才能铸成九鼎以象万物。天子有德，鼎虽小却重得难以转移；如果天子无德，鼎虽大却是轻而易动。周朝的国运还未完，鼎的轻重是不可以问的。"楚庄王无话可说。从此以后，人们就将企图夺取政权称为"问鼎"。

在中原地区三代之时，铜鼎是奴隶主贵族的专用品，一般平民不能拥有。所谓"礼不下庶人"，其含义之一就是庶人无权用鼎。鼎是青铜礼器中的主要食器，在古代社会中，被当作"明尊卑，别上下"，即统治阶级等级制度和权力的标志。商代自早期至晚期，均有铜鼎出土，尤其是中晚商铜鼎数量之多、品种之繁、气势之大、制作之精，是其他器物所无法比拟的。从出土情况看商代用鼎制度，可见一斑，中型和小型墓陪葬的一般是一鼎或二鼎。无论是殷墟或殷墟以外地区大都如此。但是王室的陵墓则与之悬殊甚大。1976 年发掘的商晚期殷墟妇好墓（殷墟 5 号墓），妇好是商王武丁的配偶，该墓面积为 20 余平方米，殉人 16 具，出土方鼎 2 件，扁足方鼎 2 件、大小不同的圆鼎 32 件。随葬了如此多的鼎，可见中型和小型墓和王室墓等级差别之大。列鼎制度在西周是等级森严的。宝鸡竹园沟西周早期 1 号墓已出现大小相次、三具一组的列鼎，另有两具配鼎。关于礼器研究，主要依据《周礼》和《仪礼》，还有《说文》和《玉篇》等书中的若干材料。虽然《周礼》和《仪礼》记载的多为东周时期材料，而且经过汉儒整理、删改编纂，但还是可资参考的。鼎与簋数量的多少，代表统治集团内部等级的高低，每一件铜鼎和与之相配的其他青铜器物都是象征每一等级贵族地位的徽章与道具。如不按这个规定列鼎，就被视为"僭越"，是大逆不道的。

厄休拉·富兰克林指出："在中国，青铜生产的开始，表示具有能够获取与补充所需的强制劳动力蓄库的组织和力量的社会秩序存在。"青铜器的大规模制作，需要复杂的技术、充足的矿料、丰富的人力，这些都需要在国家组织与监督之下进行，青铜器（如鼎）便成为这种秩序的象征。

③铜鼎是祭祀的神器

据文献记载，西周时天子祭拜祖先用九鼎，第一鼎是盛牛，称为"太牢"，以下为羊、豕、鱼、腊、肠胃、肤、鲜肉、鲜腊；诸侯祭祀一般用七鼎，也称

"大牢",减少鲜肉、鲜腊二味;卿大夫祭祀用五鼎,称"少牢",鼎实是羊、豕、鱼、腊、肤;士祭祀用三鼎,鼎实是豕、鱼、腊。另外,士也有用一鼎的。

（2）铜鼓的多重角色

从历史演变的角度来看,铜鼓有它的产生和发展历程,其功能也由单一发展到多样。

关于铜鼓的社会文化功能,在几次全国铜鼓学术研讨会及4次国际会议上很多学者有了精彩的论述,铜鼓的多重角色归纳起来主要有以下5种。

① 铜鼓是作为乐器问世的。

由铜釜变铜鼓的一种合理的猜想:春秋时期,古人打仗时背着铜锅（釜）做饭,若打了胜仗,在极度兴奋的情况下,把锅翻过来,使劲敲打,呀呀而歌,舞之蹈之,于是铜锅就成了最方便的打击乐器。后来为了便于击打,就将锅底展宽成为鼓面。贵州师范学院蒋英教授在进行田野调查时,从布依族村民口中得知,在春秋战国时期,铜鼓用于指挥打仗,但由于铜鼓体积大,携带不便,因此逐步把鼓体改小;战争结束后,指挥作战的鼓又被改成了乐器铜鼓。

铜鼓作为乐器出现后,主要用途之一是用于演奏。有古书把铜鼓归在"蛮夷乐器"类,如唐代刘恂《岭表录异》就说"蛮夷之乐,有铜鼓焉",宋代的《太平御览》和《文献通考》两部书则都把铜鼓收在乐部。《新唐书·南蛮列传》记载,唐代东谢蛮宴聚时,击铜鼓,吹大角,歌舞以为欢。大概自诞生之日起,铜鼓就用在欢乐的场合了。在云南楚雄万家坝古墓群中,1面铜鼓和6个一组的铜编钟同埋在腰坑内,这意味着它们是互相配合演奏的一套乐器。在云南晋宁石寨山古墓中,铜鼓与葫芦笙共同出土,也是这方面的佐证。在石寨山古墓出土的铜鼓形贮贝器上印铸的图案中,有两人抬着一面铜鼓,一人双手戴大圆环、手舞足蹈,另外两人则打鼓唱歌,可以看出这也是娱乐的场面。唐代著名诗人白居易还以801年骠国（今缅甸伊洛瓦底江流域）王雍羌派悉利移城主舒难陀率一个文化使团随同南诏使臣到长安献乐的情景作了一首诗,诗中写道:"玉螺一吹椎髻耸,铜鼓一击文身踊。"

② 铜鼓用以赛神、祭祀。

击铜鼓以伴歌舞,而舞乐又与祈年禳灾等宗教活动密不可分。《宋史·蛮夷传》记载,在贵州的一些少数民族有了疾病不抓药,"但击铜鼓、沙锣以祀神鬼"。

晋宁石寨山古墓出土的贮贝器盖上的杀人祭祀场面图案中有铜鼓和錞于一并悬于架子上而被同时敲击的情景。石寨山出土的3件铜房屋模型,是模拟供奉祖先的"神房",其中可见铜鼓模型。

用铜鼓来赛神,到唐代已很普遍,温庭筠、许浑等在诗中记载了江南楚地用铜鼓参加赛神的情景,如"铜鼓赛神来,满庭幡盖裴回。水村江浦过风雷,楚山如画烟开""绿水暖春萍,湘潭万里春,瓦樽迎海客,铜鼓赛江神""谷响寒耕雪,山明夜烧云。家家扣铜鼓,欲赛鲁将军"。

在岭南赛神的事则更多,至今在广西左江两岸的崖壁上仍然可见古代留下的赭红色大型壁画,很可能就是古代击铜鼓赛江神活动的写实记录。

古人相信铜鼓声可与神沟通,当然也能与死去的先人沟通,因此铜鼓也被用来祭祀祖先,至今,广西河池东兰的壮族仍会举行祭祀祖先的活动,有铜鼓的宗族必敲铜鼓(图1-2)。

图1-2 广西东兰铜鼓舞表演(韦丹芳摄)

东南亚地区也同样用铜鼓进行祭祀。在泰国王宫里有一面铜鼓,是供国王及其亲属周末进香和献祭时用的。皇帝去世后,僧侣每天早晚祈祷完后就敲打这面铜鼓。此外,老挝琅勃拉邦王宫至今还珍藏有60多面铜鼓。越南芒族、傈傈族祭祖时也都使用铜鼓。

③用鼓声传递信息、指挥军队。

铜鼓是低频响器,鼓声在空气中可传得很远。清人檀萃在《滇海虞衡志》中说:"(铜鼓)会集击之,声闻百里以传信。"据晋人裴渊《广州记》载,当时居住在岭南地区的俚僚在打仗时，"鸣此鼓集众，到者如云"。到隋代，情况还是如此。《隋书·地理志》说："（俚人）欲相攻，则鸣此鼓，到者如云。"

铜鼓用来指挥军阵也是自古有之。《唐六典·武库令》载，"凡军鼓之制有三：一曰铜鼓，二曰战鼓，三曰铙鼓"，并注云"铜鼓盖南中所置"，指明是南方铜鼓。唐代诗人李贺的《黄家洞》作了形象的描述："雀步蹙沙声促促，四尺角弓青石镞。黑幡三点铜鼓鸣，高作猿啼摇箭箙。"南宋诗人陆游的《老学庵笔记》说，"（铜鼓）南蛮至今用于战阵、祭享"。历代中央王朝，在镇压西南少数民族时，多以缴获铜鼓为战利品。

④铜鼓也是权力象征的礼器。

在滇池畔的晋宁石寨山滇王墓中，出土了19面精美的铜鼓，另外还有6面铜鼓形贮贝器及各种铜鼓形状的装饰品。这些铜鼓铸造工艺精良、纹饰繁缛，足见当时铜鼓的社会功能已明显地发展为权力和财富的象征。

"国之大事，在祀与戎"。由于祭祀和战争都由统治阶级的首领主持，铜鼓成为首领沟通天神的礼器和指挥战阵的军鼓，因此铜鼓成了占有者身份和地位的标志。这很像中原地区的钟、鼎等彝器。裴渊《广州记》称"有鼓者，极为豪强"；《明史·刘显传》更是载："得鼓二三，便可僭号称王。"

铜鼓既成礼器，就不只是用于敲击和实用的东西了，更重要的是作为权力的象征。在晋宁石寨山古墓出土的铜鼓形贮贝器图案中，以干栏式楼房作为祭台，围绕着祭典的女祭司，在祭台的左、右、后三面共陈列了16面铜鼓。

因为铜鼓作为权力重器被用于陈设，所以除了追求数量多，还追求体形大。到了汉代，北流型、灵山型等粤式铜鼓竞相比大，"鼓唯高大为贵"。最大的一面铜鼓（广西民族博物馆馆藏101号鼓）鼓面直径达165厘米，堪称世界"铜鼓王"。这样的庞然大物悬之于堂，可令人望而生畏。

⑤铜鼓是夸富的象征。

值得注意的是，在万家坝墓葬中出土的早期铜鼓，有4面作为垫棺之用。可见除了前面所述的正在由炊具转化为乐器，铜鼓还正在转化为用以区别尊卑和夸示富有的祭祀礼器。

铜鼓曾作为珍贵物品被少数民族首领赏赐给有功者。《新唐书·南蛮列传》说："（东谢蛮）赏有功者以牛、马、铜鼓"。他们还把铜鼓作为珍贵的贡品进献给中央王朝。《宋史·蛮夷传》说："（乾德）四年，南州进铜鼓内附，下溪州刺史田思迁亦以铜鼓、虎皮、麝脐来贡。"

可以说，铜鼓历来就是价格昂贵之物。《明史·刘显传》中还记载"鼓声宏者为上，可易千牛，次者七八百"，这也许是一种夸张说法，但无论如何，铜鼓只有富人才能买得起，而买铜鼓的动机只是为了提高社会地位。所以，铜鼓不仅是权力的象征，也成为财富的象征。有的学者认为，铜鼓与"夸富宴"有密切关系。汪宁生在《铜鼓与"夸富宴"》一文中介绍了云南佤族中铜鼓主举行"砍牛尾巴"时的情景：众人齐集剽牛、大吃大喝，消耗大量财富。铜鼓响声既可宣告宴会开始，又可渲染热闹气氛。在佤族中，一面铜鼓要用三头牛或一个奴隶才能买到，只有"珠米（富人）"及新兴头人才能拥有。

我国贵州的三都水族、老挝的拉棉人都有类似风俗。铜鼓既然作为财富的象征，也就可以拿来作装载财宝的"聚宝盆"。云南石寨山古墓出土的不少铜鼓满盛当时作为货币流通的海贝，滇人甚至仿造铜鼓之形制作专门装载货贝的铜贮贝器。古代越南也有类似现象。铜鼓如此贵重，所以统治者死后把铜鼓作为陪葬品，在云南晋宁、江川、楚雄，广西田东、贵港，贵州赫章、遵义等地的古墓中出土的铜鼓，就是作为陪葬品埋入地下的。

贵州师范学院蒋英副教授的《铜鼓颂》对"扮演多重角色"的铜鼓的社会文化功能做了很好的概括：

> 铜鼓锵锵，声震山岗，号召勇士，御敌卫疆，
> 披坚执锐，血战沙场，鼓声激励，凯旋回乡。
> 铜鼓咚咚，声震林中，春种秋收，五谷丰登，
> 载歌载舞，天赐无穷，祭祀大地，人神相通。
> 铜鼓铛铛，声震山庄，佳节婚嫁，亲朋满堂，
> 主宾同庆，喜庆吉祥，人寿年丰，家邦兴旺。
> 铜鼓扑扑，声震山谷，长者逝去，子孙哀哭，
> 诵经念咒，魂归天府，佑我后裔，既寿且福。
> 铜鼓田田，声震霄汉，神器宝物，永奉堂前，
> 敬爱有加，世代相传，民殷国强，兆民腾欢。

第二章

传遍中国南方和东南亚的铜鼓家族

1. 铜鼓的传播

自古以来，代表历史文化的器物都会随着民族的迁徙、战争的推进和经济文化交流，以交换、贸易、征服、劫掠等方式传播，无论是中原文化或少数民族文化都是如此。在这种相互渗透的作用下，冶铸技术和铜鼓文化不胫而走，并且与当地民族文化融为一体，有所创新，得到不断发展。

铜鼓产生之后，很快传播到周围地区。大约在战国晚期至西汉早期，铜鼓从云南中西部向东传到滇池一带，并进一步发展成熟，成为形态稳定、装饰华丽的青铜艺术品。此后，又沿着大江大河，通过一些民族的迁徙和民族间的交流、融合，向东、南、北三个方向呈扇形传播到更远的地方。向东传的一支，通过南盘江东下广西，到达西江中游地区；向北传的一支，经贵州西部和云南北部到达四川南部；向南传的一支，沿红河南下到越南。

（1）铜鼓东传

铜鼓从铜釜分离出来成为专门的乐器，时间是公元前7世纪左右，中心地点在我国云南中部偏西地区，当时生活在那里的是濮人。濮人与百越民族有密切的联系，他们是通过大河巨川互相交流的。

万家坝型铜鼓，其分布中心在云南，但也传播到了广西。1993年3月17至18日，在广西田东县境内右江北岸的祥周乡（今祥周镇）联福村联合小学大门前10米处，挖出A、B两面铜鼓。A鼓通高32厘米，鼓面直径50厘米，胸径60.5厘米，足径66厘米，鼓面有不规则的太阳纹十五芒，腰部有几条纵线划分的格子纹，其他地方都无纹；B鼓通高37厘米，鼓面直径50厘米，胸径60.5厘米，足径66厘米，鼓面太阳纹二十二芒，芒外有杂乱的晕圈，腰部有纵向的曲折纹界格，足部有半菱形格子纹和勾连回纹。这2面铜鼓的鼓面小，鼓胸外凸，鼓腰极度收束，鼓足短矮；足径特大，胸腰之际的4只扁耳很小，鼓身花纹简单、粗犷，与云南楚雄万家坝等地出土的早期铜鼓相似，属于万家坝型铜鼓。这两面铜鼓的出土，结束了未在广西发现万家坝型铜鼓的历史，填补了广西铜鼓发展序列的空白，对研究铜鼓的起源和传播具有十分重要的意义。

1994年6月13日，在广西田东县林逢乡（今林逢镇）和同村大岭坡又出土了1面万家坝型铜鼓。大岭坡是一处低矮的丘陵山地，村民黄善贵、李南儒等人耕地时无意中发现这面铜鼓。这面铜鼓原始古朴，鼓面直径 34 厘米，通高 29 厘米，鼓面小，胸部突出，腰部内缩，下部外撇，鼓足极短；鼓面中心太阳纹光体凸起，有不规则的 11 道光芒，胸、腰间有两对小扁耳，腰上半部用绳索纹夹对角三角纹纵向分格，下半部分别饰回纹、绳索纹各 2 道（图 2-1）。第二天在出土铜鼓的地方又挖出 1 枚铜甬钟。经现场勘察，出土这两件青铜器的地方应是一处墓葬，其时代当属春秋晚期或战国早期。

万家坝型铜鼓也传播到了广东。2000 年 7 月在广东省湛江市徐闻县大黄乡（今城北乡）社朗仔出土了一面铜鼓。这面社朗仔铜鼓鼓面直径 27 厘米，足径 37 厘米，鼓面中心太阳纹十芒，胸腰饰直条纹，鼓体较小，鼓身纹饰粗糙简陋。2001 年，徐闻县南山镇迈熟村又出土一面铜鼓。迈熟村铜鼓鼓面直径 38.5 厘米，通高 30.7 厘米，鼓沿内敛，平缓过渡至鼓肩，鼓肩和鼓胸圆，鼓腰内束，鼓足外扩；鼓面中心太阳纹十六芒，胸腰饰直条纹，晕圈以下饰稀疏的垂直叶脉纹，足部环饰水波纹（图 2-2）。

图 2-1　大岭坡铜鼓　　　　　　　　　　　图 2-2　迈熟村铜鼓

考古发掘证明，早在战国至西汉时期，万家坝型和石寨山型铜鼓均已东传至广西、广东，而战国至东汉时期骆越人留下的世界文化遗产——左江花山岩画中的 368 面铜鼓也是铜鼓东传的重要佐证。

左江花山岩画中的 300 多面铜鼓属于何种类型？专家运用考古类型学分析，认为花山岩画中的铜鼓主要为万家坝、石寨山两种类型。王克荣等人将左江岩画所绘的铜鼓图像分为 6 类，并指出这 6 类铜鼓图像的共同点是没有在鼓面绘出任何立体装饰物，这显然是早期铜鼓的图像，与以各种立体饰物为鼓面特征的冷水冲型铜鼓、灵山型铜鼓、北流型铜鼓和西盟型铜鼓均无关。其中，Ⅰ类至Ⅴ类铜鼓图像所代表的铜鼓相当于万家坝型铜鼓；Ⅵ类鼓面有日体、芒体及双层单弦晕圈，形体也比较大，但鼓面没有出现立体饰物，应为石寨山型铜鼓（表2-1）。此外，万辅彬等学者认为，左江花山岩画所绘铜鼓类型，除了王克荣等指认的万家坝型、石寨山型，还应包括东山型早期铜鼓。

表2-1 左江花山岩画铜鼓图像分类

类型	特征
Ⅰ类	鼓面无纹饰
Ⅱ类	鼓面有日体，无芒及晕圈
Ⅲ类	鼓面有日体，有芒，芒多在四至八芒间，无晕圈
Ⅳ类	鼓面有日体及一层单弦晕圈，无芒
Ⅴ类	鼓面有日体，有芒及一层单弦晕圈
Ⅵ类	鼓面有日体，有芒及双层单弦晕圈

《后汉书·马援传》："援所过辄为郡县治城郭……自后骆越奉行马将军故事……援好骑，善别名马，于交趾得骆越铜鼓，乃铸为马式，还上之。"这是目前有关骆越铜鼓的最早历史文献记载。此处伏波将军马援于交趾地区所缴获骆越铜鼓的时间最迟不会晚于公元49年，这与花山岩画中铜鼓图像的绘制年代有所重叠。可想而知，属于骆越地区的左江流域的铜鼓也可能被马援缴走殆尽，所以近几十年来，在左江流域未见万家坝型、石寨山型和东山型铜鼓出土，却出土了冷水冲型、灵山型、西盟型铜鼓。出土的这些铜鼓与花山岩画中的铜鼓图像有什么关联呢？我们认为东汉以后，西江流域的冷水冲型、灵山型铜鼓沿着河流传入左江地区，并且得到骆越后裔的推崇，活跃于该地区的骆越人及其后裔用鼓、尚鼓的习俗得以延续。例如，万震的《南州异物志》就曾对东汉时期居住在广州以南、交州以北的乌浒人喜好"击铜鼓、歌舞"的习俗进行记载。从目前所掌握的文献资料与考古出土文物情况来看，我们认为左江流域已出土的冷水冲型、灵山型、西盟型铜鼓与花山岩画中的铜鼓图像不但有着内在联系，而且一脉相承，这一

点可以从广西崇左市的龙州县、大新县、江州区、扶绥县等左江流域出土的铜鼓中得以探明。

滇池往东，石寨山型铜鼓一路由南盘江经贵州和广西交界地区，并经红水河传播到百濮族群中的句町和夜郎地区；另一路通过驮娘江、西洋江顺流而下，首先在广西百色的西林、田林传播，极易到达右江河谷。

1972 年 7 月，广西西林县八达公社普合大队（今普合乡）普驮粮站在开辟晒场时，发现一处用石寨山型铜鼓作葬具的二次葬古墓，出土了一批珍贵文物。墓的形制非常特殊，墓坑略作圆形，造作不规整，直径 1.5～1.7 米，深 2 米；在地表之下深约 0.6 米处有一块圆形石板盖住墓口，石板下面并排放着 12 块大小不等的石条，石条下面是 4 面铜鼓，互相套合埋在地下。石板和石条都是已风化的石灰石，有的有加工痕迹。随葬品一部分散布在铜鼓周围，一部分装在铜鼓内。在最内层的铜鼓内堆放有骨骸。经广西医学院（今广西医科大学）解剖教研室鉴定，认为死者是男性，年龄在二十五岁左右。晋人裴渊《广州记》载"俚僚贵铜鼓"；《隋书·地理志》载"有鼓者号为'都老'，群情推服"；直到明代，《明史·刘显传》载"得鼓二三"还可"僭号称王"。用铜鼓给死者作葬具，当然不是寻常的事。云南楚雄万家坝、江川李家山和晋宁石寨山发掘的时代相当于春秋至汉代的墓葬中都有随葬铜鼓的现象。晋宁石寨山是滇王及其王族的墓地，一墓随葬铜鼓最多只有 3 面。西林铜鼓葬用四面铜鼓作葬具，互相套合，象征着内棺外椁，当然是十分隆重的，墓主人生前地位显赫可由此想见。死者骸骨周围散布着无数细如粟粒的松绿石珠和残绢片，推测原是"珠襦"裹骨，这在统治阶级中也不是一般的殓葬制度。骑马俑的骑士头戴武冠，身穿袴褶、缚裤，束臂轮，脚穿靴，威武雄健，可能就是墓主人生前的形象。随葬品中有铜柄铁剑、铁铤铜镰等武器，有耳杯等食器，有六博等玩具，还有大量玉石、玛瑙佩饰。综合这些情况，可以推知墓主人很可能就是句町首领。

20 世纪 70 年代，在广西贵县（今贵港）发掘了南越王时期的一座古墓，出土了几面精美的石寨山型铜鼓，其中一面（M1∶10）铜鼓被定为国家一级文物 A 类，为国宝（图 2-3）。2023 年 5 月，考古队在广西平果市黎明乡蟠桃村那物屯的达洪江水库库区的一处战国墓葬中发现了一面石寨山型铜鼓。这一发现很可能证实，经句町和夜郎地区的滇式（万家坝型、石寨山型）铜鼓继续东传，与北来的楚（汉）文化交会于郁江流域（北流型铜鼓和灵山型铜鼓）和浔江流域（冷水冲型铜鼓），并在汉至两晋时期在两广地区南部形成一个新的器形硕大并被人们称为"粤式铜鼓"的分布中心。这里汉时居住着百越族群的后裔乌浒人，即后来的俚人。他们与北边的楚、西边的滇、南边的骆越密不可分，并把铜鼓传播到广东的云浮和阳江，经雷州半岛直抵海南岛。

图 2-3 罗泊湾 M1：10 铜鼓
（上图为朱谨拍摄，下图为广西民族博物馆提供）

（2）铜鼓向其他方向的传播

滇池往南，经向东南奔流的礼社江到元江，石寨山型铜鼓传到了红河三角洲。生活在那里的也是骆越人。由于他们具有较发达的农业文明和青铜冶铸业，使铜鼓铸造工艺在这个地区获得了充分的发展。越南东山地区出土的大量铜鼓集中反映了他们的成就，东山铜鼓以其显著的特点及大规模制作，成为东山文化的代表。

越南北部的一支往南发展，到老挝、柬埔寨、泰国、马来西亚，远至印度尼西亚的爪哇岛、苏门答腊岛和康厄安群岛，往东到卡伊群岛的土瓦岛，最远到达大洋洲的巴布亚新几内亚。

滇池以北，横陈着金沙江，使石寨山型铜鼓很便利地散布到四川和重庆南部地区，往东北遍及贵州，最东到达湖南西部山区。在贵州和广西西北部，经由遵义型铜鼓发展成为麻江型铜鼓。

云南南部往西，铜鼓文化流入缅甸掸邦地区，在这里形成一个晚期铜鼓——西盟型铜鼓的铸造中心。

2. 铜鼓的分类

铜鼓在发展与传播过程中，在不同时代、不同地域出现了不同形态特征。为了更好地研究铜鼓及其文化，学者们对铜鼓进行了分类。最早开展该工作的是德国学者迈尔（A.B.Meyer）和夫瓦（W.Foy），他们将52面铜鼓按形制和纹饰的不同分为6个类型。奥地利学者黑格尔（F.Heger）在1902年出版的《东南亚古代金属鼓》中将165面铜鼓分为4个主要类型和3个过渡类型，成为铜鼓科学分类基础。

中国作为铜鼓的发源地和分布中心，中国学者也对铜鼓的分类作了长期研究与讨论。在1980年召开的第一次中国古代铜鼓学术研讨会上，经过反复磋商，决定用标准器分式，并用标准器出土地名命名，将中国的铜鼓分为八大类型：万家坝型、石寨山型、冷水冲型、遵义型、北流型、灵山型、西盟型和麻江型。

这八大类型可归为两大系：滇桂系和粤桂系。滇桂系以云南为中心，主要分布在铜鼓分布区域的西部，包括前面说到的原始形态的万家坝型和由它直接发展而来的石寨山型，以及后来的冷水冲型、遵义型和麻江型等5个类型铜鼓。粤桂系又以广西为中心，主要分布在铜鼓地区的东部，包括北流型、灵山型和西盟型等3个类型的铜鼓。

（1）万家坝型铜鼓

以云南省楚雄市万家坝古墓群出土的一批铜鼓为代表。这类鼓鼓面特别小，鼓胸特别外凸，鼓腰极度收束，鼓足很矮，但足径特大，足沿内有一周折边，胸腰之际的四只扁耳小；花纹简单、古朴，有一种稚拙味，给人以稳重感。鼓面太阳纹有的仅有光体而无光芒，有的有光芒，而芒数无定；鼓面除太阳纹外多为素面，没有晕圈。鼓胸和鼓足均素面无纹，腰部也只是由几条纵线划分成几个格子纹；鼓身的内壁接近足沿处有稚拙的菱形格子纹、爬虫纹或简单的云头纹。

（2）石寨山型铜鼓

以云南省昆明市晋宁石寨山汉代墓葬出土的一批铜鼓为代表。这类鼓鼓面宽大，胸部突出，足部纹饰丰富华丽，布局对称。鼓面中心是太阳纹，其光体与芒浑然一体，三角芒之间填以斜线。太阳纹之外是一道道宽窄不等的晕圈，窄晕中饰以锯齿纹、圆圈纹、点纹等构成的花纹带；宽晕是主晕，饰以旋转飞翔的鹭鸟。胸部也饰有与面部相同的几何纹带，其主晕则饰以人物划船的写实画像。腰部除晕圈组成的纹带外，还有由竖直纹带分隔成的方格，方格中饰以牛或砍牛仪式及穿戴羽毛装饰的人跳舞的图像。此类铜鼓造型较雄伟，且纹饰精美。黑格尔将此类铜鼓归为Ⅰ型。

（3）冷水冲型铜鼓

以广西藤县濛江镇横村冷水冲出土的铜鼓为代表。这类铜鼓体形高大、器身轻薄；鼓面宽大，但不出沿或稍稍出沿；鼓胸略大于鼓面直径或与鼓面直径相等，稍微膨胀；鼓腰上部略直，最小径在中部，鼓足较高，鼓耳宽扁，饰辫纹。纹饰总的特点是瑰丽而繁缛。鼓面中心太阳纹基本为十二芒，芒间夹实心双翎眼坠形纹；鼓面边沿有立体蛙饰，有的在青蛙之间再饰以骑马、牛橇、水禽、龟等动物塑像；鼓面、鼓身遍布各种图案花纹，主晕为高度图案化的变形羽人纹和变形翔鹭纹。鼓胸多有图案化的变形船纹，鼓腰有变形舞人图案和细方格纹，鼓足多有圆心垂叶纹（图2-4）。黑格尔将此类铜鼓归在Ⅰ型内。

图 2-4 冷水冲型铜鼓鼓面拓片

（4）北流型铜鼓

以广西北流出土的铜鼓为代表（图 2-5）。这类铜鼓体形硕大厚重；鼓面宽大（图 2-6），伸出鼓颈之外，边沿有垂檐；胸壁斜直外凸，最大径偏下，胸腰际收缩，曲度不大，以一道凹槽作为胸腰分界，鼓腰成反弧形，腰足间以一道凸棱分界；鼓足外侈，与鼓面直径大小相当；鼓耳结实，多为圆茎环耳（图 2-7）。纹饰方面，鼓面雕塑小而朴实（图 2-8）；太阳纹圆凸如饼，以八芒居多；装饰纹样以云雷纹居多。黑格尔将此类铜鼓归在 Ⅱ 型内。

图 2-5 北流型铜鼓

图 2-6 北流型铜鼓鼓面拓片
（广西民族博物馆提供）

图 2-7　北流型铜鼓鼓耳　　　　　图 2-8　北流型铜鼓虎饰（王梦祥摄）

（5）灵山型铜鼓

以广西灵山县出土的铜鼓为代表。这类铜鼓形制接近北流型铜鼓，体形厚重，装饰精巧。鼓面平展，稍广于或等于鼓身，边沿伸出，但不下折，胸壁微凸，最大径居中；胸以下逐渐收缩成腰；胸腰间仅以细线为界；附于胸腰之际的鼓耳均为带状叶脉纹扁耳。鼓面所饰蛙饰都是后面二足并拢为一的三足蛙，蛙背上饰划线纹或圆涡纹，有的青蛙背上又有小青蛙，成累蹲蛙；鼓面中心太阳纹圆突如饼，光芒细长如针，常七至十二芒，芒数不一；装饰花纹多以二弦分晕，鼓面和鼓身各有三道较宽的主晕，以骑兽纹、兽形纹、鹭鸟纹为主体纹样，其他晕圈饰云纹、雷纹、半圆纹、半圆填线纹、席纹、四瓣花纹、四出钱纹、连钱纹、虫形纹、水波纹等；蝉纹一般作边饰。其中一些铜鼓的鼓耳下方装饰有动物塑像（图 2-9）。黑格尔将此类铜鼓归在 Ⅱ 型内。

图 2-9　灵山型铜鼓（广西民族博物馆提供）

（6）遵义型铜鼓

以贵州省遵义市南宋播州土司杨粲夫妇墓出土的铜鼓为代表。这类铜鼓鼓面无蛙饰，鼓面边沿略伸出鼓颈之外，鼓面直径、胸径、足径相差甚微，胸、腰、足各部的高度相当接近，胸腰间缓慢收缩，无明显分界线，胸腰际附大跨度扁耳两对。鼓面边沿无蛙饰，但有蛙趾装饰；纹饰简单，几何纹用同心圆纹、连续角形图案、羽状纹、雷纹构成，主纹则是一种由一个圆圈缀两条飘动的带子组成的游旗纹。此类铜鼓数量较少，主要发现于贵州，在广西、云南、四川也有出土。

（7）西盟型铜鼓

以云南省西盟佤族地区仍在使用的铜鼓为代表。这类铜鼓器身轻薄、体形高瘦，鼓面宽大，边沿向外伸出，鼓身为上大下小的直筒形，胸、腰、足没有分界线。鼓面太阳纹一般为八芒或十二芒，三弦分晕，晕圈多而密，纹饰多小鸟、鱼形纹、多瓣圆形团花纹和米粒纹。鼓面有立体青蛙，常见二蛙或三蛙甚至四蛙叠踞，有的鼓身纵列立体的象、螺蛳、玉树等饰物。黑格尔将此类铜鼓归为Ⅲ型。

（8）麻江型铜鼓

以贵州省麻江县谷峒区卫生所发现的一座古墓中出土的铜鼓为代表。这类铜鼓体形小而扁矮，鼓面略窄于鼓胸，鼓面边沿微出于鼓颈外，鼓身胸、腰、足间的曲线柔和，无分界标志，腰中部起凸棱一道，将鼓身分为上下两节，胸部有大跨度的扁耳两对。黑格尔将此类铜鼓归为Ⅳ型。

除中国铜鼓的分类方式外，在东南亚诸国，还有越南的东山型铜鼓及印度尼西亚各类型铜鼓。

（9）东山型铜鼓

东山型铜鼓是越南学者在东山文化被发现之后对越南早期铜鼓的命名，是东山文化的典型器物。此类铜鼓上的纹样如太阳纹、翔鹭纹、羽人纹、鹿纹、船纹、圆圈纹、切线纹、锯齿纹、栉纹，与东山文化铜器的纹样相似（图2-10）。越南东山型早期铜鼓与中国石寨山型铜鼓比较相似，但也有明显区别：石寨山型铜鼓具有圆锥形腰，东山型早期铜鼓则是圆筒形腰；在鼓面写实性题材的纹饰分布上，东山型早期铜鼓内侧有乐舞纹，外侧有翔鹭纹的较多，石寨山型铜鼓外侧虽也有翔鹭纹，但内侧饰有鸟类之外的动物纹却很少；石寨山型几何纹饰种类较少，东山型早期铜鼓几何纹饰种类较多。越南东山型晚期铜鼓则与中国冷水冲型铜鼓相似，鼓面都有蛙饰。此类铜鼓主要属于黑格尔分类 I 型。

（10）印度尼西亚铜鼓

印度尼西亚铜鼓种类繁多，参考借鉴黑格尔的"4型"分类法、中国学者的"八大类型"分类法，以及越南学者的"5型22式"分类法，可把印度尼西亚铜鼓分为4类10型。所谓4类，是指黑格尔型铜鼓、贝静型铜鼓、莫科鼓型铜鼓和新型铜鼓；所谓10型，则以印度尼西亚最常用的铜鼓名称"纳伽拉"分别命名为纳伽拉（Nekara Type） I 型、 II 型、 III 型、 IV 型、 V 型、 VI 型、 VII 型、 VIII 型、 IX 型和 X 型（图2-11）。

图2-10　东山型铜鼓

纳伽拉 I 型

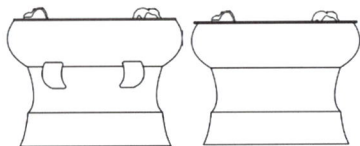

纳伽拉 II 型

纳伽拉 III 型

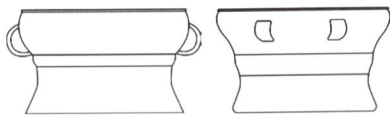

纳伽拉 IV 型

纳伽拉 V 型

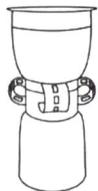

纳伽拉 VI 型

纳伽拉 VII 型

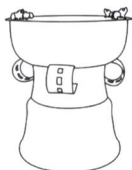

纳伽拉 VIII 型

纳伽拉 IX 型

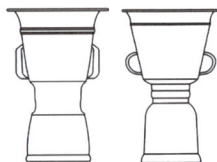

纳伽拉 X 型

图2-11　印度尼西亚纳伽拉铜鼓

3. 铜鼓的分期

关于铜鼓的分期分型，学者们有多种分法，笔者近年来对此又有进一步思考并做了新的调整，将铜鼓分为 6 期 12 型。

（1）滥觞期：万家坝型铜鼓

任何事物都有产生和发展的过程。从已有的考古资料来看，当数万家坝型铜鼓出现时间最早，是最原始型的铜鼓，以云南省楚雄彝族自治州万家坝社区春秋战国时期墓葬出土的一批铜鼓为代表。出土的铜鼓中多面有火熏痕迹，残留烟炱，说明它们是由炊具铜釜演变而成的滥觞期铜鼓（图 2-12）。

图 2-12 滥觞期的万家坝型铜鼓（广西民族博物馆提供）

万家坝型铜鼓属濮人铜鼓，濮是云贵高原本土民族。云南省的元江古称濮水，濮人沿江居住，是一个很大的族群，濮人属西南夷的靡莫之属。《史记·西南夷列传》记载："西南夷君长以什数，夜郎最大；其西靡莫之属以什数，滇最大；自滇以北君长以什数，邛都最大；此皆魋结，耕田，有邑聚。"从考古资料来看，制造万家坝型铜鼓的濮人已住干栏式房屋，使用青铜农具，梳椎结发式，与《史记》所载相合。有的学者把所有万家坝型铜鼓又按成熟程度分为 4 式，这里就不细说了。

（2）成熟期：石寨山型铜鼓和东山型早期铜鼓（黑格尔 I 型）

石寨山型铜鼓是走向成熟的早期铜鼓，以云南省昆明市晋宁区石寨山汉代滇王墓葬出土的一批作为王室重器的铜鼓为代表。此类铜鼓造型优美，纹饰细腻。精巧、玲珑是石寨山型铜鼓的显著特点，鼓壁薄而均匀，纹饰简练而做工精细；动物纹饰生动，写实感强烈等，特别是牛图案，将牛刻画得剽悍、强壮、凶猛。

这些个性特征和滇人的活动形象地反映在这一时期的铜鼓与其他青铜器物上（图2-13）。此类铜鼓在中国云南省、广西壮族自治区发现很多。

图 2-13　成熟期的石寨山型铜鼓

类似石寨山型的铜鼓在越南也有不少发现，黑格尔将此类铜鼓列为Ⅰ型中年代较早的部分，并命名为东山型铜鼓。石寨山型铜鼓和越南东山型早期铜鼓极为相似，也有明显区别：石寨山型铜鼓具有喇叭形的截头圆锥腰，东山型早期铜鼓则是圆筒形腰；在铜鼓写实性题材的纹饰分布上，东山型铜鼓鼓面内侧有乐舞纹、外侧有翔鹭纹的较多，石寨山型铜鼓外侧虽也有翔鹭纹，但内侧有鸟类之外的动物纹却少；石寨山型铜鼓几何纹饰种类较少，东山型铜鼓几何纹饰种类较多（图2-14）。

图 2-14　成熟期的东山型铜鼓

这一时期，东山型铜鼓由越南传入东南亚各国，远达印度尼西亚。

（3）发展期：北流型铜鼓、灵山型铜鼓、冷水冲型铜鼓及越南东山型晚期铜鼓（黑格尔Ⅰ型）、印度尼西亚贝静型铜鼓

北流型、灵山型、冷水冲型铜鼓均从石寨山型铜鼓发展而来，都可以归为黑格尔Ⅱ型，鼓面均有立体蛙饰。北流型铜鼓，以广西壮族自治区北流市出土的铜鼓为代表，体形硕大、器身厚重，显出权力的威严，均为乌浒人所铸。乌浒人的生活习惯以《太平御览·四夷部》辑录最详，其载《后汉书》"交趾西有啖人国……今乌浒人是也"，载《南州异物志》"交广之界民曰乌浒，东界在广州之南、交州之北。恒出道间，伺候二州行旅，有单迥辈者，辄出击之，利得人食之，不贪其财货也。……出得人，归家，合聚邻里，悬死人中堂，四面向坐，击铜鼓，歌舞饮酒，稍就割食之。春月方田，尤好出索人。贪得之，以祭田神也"。由此看来，铜鼓与猎首有关。

灵山型铜鼓，以广西壮族自治区钦州市灵山县出土的铜鼓为代表，形制接近北流型铜鼓，中国一些学者把它与北流型铜鼓一起称为粤式鼓。从外观上看，灵山型铜鼓体形厚重，制作精美（图2-15）。

图2-15　灵山型铜鼓

冷水冲型铜鼓，是在石寨山型铜鼓基础上发展起来的，以广西壮族自治区梧州市藤县濛江镇横村冷水冲出土的铜鼓为代表。这类铜鼓体形高大、器身轻薄，纹饰繁缛，明显有展示财富的用意（图2-16）。

东山型晚期铜鼓，承接东山型早期铜鼓，越南学者将其归为黑格尔Ⅰ型。此

图 2-16　冷水冲型铜鼓

类型铜鼓鼓面直径多小于胸径，二至四弦分晕，鼓面 4 只青蛙背部多有十字交叉纹样（图 2-17）。

　　这一时期，印度尼西亚诸岛开始将原本是舶来品的铜鼓本土化，公元 100 年左右就有了贝静型铜鼓。这一类型铜鼓的胸部、腰部和足部都拉长了许多，特别是足部比较夸张（图 2-18）。

图 2-17　东山型晚期铜鼓

图 2-18　贝静型铜鼓残件

　　（4）普及期：遵义型铜鼓、麻江型铜鼓、西盟型铜鼓及印度尼西亚多种类型纳伽拉铜鼓

　　唐宋之后，中央王朝对岭南和西南地区少数民族采取羁縻制度，铜鼓为土

司所爱。后来，土司势力逐步被削弱，铜鼓开始小型化，走向民间，藏于民族村寨，逐渐普及。

遵义型铜鼓，以贵州省遵义市南宋播州土司杨粲墓出土的铜鼓为代表，特点为鼓面无蛙饰，但有蛙趾装饰（图2-19）。

麻江型铜鼓，以贵州省黔东南苗族侗族自治州麻江县谷峒火车站一座墓出土的铜鼓为代表（图2-20）。唐宋时期，中国南方铜鼓逐渐从岭南地区东部淡出，往西南和西北地区转移。此类型铜鼓依纹饰的变化又可以分为三式。

图 2-19 杨粲墓出土的遵义型铜鼓　　　　图 2-20 麻江型铜鼓

西盟型铜鼓，以云南省普洱市西盟佤族自治县仍在使用的铜鼓为代表。西盟型铜鼓主要作为乐器，器身轻薄，体形较瘦。鼓面有立体蛙饰，常见二蛙或三蛙甚至四蛙叠踞（图2-21）。有的鼓身纵列立体的象、螺蛳、玉树等塑像。

缅甸克伦人和老挝克木人使用的铜鼓与西盟型铜鼓相似，同属黑格尔Ⅲ型（图2-22）。

印度尼西亚为千岛之国，不同部落创制了大量的多种类型的纳伽拉铜鼓（图2-23）。2017年8月21—27日和2018年1月4—17日，广西民族大学民族研究中心与印度尼西亚世界大学合作进行了印度尼西亚铜鼓文化的调查。调查团队先后到达了雅加达、古邦、阿洛岛、巴厘岛、斯拉雅儿岛。而后，印度尼西亚世界大学的唐根基于2018年8月至2019年4月在印度尼西亚继续开展多次调查，调查范围包括苏门答腊岛的占碑省、明古鲁省、南苏门答腊省、楠榜省，爪哇岛的万丹省、雅加达、万隆、三宝垄、梭罗、日惹、泗水，巴厘岛，加里曼丹岛的坤甸，苏拉威西岛的望加锡和斯拉雅儿岛，西努沙登加拉群岛的龙目岛，东努沙登加拉群岛的古邦岛、阿洛岛、弗洛勒斯岛、班达尔岛。调查结果显示：起初，铜鼓对印度尼西亚来说是一种舶来品，而后，这种舶来品实现了本土化，从一种神圣的器物演变成为世俗的礼器。

铜鼓在印度尼西亚不只是历史文物，至今依然被使用。调查发现，印度尼西亚自西而东，从苏门答腊岛到巴布亚岛都有铜鼓的存在。由于印度尼西亚铜鼓有的存放于族人家中、族屋、寺庙，也有一些藏在山上，因此很多无法得到统计。比如，阿洛岛原有很多铜鼓，但在1913—1916年有2164面铜鼓被荷兰殖民者熔毁。为保护自己的铜鼓，阿洛岛人除了将它们存放于族屋和家里，还有藏在树洞、山洞里。直到印度尼西亚独立之后，他们的后代才开始寻找曾经被藏起来的铜鼓，现在几乎家家户户都有铜鼓。据不完全统计，印度尼西亚见诸博物馆和收藏家收藏的且有文字记录信息的铜鼓约有490面。

图 2-21　西盟型铜鼓
（广西民族博物馆提供）

图 2-22　老挝克木人的铜鼓
（韦丹芳提供）

图 2-23　纳伽拉铜鼓

综上所述，古代铜鼓类型繁多，形态各异，所反映的文化艺术丰富多彩，可以说是中国南方少数民族的一部百科全书。由于地域的不同、民族的不同、历史进程的不同，铜鼓在传播与发展过程中的不断变化可以说是异彩纷呈，充分反映了文化的多样性。

（5）式微期：铜鼓发展出现曲折

从中国多个博物馆所提供的馆藏铜鼓及传世铜鼓的信息来看，清道光之后，直至改革开放前，我国未再有新铸造的铜鼓，反而有大量的传世铜鼓在"大炼钢铁"和"文化大革命"期间被毁。在印度尼西亚，1913—1916年有2164面铜鼓被荷兰殖民者熔毁。这一时期在老挝、缅甸和泰国边境地区还在零星铸造一些具有地域特色的铜鼓。

（6）复兴期：铜鼓研究兴盛，复铸铜鼓成功

20世纪70年代之后，中国和越南铜鼓研究兴盛，民间铸造铜鼓成功，多家铜鼓铸造厂开业，这些铜鼓厂除了仿造古代铜鼓，还大量铸造礼品铜鼓、企业订制铜鼓和区域文化形象铜鼓。

近年来一些文化创意企业做了不少有铜鼓元素的旅游产品，如挂件、摆件，不少城市地标也有铜鼓元素的存在。

第三章

北流型铜鼓及其艺术装饰

1. 特点鲜明的北流型铜鼓

　　广西是滇桂系和粤桂系两大系铜鼓交会的地区，是冷水冲型、北流型、灵山型铜鼓的主要产地。根据1980年的一次全国性的铜鼓普查得知，珍藏于全国各地各级文物部门和研究机构的铜鼓共有1300多面，其中广西收藏量最大，有500多面（2014年最新统计数据为772面），是世界上珍藏铜鼓最多的地区。

　　北流型铜鼓（图3-1）是粤桂系铜鼓的主要类型。据1980年的普查，当时全国收藏北流型铜鼓129面，其中广西70面、广东46面、上海5面、北京4面、浙江2面、江苏2面。此后不时有新的北流型铜鼓发现。

图3-1　北流型铜鼓（广西民族博物馆提供）

北流型铜鼓以高大著称，出土于广西北流六靖镇水埇庵的大铜鼓鼓面直径达165厘米，残重299千克，是迄今所知最大的一面铜鼓，被誉为"铜鼓王"。除部分灵山型铜鼓鼓面直径可达120厘米外，其他类型铜鼓的鼓面直径均没有超过100厘米的，而很多北流型铜鼓鼓面直径均超过100厘米，最小的北流型铜鼓鼓面直径也超过50厘米。

北流型铜鼓的另一个特征是鼓面直径大于鼓身通高，鼓面边沿都伸出鼓胸之外。其中很大一部分北流型铜鼓的边沿下折，形成"裙边"。《晋义熙铜鼓考》说，唇边下折"若飞檐状"，因此有的人又称这种下折的裙边为"垂檐"。这种"垂檐"（裙边）也只有北流型铜鼓才有，其他类型铜鼓是没有的。

每面铜鼓的腰胸之际都有两对提耳，别的类型铜鼓的提耳都是各种各样的桥形扁耳，唯独北流型铜鼓除了极少数也是扁耳，绝大多数为圆茎环耳。这种环耳的耳身是实心圆柱形，呈环状或半环状固定在胸腰之间，耳身表面饰一道道细密的缠丝纹，脊背上凸起有节，粗看像蛇，因此有人称之为蛇纹环耳，耳根饰有三趾纹。比起扁耳，环耳更为强固有力，能承受悬挂数百千克的物体（图3-2）。有的铜鼓除了两对环耳，还在相对应的位置上另铸两只小环耳，环耳为圆茎环状，也只见于北流型铜鼓。

图3-2 北流型铜鼓鼓耳

北流型铜鼓鼓面中心受击处的太阳纹和灵山型铜鼓的相同，光体都呈圆饼状凸起。明人魏濬在《西事珥》中所说的"中受击处即平，但略厚如镜耳"就是指这类铜鼓太阳纹的光体的形状。芒辐射四出，细长如针，常常穿透第一、第二道晕，有的芒端还开叉（图3-3）。芒的道数，绝大部分为八，极少数为十二、十、六。

图3-3　北流型铜鼓鼓面中心太阳纹

北流型铜鼓鼓面和鼓身的纹饰分晕，都以三道弦纹为一组来分隔。一般来说，鼓面晕圈宽而疏朗，晕圈宽窄相等，少数略有宽窄之分；鼓身晕圈则窄而密集，也是宽窄相等。无论鼓面或鼓身，晕圈内的纹样主要是以单线或复线圆圈、方格、菱格、三角形、半圆形，以及圆点、圆涡、斜方格、方勾等为基础构成的多种形式的云雷纹。

北流型铜鼓上的云纹是主体纹饰，线条细，体形圆小，形式多样，有单卷云纹、双卷云纹、波连式云纹、填线云纹、半边云纹、"十"字形云纹（云纹之间空隙处填以"十"字样）（图3-4）。云纹在不同类型铜鼓上有不同形式，万家坝型铜鼓已出现简单的云纹，石寨山型铜鼓饰有流畅大方的云纹，冷水冲型铜鼓鼓饰有较复杂的加线的心形云纹和三角云纹。

北流型铜鼓上的雷纹则更富于变化，有回形小方雷纹、菱形雷纹、填点雷纹、填线雷纹、半边雷纹、椭圆形雷纹、"十"字形雷纹（图3-5），也有云雷纹（云纹心、雷纹边，或在四个云纹之间填以雷纹，见图3-6）。有的鼓面和鼓身全用一种云纹或一种雷纹，有的则是云纹和雷纹交互使用。这些纹饰常常是密密麻麻的，故有的人又称这类铜鼓为云雷纹铜鼓。这种单一重复一二种几何形纹样的装饰艺术在其他类型铜鼓上也有体现，但也是极少见的，如万家坝型铜鼓腰部饰有回形雷纹，石寨山型铜鼓和冷水冲型铜鼓鼓面除饰回形雷纹外，还有较复杂的勾连雷纹和连续复线交织图案。

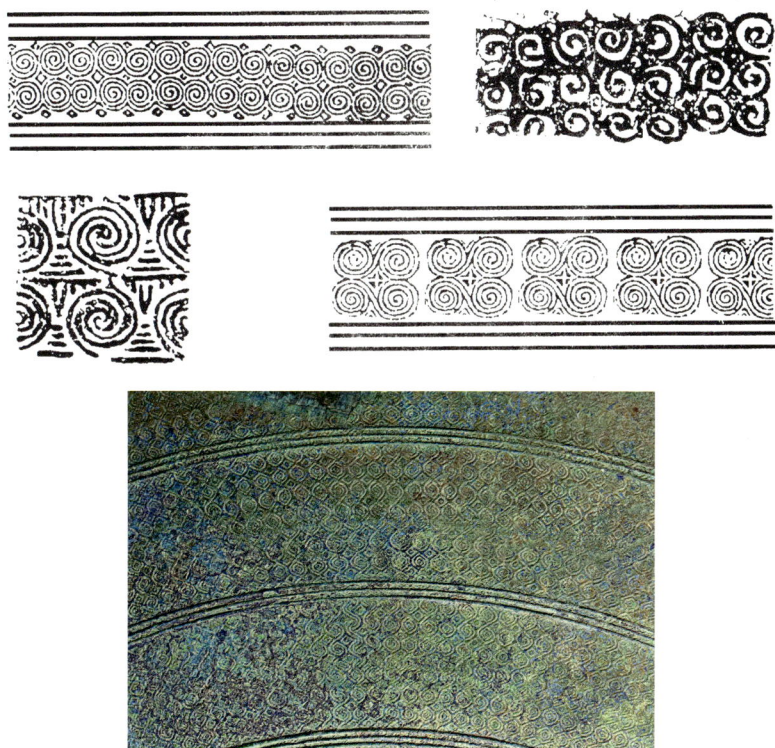

图 3-4　北流型铜鼓上的云纹

北流型铜鼓除了主体纹饰云雷纹，还有用水波纹、连钱纹、席纹等，以二方连续或四方连续的方法构成单一或交错的几何形花纹图案。只要把握以上几个特点，就很容易把北流型铜鼓辨认出来。

铜鼓文化源远流长。在滇式铜鼓中，万家坝型铜鼓形制古朴、纹饰简略，是原始形态的铜鼓，由它发展成为外形稳定对称、镂刻写实画像的石寨山型铜鼓，再发展成高大轻薄、雕塑艺术发达、平面纹饰抽象化的冷水冲型铜鼓，最后发展

图 3-5　北流型铜鼓上的各种雷纹

成为外形小巧、纹饰大量吸收汉式纹样和汉字铭文的麻江型铜鼓，这条发展线索脉络清晰。但在粤式铜鼓中没有发现自身的原始形态，北流型铜鼓和灵山型铜鼓都形体硕大、装饰精美，既不可能是原始形态的铜鼓，也和滇式铜鼓有很大的差别。它们是从何发展而来的呢？是有自身的起源还是从别的类型铜鼓演化而来？这是一个很值得研究的问题。

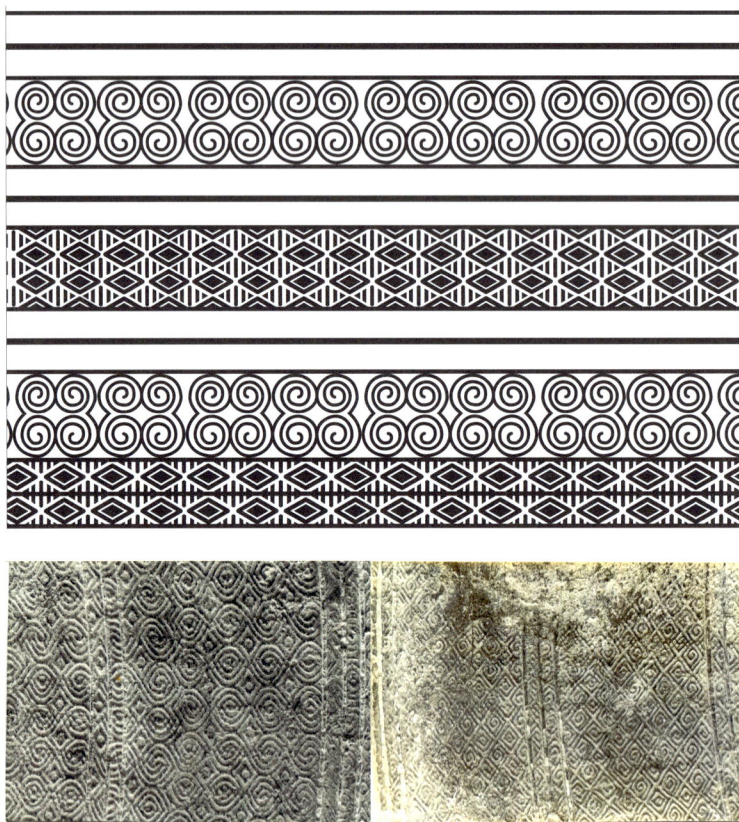

图 3-6　北流型铜鼓上的云雷纹（广西民族博物馆提供）

洪声认为，北流型铜鼓和灵山型铜鼓是从广西东南部向西南部发展的，而石寨山型铜鼓和冷水冲型铜鼓是从广西西北部向东南部发展的，左江至浔江沿岸是这两个系统铜鼓分布交错的地带，也就是说，粤式铜鼓有它自己的起源地。王克荣则把全部铜鼓分成三个系统，除了前面说的滇桂系统、粤桂系统，还将粤桂系统中的西盟型（即黑格尔Ⅱ型）划出来，另立一个系统，他认为这三个系统的铜鼓是独立发展的，从铜鼓的发源地区来说，铜鼓的发展不是一元多支而可能是多元的。相反，李伟卿认为，铜鼓的发展是一元多支的，总的发展倾向是自西向东，然后遍布于我国南方各地，他主张北流型和灵山型（即黑格尔Ⅱ型）铜鼓是由冷水冲型（黑格尔Ⅰ型C式）铜鼓发展而来的。

蒋廷瑜在《粤式铜鼓的初步研究》一文中提到："粤式铜鼓是由滇式铜鼓发展而来的，是滇式铜鼓沿珠江水系东下，在郁江（浔江）南岸与当地文化相融合的产物。正因为如此，粤式铜鼓一出现就显得硕大、成熟，不存在原始形态的初期阶段。但粤式铜鼓不是对滇式铜鼓的抄袭和照搬，而是在当地经济文化发展的基础上有所创新，使铜鼓铸造工艺发展得更充分，自成一个独立的体系。"何纪生更明确地指出"北流型鼓、灵山型鼓和冷水冲型鼓一样，都是由石寨山型鼓演变而成"。我们认为这是接近实际的，其理由如下。

石寨山型铜鼓早在战国晚期就传入广西，右江河谷的田东县锅盖岭战国墓就出土了石寨山型铜鼓，西林县普驮西汉墓、贵港罗泊湾西汉前期墓和贵港高中西汉晚期墓都出土过石寨山型铜鼓。石寨山型铜鼓出土地点自滇池以东，止于广西贵港，没有再往东传播的证明。而这些铜鼓的时代下限都在西汉晚期，不见于时代更晚的墓葬中。如果把北流型铜鼓的上限时代推定在西汉的话，正好与石寨山型铜鼓东传路径终止于西江中游的时间相衔接。

再来看铜鼓的特征。虽然从器形、纹饰等方面看，北流型铜鼓与石寨山型铜鼓区别很大，似乎很难找到因袭嬗变的轨迹，但从铜鼓的基本特征来看，北流型铜鼓与石寨山型铜鼓之间并无明显差别，它们都是平面中空，鼓身分三段，侧有四耳，鼓面中心都是太阳纹，装饰纹样都以弦纹划分成多道晕圈。贵港罗泊湾汉墓出土的一件三足盘是由石寨山型铜鼓改制而成的，其鼓面纹饰已采用三弦分晕法，开了北流型铜鼓用三弦分晕的先河，这表明石寨山型铜鼓和北流型铜鼓之间确实有着传承关系。

北流型铜鼓所大量采用的云雷纹图案，是岭南地区西周至战国早期几何印纹陶中的一种重要纹样。这种纹样后来又大量见于东汉、晋、南朝时期用来建筑墓葬的墓砖上，是当地广泛流行使用的装饰纹样。

由此，我们推想，当石寨山型铜鼓东传到西江中游地区后，受云开大山区所阻，遂与当地原有的民族文化相融合，吸收了新的文化因素，创造出这种不同于石寨山型铜鼓的新型铜鼓。因为它借用了石寨山型铜鼓发达的铸造工艺，吸收了先进的汉文化，所以不需另起炉灶从原始形态的铜鼓做起，而是在更高的层次上创新和发展到空前的水平。

与北流型铜鼓同时出现的还有灵山型铜鼓。这两种类型铜鼓分布地域基本相同，二者形制相似，体形都很高大，但灵山型铜鼓鼓胸下逐渐收缩成腰，鼓腰比北流型铜鼓弯曲稍大；鼓面和鼓身的纹饰除了有北流型铜鼓常见的云雷纹、席纹，还有钱纹、兽纹、骑士纹等，鼓面上的蛙多为三足，累蹲蛙更为常见。灵山型铜鼓与北流型铜鼓都是由石寨山型铜鼓发展而来，而后来出现的西盟型铜鼓又继承了灵山型铜鼓的部分特点。

2. 蛙饰与"那"文化

在冷水冲型、北流型、灵山型、西盟型四种类型的铜鼓鼓面上普遍塑造有立体青蛙形象，有单蛙、群蛙、累蹲蛙等（图3-7）。这些青蛙造型典雅，栩栩如生。据不完全统计，在已发现的冷水冲型、北流型、灵山型和西盟型铜鼓中，除铜鼓王这一面鼓无蛙饰外，其余所有的鼓面均铸有四至六只蛙饰。但不同类型的铜鼓，所饰的蛙饰不尽相同。冷水冲型铜鼓的蛙饰个体高大，蛙背有绶带纹装饰，明显带有夸张、美化色彩。灵山型铜鼓上的蛙饰肥硕健美，臀部肌肉丰满，头、肩、背、腿都有螺旋纹装饰，后面二足并为一足。这些都是对现实生活中青蛙的现象化、神秘化。早期北流型铜鼓上的蛙饰与此不同，体形瘦小，与巨大的鼓面对比，很不协调，蛙身朴素无纹，显得雅洁；鼓面大部分有四蛙，个别的有六蛙。较晚期的北流型铜鼓鼓面除单蛙外，还出现了原始形态的累蹲蛙。有的蛙饰背面有斜线纹，后足并拢而形似一足，不少鼓上为三只单蛙与三只累蹲蛙相间而踞。鼓面上蛙饰排列方向，多数是逆时针而环行，少数是一正一反、两两相对排列，也有顺时针方向环行的。

为什么要在铜鼓上装饰青蛙呢？这是不是对铸造铜鼓的民族的图腾崇拜的一种反映？对此，学者们议论纷纷。1962年，时任中国科学院院长郭沫若在广西博物馆看到铜鼓上的青蛙时说："或解为图腾，恐未必然。"他对铜鼓上饰青蛙释为图腾这一说法提出了疑问。有的学者引李调元《罗江县志》卷二的观点，认为铜鼓上铸造青蛙是"求雨止雨"，祈祷丰年，与祭祀有关，与图腾崇拜有关。

图 3-7 铜鼓鼓面上的蛙饰

《后汉书·礼仪志》："自立春至立夏尽立秋，郡国上雨泽。若少，郡县各扫除社稷；其旱也，公卿官长以次行雩礼求雨。闭诸阳，衣皂，兴土龙。"刘昭注引董仲舒的闭阳开阴求雨法："春旱求雨，令县邑以水日令民祷社稷……凿社通之于间外之沟。取五蛤蟆，错置社之中。池方八尺，深一尺，置水蛤蟆焉。具清酒脯脯，祝斋三日，服苍衣，拜跪、陈祝如初。"广西天峨、东兰、南丹壮族的祭蛙之俗，就是崇拜图腾青蛙的祭祀，是古越人的遗风。

古代越人敬蛙，在《韩非子·内储说》中提到："越王虑伐吴，欲人之轻死也，出见怒鼃（蛙），乃为之式。从者曰：'奚敬于此？'王曰：'为其有气故也。'明年之请以头献王者十余人。……一日越王勾践见怒蛙而式之。御者曰：'何为式？'王曰：'蛙有气如此，可无为式乎？'士人闻之曰：'蛙有气，王犹为式，况士人有勇者乎！'是岁，人有自刎死以其头献者。"《太平御览》《太平广记》也有类似记载，这些表明越人对怒蛙不怕死精神的崇拜。

古代越人居住在我国东南、岭南以及部分西南地区，从战国到唐宋岭南的越人演变为骆越、乌浒、俚、僚等族称，这些古代民族都与壮族有关。

早在南宋之时，方信孺在《南海百咏》中就已指出："（铜鼓）周遭多铸虾蟆，两两相对，不知其何意。"后来，有不少学者从农耕文化的角度出发，认为铜鼓上的蛙饰与祈雨有关。如：1884 年，德国学者迈尔认为铜鼓饰蛙"意在唤雨"。1929 年，马歇尔（H.I.Marshall）发表《克伦铜鼓》，文中提到："青蛙的出现是为人们相信铜鼓能给人以雨的这种信仰所导致的。因为有些原始人相信，不是雨把青蛙从隐藏的地方引出来，而是青蛙的呱呱声把雨引了出来。他们也可以想到鼓的沉重的声音正像一些巨大的牛蛙所发出的声响，它确能诱使雨神给他们干旱的土地送来使人清爽的倾盆大雨。"中国著名的民族学家罗香林说："至谓铜鼓制作，并与祈雨有关，则亦有客观依据。观鼓面常铸立体蛙蛤或蟾蜍，殆即因祈雨而作。"

在使用铜鼓的各民族中，也多有铜鼓可以求雨的民间传说。如四川凉山布拖县彝族传说铜鼓是天上居住的神人铸造的，它们有公、母之分，有时天上下雨，公鼓应母鼓的呼唤，会飞向母鼓，互相匹配。又传说铜鼓是掌握风雨的，雨水多了，要杀白鸡祭鼓；如雨水不止，要杀白羊祭献，就能将雨止住；如天旱不雨，则杀牲祭祀后，用木棒打击鼓，天就会下雨。

广西河池都安也有用铜鼓祈雨的仪式。在久旱不雨的时候，都安板岭一带的群众常将铜鼓和水牛集中到村外山头，聚众赛铜鼓求雨。如果求得了雨，即杀牛祭天。也有的是抬着铜鼓和狗游村求雨的。

部分壮族地区至今还保存着大量铜鼓，每个村寨一两面、三四面不等，它们被视为传家宝，代代相传，不得遗失。人们将铜鼓上的蛙饰敬为神灵。一年一度的"三月三"歌节和正月初一至十五的"蚂蚁节"，他们仍然演奏铜鼓，对歌为乐，并以此祭拜蛙神，这是壮族先民崇拜蛙图腾习俗的遗风（图3-8）。

图3-8　天峨县铜鼓青蛙舞（彭书琳摄）

图腾崇拜产生于氏族制度阶段，每个部落都以一种动物或植物作为自己氏族部落的图腾。社会前进了，图腾崇拜的影响却长久地遗留在本民族中，并反映在本民族文化上。壮族先民在创造自己的民族文化时，也将原始的蛙图腾塑造于铜鼓之上，绘制在左江崖壁之上，刻绘在羊角钮钟之上。在民族的传说、诗歌、戏剧、节日活动的内容之中，也表现出对蛙图腾的崇拜。

在广西壮族群众的心目中，青蛙是极神圣的动物，被称为"蛙神"。传说青蛙是雷王之子，是被雷王派到人间，掌管凶吉之事的。壮族把青蛙叫作蚂蚜，古老的壮族歌曲《蚂蚜歌》唱道："蚂蚜在哪里？蚂蚜在天上，使者亚良伟，送它到人间。"《酉阳杂俎》记李揆有云："虾蟆月中之物，亦天使也。"《太平御览》卷九四九云："疑其鸣蛙即铜鼓精也。"

壮族将青蛙视为保护神，其能量至大无比。壮族民间谚语道："蛙神叫，雨水到"。蛙神可以呼风唤雨，吞食日月，降福人间。壮族师公在赶鬼时唱道："雷公举斧下来劈，青蛙持刀同去砍。"在历史文献中也有类似记载。《七星山玄元楼栖霞之洞》说："鬼斧凿裂苍崎岖，要令吞吐如蟾蜍。"《物象测天》记录广西壮族民间流传的两句话："蟾蜍阶下叫，风雨就来到。"《粤西丛载》卷二三载青蛙能扑杀短狐，"握其喉而食之"。

综合上述，壮族及其先民认为蛙神威力无比，可以保佑人们平安、五谷丰登，故为人们所敬仰。正因为青蛙有如此神威，壮族地区严禁捉蛙杀蛙，老人在田间遇到青蛙绕道而行，壮族人民吃百兽百虫唯独不吃青蛙，道理在此。

桂西北的天峨县、东兰县、南丹县的壮族人民，每年有过"蚂蚜节"的习俗。有的地方叫"蛙婆节"，以敬祭蚂蚜神。每年的正月初一、初二，男女青年相邀为伴，到田间捉青蛙，将捉到的青蛙装入小棺材或竹筒中；接着擂响铜鼓，鸣放鞭炮，举行祭祀，男女歌手对歌。歌词唱道："祭蚂蚜罗，走村又串寨，进村人长寿，进家家顺风，养猪猪满栏，喂牛牛成群，种地五谷丰。"而后由两名歌手抬着小棺材，绕歌亭数圈，串村走寨，将青蛙送到山上埋葬。随后，还会举行盛大的蚂蚜节歌舞集会，成百上千的男女老少都来参加，有的人化装为蚂蚜，跳蚂蚜舞，唱蚂蚜歌，兴高采烈，互相祝福来年风调雨顺，人寿年丰。

海南岛的黎族是俚人的后裔，俚人铸造了北流型铜鼓，现在海南岛黎族人中一部分群众还流行着以青蛙纹形象为文身的习俗，如十二三岁的姑娘开始在脸部扎蛙纹，以后逐渐将颈部、胸部直至双手双脚都扎上蛙纹，到二十岁时全部扎完（图 3-9）。这样做是为了求得一生平安。即使废除了文身习俗的黎人，在他们死后，入殓时也要用墨色在身上绘制蛙纹，否则祖宗不认其为子孙，会变成无家可归的"野鬼"。明代顾岕在《海槎余录》一书中说道："（黎人）男女周岁即文其身，自云：'不然则上世祖宗不认其为子孙也。'"由此可知，黎族文身是氏族制度阶段同一部落图腾的标志。图腾一词意为"他的亲属"，以动物为图腾的氏族部落认为某种动物是他们的祖先。黎族虽然现在已没有这种观念，但仍认为扎刺蛙纹形象是他们的祖规，扎蛙纹的人才是本族成员。壮族现在已经同样没有这种观念了，但是留存有关于人生蛙、蛙变人、人变蛙、人蛙相配育子孙的传说。这些传说表明，壮族实际上承认人与蛙的血缘关系是一种原始图腾观念的残留。

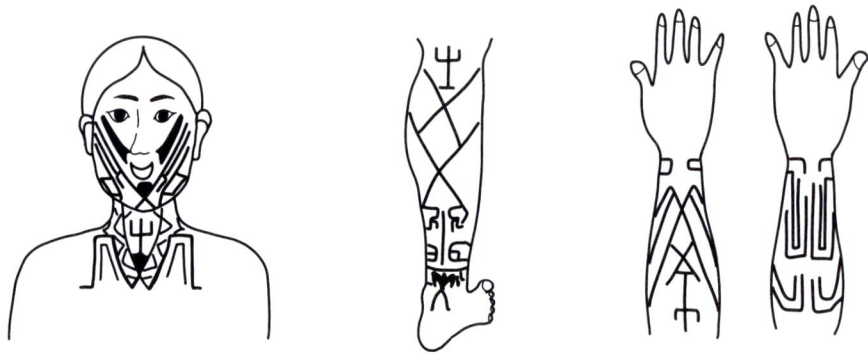

图 3-9　青蛙纹形象文身

　　铜鼓上的青蛙除了是南方民族的重要图腾外，还与南方稻作文化有着密切的联系。珠江是我国南方的大河，主要流经滇、黔、桂、粤、湘、赣等省（自治区），流域面积 45.3 万平方千米。珠江流域北靠五岭，南临南海，西部为云贵高原，中部丘陵、盆地相间，东南部为三角洲冲积平原，地势西北高、东南低；地处亚热带，北回归线横贯流域的中部，气候温和多雨，年平均温度在 14 ～ 22℃之间；年平均降水量 1200 ～ 2200 毫米，降水量分布明显呈由东向西逐步减少的趋势，年内降水量分配不均，地区分布差异和年际变化大。珠江流域内民族众多，共有 50 多个民族，主要民族有汉族、壮族、苗族、瑶族、布依族、毛南族等，其中以汉族人口为最多，其次是壮族。

　　研究人员经过长时间遗传学、民族学、考古学研究，确认壮侗语族先民是珠江流域稻作农业的创造者。稻作农业起源（把野生稻驯化为栽培稻）需具备两个条件：一是有野生稻，二是有把野生稻驯化成为栽培稻能力的古人类。珠江流域地属亚热带，气候温热，雨量充沛，适合稻谷生长，是迄今发现的野生稻最为密集的地区。

在广西、广东等古越人居住的珠江流域广大地区，至今仍保留着大量含"麓""那"的地名，这是古越语对"水田"等的称呼。

20世纪50年代以来，在邕江流域发现多处距今4000多年的颇具规模的大石铲遗址。石铲的一般形制为小柄双肩型和小柄短袖型，大者长70多厘米、重几十千克，小者仅长数厘米，重上百千克。石铲制作规整，双肩对称，两侧束腰呈弧形内收，至中部又作弧形外展，呈舌面弧刃。通体磨光，棱角分明，曲线柔和。石铲是从双肩石斧演变而来，是适应沼泽地带稻田耕作的重要工具，是新石器时代壮侗语族先民地区耕作农业发展已经具有一定规模和水平的重要标志。另外，大石铲也被认为是权力的象征，属于重器。

同样的，东南亚大多数国家也拥有较为悠久的稻作生产历史，东南亚至今仍是世界稻米生产的重要地区，同时也保留着大量的"那"地名。

鉴于此，可以说，在珠江流域及东南亚地区，存在着一个特点鲜明的稻作文化（即"那"文化）圈，而分布于这一地区的铜鼓文化，也形成了世界性的铜鼓文化圈。两个文化圈基本重叠，在一定意义上，我们可以认为，分布于这一地区的铜鼓文化圈与稻作文化圈（"那"文化圈）有着密切的文化关联。也就是说，稻作文化是铜鼓文化产生的人文背景和物质生活基础。

实际上，广西壮族地区流传着这样的传说：

从前，左州地方有一个人叫汤地龙，妻子杨氏四十五岁才生得一子，取名汤世宝。世宝娇生惯养，父母十分溺爱。世宝爱吃青蛙，一餐没有青蛙肉，便大哭大嚷，汤地龙只好叫雇工阿大每天夜里去捉青蛙。捉得青蛙多了，地龙夫妇也与儿子一起吃。没几年，那一带十二峒田的青蛙已捉光了十一峒。有一年，立春刚过，有一青蛙悲伤地对蛙王叫道："大王啊！自从村里出现了拿火把的人，我们大家很不得安生，死的死，逃的逃，说不定大难又要降临了！"蛙王答道："今晚你们只管取乐，要是拿火把的人来，我自有办法对付。"不久，阿大来捉青蛙，但只捉到一只。当杨氏想杀青蛙煮吃时，青蛙突然开口说道："蝈蝈藏在土，明火来捉奴，捉奴入牢坐，小刀剖我肚，我肉炒未熟，你儿哭吃奴。"杨氏惊，告地龙。地龙发怒说："胡说，世上哪有蛙子能说话！"青蛙说道："我吃虫，你吃谷，帮你收谷助富。你睡熟，我守屋，不念奴情自吃苦。"地龙不听，照样杀蛙，但总是煮不熟。世宝吃了，忽然"哇"的一声，腿不见了，腰杆不见了，头颈不见了，身躯化成一摊臭水，流满一地。当年天降飞蝗，五谷失收。这是蛙神对遭劫的报复。

应该说，这是一则具有多元文化意涵的壮族民间神话传说。从青蛙的诉说"我吃虫，你吃谷，帮你收谷助富"中，我们不难知道青蛙确实具有帮助人类实现丰饶祈愿的作用。而且，在因蛙与人生命的对立而引起蛙与人生命的相互消失之后，出现的也还是"天降飞蝗，五谷失收"的局面。

我们知道，在传统的农业生产中，水是最为重要的因素之一。在古代社会，农业生产所需要的水基本上受制于自然降雨。也就是说，每年雨水的多寡，直接影响到农作物收成的丰歉。因此，在壮族传统文化中，青蛙对于丰歉的影响也常常通过其与雨水的关联来体现。在壮族至今仍在传唱的《蚂𧊅歌》里就有这样的句子：

> 蚂𧊅是天女，雷婆是她妈。她到人间来，要和雷通话，不叫天就旱，一叫雨就下。送她回天去，感动雷婆心，求雷婆下雨，保五谷丰收。

关于青蛙与雨水的关系，英国著名人类学家弗雷泽（J. G. Frazer）也曾予以了关注。他在《金枝》（*The Golden Bough*）一书中指出：

> 青蛙和蟾蜍跟水的密切联系使它们获得了雨水保管者的广泛声誉，并经常在要求上天下大雨的巫术中扮演部分角色。一些奥里诺科印第安人，把蟾蜍奉为水之神或水之主人，从而惧怕杀死这种生物。还曾听说

当旱灾来临时，他们就把一些青蛙放在一口锅下面，而且还要鞭打它们。据说艾马拉印第安人常制作青蛙或其他水栖动物的小塑像，并将它们放在山顶上作为一种求雨的法术。英属哥伦比亚的汤普森印第安人和一些欧洲人则认为杀死一只青蛙可以导致下雨。为了求雨，印度一些地区低种姓的人们将一只青蛙绑在一根棍子上并盖上"尼姆树"的绿色枝叶，然后带着它走家串户同时唱道："啊，青蛙，快送来珍珠般的雨水，让田里的小麦和玉蜀黍成熟吧。"卡普人和雷迪人是马德拉斯的种植者和地主中的大姓，当缺雨时，这两个族姓的妇女便捉来一只青蛙，将其绑在一个用竹子编的新簸箕上，撒上些树叶拿着它挨门挨户地去唱歌："青蛙夫人想要洗澡。啊，雨神！哪怕给她一点点水也好！"在这些妇女唱歌时，屋里的女人便把水洒在青蛙身上并给一些施舍，相信这样一来将很快带来倾盆大雨。

很显然，铜鼓上蛙饰的出现，充分体现了铜鼓文化与"那"文化的文化关联。

对于稻作民族而言，雨水的多寡关系到一年稻作生产的丰歉。如果久旱不雨，则水稻不但无法播种插秧，也根本无法得到护理生长。因此，如果没有降雨，稻作民族将难以生存。于是，为了获得充足的雨水，他们不得不采用各种方式来祈求风调雨顺。而铜鼓，也是他们认为具有求雨功能的神器。由此，我们同样可以看出铜鼓文化与稻作文化的内在关联。

越南的布标族人还认为，玉米和稻谷的灵魂害怕铜鼓声，因此敲打铜鼓都安排在秋收之后。敲打一昼夜，人们伴随着鼓点欢乐跳舞。

在铜鼓的使用中，还有一个值得注意的现象，就是人们经常有意识地把铜鼓埋入土中。如《桂海虞衡志》云："铜鼓，古蛮人所用，南边土中时有掘得者。"《岭外代答》亦云："广西土中铜鼓，耕者屡得之。"

至于"铜鼓入土"的原因，主要有如下七种观点：因战争而入土说，因氏族的酋位继承，因氏族头人为表示对官府的臣服，因官府的"铜禁"，为防"火患"，为防失窃，因举行铜鼓占卜的需要（图3-10）。

我们认为，壮族先民有意识地把铜鼓埋入土中，在本质上仍与铜鼓所具有的生殖崇拜文化有关。

图 3-10　天峨县蚂蜗节占卜（李桐摄）

众所周知，铜鼓具有多种纹饰，但却以立体蛙饰最有代表性，人们甚至因此把青蛙视为铜鼓的象征，有不少民族就直接称铜鼓为"蛙鼓"。如云南傣族称铜鼓为"虾蟆鼓"，佤族称其为"蛙鼓"。国外，缅甸人称铜鼓为"巴济"，即"蛙鼓"的意思；泰国人则称其为"金钱蛙锣"。

壮族先民在长期生活中，自然会观察到每当冬天来临时，青蛙就会躲进土中冬眠，而当春天来临时又复苏过来，充满了活力，并开始繁衍后代。同时，在原始先民的思维中，土地不但具有神秘生殖能力，并且是生殖的本源。人们一向认为，"在多产和生殖中，并不是妇女为土地树立了榜样，而是土地为妇女树立了榜样"，"并不是大地模仿母亲，而是母亲模仿大地，在古代，婚姻被看作像土地的耕耘同样的事情，整个母系制所通行的专门术语实际上是从农耕那里借来的"。因此，在他们看来，青蛙每年一度的冬眠，是为了从土地吸取生殖力。于是，为了使他们心目中的生殖圣器铜鼓（即"蛙鼓"）的生殖力永世不竭，他们便让铜鼓像青蛙一样实行冬眠，将它们一一埋入土中，使它们向生殖本源的土地回归，以便获得土地的生殖力。

关于这一点，英国学者马歇尔已有所注意。马歇尔指出："克伦人常常认为铜鼓具有神奇的魅力。在他们举行的奉献仪式中，铜鼓是崇拜对象。……人们认为，在群山中打击铜鼓，铜鼓发出的悠扬回声可以取悦于'土地神'，因而给人们带来幸福，特别是对铜鼓占有者的家庭，会给他们带来好运。在宗教节日里，人们聚会在一起向土地神献祭，也要在铜鼓声的不断回响之中，把供品奉献给土地神。"

傈僳族认为世上所有的东西都是天父和地母生下来的，铜鼓和天地一样古老。直到现在，越南同文、苗旺的傈僳族人还用铜鼓祭祀天地、土神，祭典在每年阴历四月和六月举行。

法国学者塞斯蒂文（M. P. Serstevens）也指出："马·凯坦马真提到，铜鼓饰以蛙的图像，通常都与水，特别是与咆哮着的急流中的水神相联。当铜鼓被击打时，发出隆隆的雷声，激动人心。铜鼓也象征着主宰丰收的自然神，能保证农业丰收，居民繁衍。蛮人把铜鼓埋在土中，是希望天上的雷与地下的水接触，使水流得更快，土地得到灌溉。"

尽管马歇尔说的是人们运用铜鼓的声音来取悦土地神，却也透露出了铜鼓与土地的内在联系。如今在广西河池东兰一带举行的"蚂蜗节"，也还存在着把铜鼓埋入土中，待来年开春时掘土取看铜鼓的色泽，以预测这一年农作物的收成情况的习俗。这实际上仍是借铜鼓来吸取土地的生殖力，只不过这一生殖力的作用已转移到农作物的生长上去了。

综上所述，可知壮族先民确实是把他们长期积淀的生殖崇拜文化艺术化地移植到了铜鼓上，从而使铜鼓成为壮族生殖崇拜文化的艺术载体之一，成了进行生殖崇拜必不可少的圣器。久而久之，铜鼓的这种生殖崇拜文化，不仅影响到部族人丁的兴衰，还扩展到农耕的丰收与六畜的兴旺上。于是，自然地，铜鼓便与部族的生存发生了密切联系，最后成为权力、富贵乃至民族命运的象征。

稻作文化是中国南方和东南亚地区各民族主要的文化，而铜鼓艺术是源于稻作农耕的艺术。铜鼓上最普遍、最广泛的纹饰是青蛙，有青蛙装饰的铜鼓，从中国的广东、广西到贵州、云南，以至东南亚，覆盖了最主要的铜鼓分布区。稻作农耕民族崇拜青蛙，他们相信青蛙能与上天沟通，给他们带来雨水，这源于青蛙有下雨前喊叫的鸣声习性。因而铜鼓与中国南方和东南亚各民族的文化，特别是以"那"文化为代表的稻作文化有密切的渊源关系。同时，铜鼓的使用及其相关的文化形态，都是植根于处于特定地理环境中的稻作文化的体现。

总之，2000多年来，铜鼓文化以稻作文化为基础，以"共生共荣，和而不同"的方式成为中国南方和东南亚地区各民族文化互动的载体，满足了中国南方各族人民及东南亚地区各民族的精神需要，已成为这些民族凝聚力和认同感的标志。

3. 太阳纹

太阳纹是居于铜鼓鼓面中心的光体纹饰，是铜鼓上最早出现的也是最基本的纹饰（图3-11）。除了极个别原始形态的铜鼓没有太阳纹，几乎每面铜鼓都有太阳纹，而且这个纹饰的位置一直处在鼓面中心，始终不变。

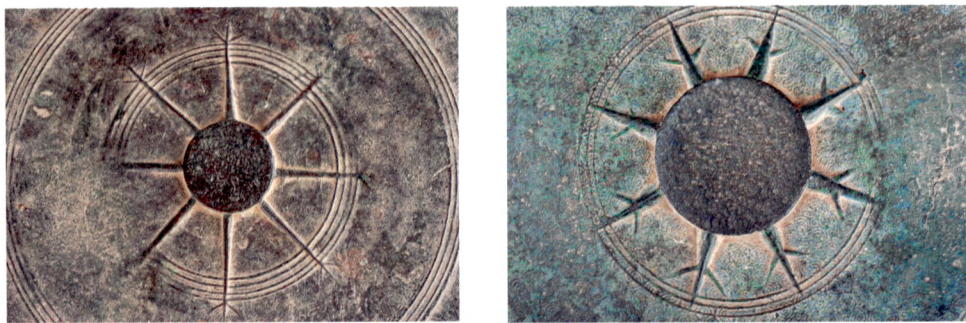

图3-11　北流型铜鼓的太阳纹（广西民族博物馆提供）

铜鼓上的太阳纹的形象，一般都有光体和光芒两个部分，但有的原始铜鼓只有光体没有光芒，表现了它的原始性。其他类型铜鼓的太阳纹都有光体、光芒和围绕着它层层散开的光环（晕）。石寨山型铜鼓的光体和光芒浑然一体，没有分界线，光芒呈锐角形，辐射散开，芒道有八道至十六道不等，以十二道的为最普遍。冷水冲型铜鼓的太阳纹和石寨山型铜鼓的太阳纹相同，但其芒数大都已固定为十二道。麻江型铜鼓的太阳纹又与冷水冲型铜鼓的太阳纹相似，芒数十二道也已成固定，但有的光芒像矛头，有的光芒凸起棱脊，是冷水冲型铜鼓所没有的。北流型铜鼓的太阳纹与上述滇系铜鼓不同，光体一般圆凸如饼，很厚实，光芒从圆饼边沿射出，细小如针，有的特别细长，芒数以八道最普遍，也有六道和十道的（图3-11）。灵山型铜鼓的太阳纹和北流型铜鼓的近似，但光体圆小，光芒更细长，有的贯穿最内的三道晕圈，有的太阳纹的芒端开叉，芒数以十道最普遍，也有十一道、十二道或十四道的。西盟型铜鼓的太阳纹有的芒根较大、芒端细长，光芒有八道、十二道、十六道。太阳纹的这些变化，反映了时代、地区或民族的区别，与铜鼓的外部形态和鼓面的其他装饰花纹也有关系。

铜鼓鼓面上为什么装饰这种太阳纹呢？

笔者认为，铜鼓这个纹饰的原始意义并不在于表现太阳，而在于表现火焰。原始形态的铜鼓是由倒置的铜釜演变来的，这种铜鼓的鼓面和炊煮用的铜釜的底面一样，是光素无纹的。但是在浇铸铜釜的时候，在底部中央会留下一块圆疤痕。原始铜鼓也是这样浇铸出来的，在顶部中央也会留下这种圆形的浇铸口。这种浇铸疤痕并无装饰的意义，只有稍后出现的铜鼓才有一个很简陋的四角光芒图案。那时铜鼓还没有脱离炊具的身份，成为专门乐器。作为炊具，鼓面朝下，鼓面中心正是火烧的地方，那么这个光芒四射的图案就应是火的象征。所以万家坝型铜鼓鼓面的火星纹不是定形的，光芒的道数有多有少，有长有短，与其说它像太阳，还不如说它像一团火或燃起的光焰。

但是，随着铜鼓的发展，铜鼓最终脱离炊具身份成为真正的乐器并定型以后，鼓面不再向下，这种装饰纹样也就发生了变异，并有了新的含义。成熟期的铜鼓鼓面中央的光体扩大了，光芒也成了一个个粗大的锐角，芒线明显增长，再加上周围一道道由同心圆构成的晕圈，就活像一轮喷薄而出光芒四射的太阳。到这时，人们已把太阳纹的本意忘却脑后，最终把它转化为对太阳的崇拜物，并且有意地把它刻画得更加生动、更加完美了。

太阳给大地带来万物生长不可缺少的光和热，带来生命的繁衍，无论哪个地区、哪个民族，都懂得这个道理，也都流传过关于太阳的神话。尤其当人类进入农业社会以后，太阳与农业生产有了更为密切的关系。因此，不少原始部族都崇拜太阳，祭祀太阳，并把太阳的形象刻在各种器物上，以表示对太阳的崇拜和敬仰。太阳的形象也早已进入我国古代传统艺术的装饰中，到处可见。铜鼓上饰太阳纹，也是这种崇拜太阳的表现。

我国古代南方少数民族也有祀日的风俗，广西崇左宁明花山岩画中也有礼拜太阳的图像。北齐魏收《五日》一诗说："因想苍梧郡，兹日祀东君。"苍梧郡在广西东北部，东君就是太阳神。《峤南琐记》和《广东新语》都记载了粤人于阴历二月十三日祝融生日时敲击铜鼓以乐神的风俗，祝融生日就是太阳生日。对太阳神的崇拜，在东南亚古代社会普遍存在。使用铜鼓的民族无疑也是无限崇拜太阳的民族。

但是，铜鼓上的太阳纹的含义还不仅在此。《礼记·月令》说，"立春之日，天子帅三公、九卿、诸侯、大夫，以迎春于东郊"，"立夏之日，……以迎夏于南郊"，"立秋之日，……以迎秋于西郊"，"立冬之日，……以迎冬于北郊"。使用铜鼓的民族的统治者同样把自己封为"人君"，比作至高无上的太阳神，他们在管辖之地同样掌握着祭祀大权，利用宗教迷信来统治他的人臣。在铜鼓鼓面中心饰以太阳纹，同样既象征着对太阳的崇拜和信仰，又是对铜鼓占有者自身的神化。

1991年，台湾综合研究院研究员龙村倪在中国艺术文物讨论会上宣读《铜鼓面中心太阳纹的演变》论文，指出：中华民国所用"青天白日满地红旗"中的十二芒圆饼太阳纹图案沿自中国国民党党旗、党徽的图案，而其渊源应追溯到铜鼓鼓面中心的太阳纹。兴中会成立前夕的革命根据地主要在广东，而粤西地区经常有古代铜鼓出土。陆皓东是孙中山先生的同乡，见过铜鼓，很欣赏铜鼓面上的太阳纹。他认为太阳纹象征团结力量，就按此设计了这一图案。1994年龙村倪先生撰文纪念"共和革命牺牲第一人"——陆皓东烈士殉国百周年时，再次强调这个问题。根据冯自由在《革命逸史》一书中的记载，1895年春，孙中山、杨衢云等人在兴中会香港本部（乾亨行）研究讨论广州起义的策略时，决定采用青天白日旗为革命军旗。青天白日旗式样的设计者陆皓东是广东香山（今中山）翠亨村人，与孙中山先生同村，比孙中山先生小两岁。广州首次起义失败后，陆皓东烈士殉难。1900年，惠州三洲田的革命军所用的军旗仍是青天白日旗；南洋各埠创立中和堂，各会所悬挂的旗帜也是青天白日旗，海外华侨革命团体以革命党徽号为标志者也自此始。但是，很长一段时间内，旗上所列光芒的数目多寡不一，后经孙中山先生解释，说光芒是代表干支之数，应作十二，代表十二时辰，并亲手绘图加以说明。从此以后，旗上的光芒就固定为十二，没有再变动过。后中华民国创立，以此图为国徽式样，并用之于国旗。

4. 云雷纹

北流型铜鼓鼓面三弦分晕，晕圈较窄，密密麻麻布满云雷纹，有的云雷纹一种纹样，从芒间铺到鼓面边沿；有的稍有变化，一晕云纹间隔一晕雷纹，或者一晕云纹间隔一晕水波纹；有的在云雷纹地上再捺印圆圈纹，构成纹上纹。

北流型铜鼓的鼓胸纹饰与鼓面相同，也是一晕一晕的几何纹，最常见的是云纹、雷纹。鼓腰和鼓胸一样，饰密密麻麻的云雷纹晕圈（图3-12）。鼓足装饰也和鼓面、鼓胸、鼓腰的一样。

北流型铜鼓的装饰纹样多以云雷纹为主，云雷纹遍布全身，密集而又单调，因而有人直接叫北流型铜鼓为"云雷纹铜鼓"。

所谓云纹，是指一种自中心逐渐外展的单线旋出图案，旧的地方志上称之为"螺丝纹"。这些云纹线条纤细，体形圆小，有多种组织形式，如单卷云纹、双卷云纹、半边云纹、波连式云纹、填线云纹和在云纹之间填以雷纹，或在云纹之间填以"十"字纹，回旋卷曲，变幻多姿。

所谓雷纹，是指几层菱形相套叠的回形图案。雷纹也和云纹一样纤细和富于变化，有小方回形雷纹、半边雷纹、菱形雷纹、椭圆形雷纹、填线雷纹、填点雷纹、"十"字雷纹。

云纹和雷纹有时很难严格区分，事实上两者关系为你中有我、我中有你，互相转化或相互补充，因而常被合称为"云雷纹"。云雷纹多以二方连续或四方连续方式组成条状或块状图案，均匀间隔，密布于铜鼓的面部和身部（图3-13）。因为北流型铜鼓把它们作为主体纹饰，所以有的学者就把这种铜鼓直呼为"云雷

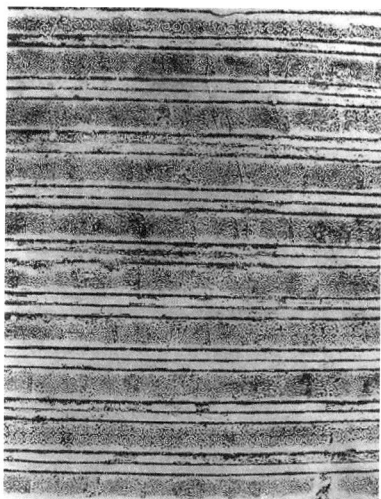

图3-12 "铜鼓王"鼓身纹拓片

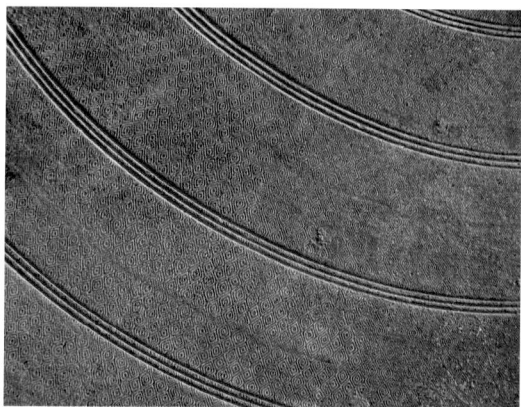

图3-13 铜鼓上的云雷纹

纹铜鼓"。云雷纹的密布，给人一种精神恍惚、玄妙莫测的感觉，增加了铜鼓这种形体巨大的民族重器和神器的神秘色彩，因而超出了审美意识的范畴。

云雷纹是古代的传统艺术装饰纹样，中原地区的商周青铜器盛极一时，盛食器、礼器、酒器、乐器，甚至一些兵器，都采用这种纹样；江南地区商周时期的几何印纹硬陶器也大量采用这种纹样，汉晋时期墓葬中的几何印纹砖也都采用云雷纹装饰。

在我国古代，云雷纹象征着圣人的"恩泽"。在商周青铜器上，云雷纹只作为衬托主纹的地纹出现，很少单独施用。在北流型铜鼓上的云雷纹则是主导纹饰，它们密布于鼓面中心太阳纹的周围，象征着云雷与太阳光体共存于天际，应是南方民族对云雷崇拜的反映。

《淮南子·本经训》说："雷霆之声，可以鼓钟写也；风雨之变，可以音律知也。"说明鼓钟的声音是可以模仿雷声的。云字古文作"哼"，是云朵的写实。雷字甲骨文作"悬、羞、零"形，金文作韶、垂、霉形，是电闪之后雷声的形象化。所以，汉代王充在《论衡·雷虚篇》中说："图画之工，图雷之状，累累如连鼓之形。"即多个鼓连起来的形状就是一圈一圈的雷纹。

罗香林在《古代越族文化考》中指出："越人对于雷神之信仰，可以二事证之。一为海南岛黎人谓其上世种人由雷摄蛇卵而诞生，而其文面来源，亦谓由于雷公设法令其最先所从出之姊弟二人结为夫妇。二为川滇之僰夷种人皆以六月二十四日为火把节，又称星回节，群于夜中，举行游行，狂欢达旦。而据王成竹福建安溪民俗杂谈，则'六月廿四日这一天，俗都谓是雷公诞，民间以农家祀之最多。……而祀时则并祀电母'是僰夷之火把节，殆即雷公纪念，而其举火游行，亦与象征与雷神相关之电光有关。雷摄蛇卵，与雷公文面，及举火游行之积俗，本非后世自中原系统或其他部族所传播，当为古代越族习俗之沿袭或变形，而祀雷则往往与鼓为连带信念，此与王充论衡雷虚篇所谓'图一人若力士之容，谓之雷公。使之左手引连鼓，右手推椎，若击之状。其意以为雷声隆隆，连鼓相扣击之者也'底蕴正同。虽王氏所记，未必指古代越俗，然由此可推证祀雷者必以鼓声为雷之象征。古代越族及其苗裔多视铜鼓为迎神赛会驱鬼祈雨之法物，而又以之为拥有威力之征象，则谓其为一种象征雷神之制作，虽言近殊异，而义实平笃矣。"

电闪雷鸣常常伴着狂风暴雨，造成拔树倒房、畜死人伤的恐怖现象。在社会生产力低下和科学技术极不发达的古代，人们对这种自然现象无法给予科学的解释，认为天上有雷公电母，因而对这种现象怀有敬畏之心。为了达到消灾纳福的目的，人们到处设祠立庙，祭祀雷神。据许多地方志记载，在祭祀雷神的活动中常常使用铜鼓，而铜鼓之声如雷鸣，因而人们把铜鼓直接叫做"雷鼓"。如《广东新语》说铜鼓"雷人辄击之，以享雷神，亦号之为雷鼓云。……以鼓象其声，以金发其气，故以铜鼓为雷鼓也"。正因为他们崇拜雷神，所以才把这种表现雷霆现象的云雷纹作为铜鼓上的主导纹饰。

用云雷纹饰铜鼓的地方主要集中在广西的玉林、贵港、钦州、北海和广东的茂名、湛江、阳江，以及海南岛，这些地区恰恰均处在北回归线以南的多雷雨地带，古时关于雷公的传说特别多。

广东雷州半岛有"雷公斧"的传说。唐代沈既济写的《雷民传》记载："时有雷火发于野中，每雨霁，得黑石，或圆或方，号'雷公墨'……又于霹雳处，或土木中，得楔如斧者，谓之'霹雳楔'。小儿佩带，皆避惊邪，孕妇研服，为催生药，必验。"刘恂在《岭表录异》里也说"雷州骤雨后，人于野中得石如蚬石，谓之'雷公墨'"。宋代著名科学家沈括在《梦溪笔谈》中也记载："世人有得雷斧、雷楔者，云：'雷神所坠，多于雷震之下得之。'……元丰中，予居随州（今湖北随州），夏月大雷震一木折，其下乃得一楔，信如所传。凡雷斧多以铜铁为之，楔乃石耳，似斧而无孔。世传雷州多雷，有雷祠在焉，其间多雷斧、雷楔。"

随着科学事业的发展，大量的考古资料充分地证实了所谓雷公墨、霹雳楔、雷楔、雷斧，就是原始社会人类遗留的石制工具，亦即石器。石器是远古原始时代最重要的生产工具。人类历史有段没有文字记载的史前时期，那时人类只会使用石制工具，这个时期被称为"石器时代"。这些石器久埋于地下，大雷雨后被水冲刷出来。唐宋时期的人不认识这种古老的生产工具，以为是大雷雨带来的，就附会出诸如雷公掷石的种种传说。

在广州市黄埔区南岗街道庙头村的南海神庙（又称波罗庙）的正殿东侧，陈列有一面大铜鼓，通体饰云雷纹，是地地道道的北流型铜鼓。朱彝尊《南海庙二铜鼓图跋》说："广州波罗江上南海神庙铜鼓二：大者唐岭南节度使郑絪出镇时，高州守林霭得之峒户以献，絪纳诸庙，面阔五尺，脐隐起，罗布海鱼虾蟆等纹，旁设两耳，通体微青，杂以丹砂癍，其光可鉴。"说明南海神庙这面大铜鼓正是唐代高州出土的铜鼓。

　　制造和使用云雷纹铜鼓的部族原是古越族的后裔，是东汉的"乌浒人"，到两晋南北朝时期则叫"俚人"或"俚僚"。到唐代，这些部族的绝大部分与汉人融合，成为壮族或汉族的一支，但也有一部分保留原来的民族特性，发展成为海南岛上的黎族。"俚""黎"二字和"雷"的读音相近，也可以看到其中的密切关系。唐代在这个地区曾设立过雷州，现在还有雷州市，整个半岛还叫雷州半岛，云雷纹铜鼓集中出现在这个地区，恐怕也不是偶然的巧合。

5. 五铢钱纹

　　岑溪五铢钱纹铜鼓上的纹样都是捺板印花。五铢钱纹的外廓直径2.5厘米，孔径1厘米，"五铢"二字是工整的篆书，显然是用五铢钱在鼓范上按压而成的（图3-14）。钱纹有正有斜、有顺有倒，钱纹与钱纹之间的距离有疏有密，甚至有的边框互相叠压。这些现象应是在制作鼓范时用单个实用铜钱连续随手按压的结果，说明这种铜钱很可能正是铸造铜鼓时流通的货币。

图 3-14　北流型铜鼓上的五铢钱纹

五铢钱是汉代流通的实用货币，最早是汉武帝元狩五年（公元前118年）铸造的，并令各郡国铸行，史称"郡国五铢"。该钱方孔圆形，双面都有周郭，面文"五铢"，横读，文如其重。武帝以后，西汉各帝都铸五铢钱。直至唐初年仍在铸造，长达700余年时间基本沿用不废。那么，按印在铜鼓上的钱纹是哪个年代的呢？《洛阳烧沟汉墓》一书曾对五铢钱作过分型和断代研究，认为"五"字中间两笔不弯曲的是汉武帝时的，两笔稍曲的是汉昭帝时的，两笔屈曲的是汉宣帝以后的；"铢"字的金字头如带翼镞形的是西汉的，作三角形的则是东汉的。这个结论，在一段时间内成了五铢钱断代的主要依据之一。而在1968年发掘河北保定满城西汉刘胜墓以后，从随葬的2000多枚五铢钱中可以看到，"五"字中间两笔有的是直的，也有稍曲或相当弯曲的；"铢"字的金字头有作带翼镞形的，也有作三角形的，朱字边基本上是方折的，但也有个别圆折意，因此不能用"五""铢"字的些微变化来判断五铢钱本身的年代早晚。岑溪五铢钱纹铜鼓所用的印母五铢钱，其"五"字中间两笔稍有弯曲，"铢"字的金字旁呈三角形，朱字边也有圆折意，这种五铢钱既见于西汉墓，又见于东汉墓，两汉都流通，因此不必肯定它属西汉还是东汉。

在两广地区，五铢钱纹还见施于陶器上。如广州横枝岗汉墓出土的陶瓮（M1∶46）压印"五朱"钱纹，广西北海合浦堂排汉墓出土的陶瓮（M2B∶9）也压印"五朱"钱纹。不过，这些钱纹已较实用铜钱纹简化，"铢"字都缺金字旁，但其按压的做法是与铜鼓制模时按捺钱纹的做法相同的。而且，这类陶器也很富有时代性，这两座墓的年代都属西汉晚期。另外，在合浦堂排西汉晚期墓还出现过用实用五铢钱在泥坯上压印成型而烧造成的泥质冥钱"五铢"，其制法应也是受按压方法的影响。

这就说明，铜鼓上装饰五铢钱纹完全是作为纹饰的一种母题，和云纹、雷纹一样，是吸收中原文化因素的结果，本身并不代表金钱。

6."⚏"形纹饰

北流型铜鼓不仅铸有众多的立体青蛙形象，在广西玉林陆川何莫铜鼓鼓面上还有"⚏"形纹饰，颇似蛙形。这面铜鼓是1976年11月陆川县古城乡陆落村何莫屯一位村民耕地时发现的。铜鼓鼓面直径 106 厘米，高 53.2 厘米，重 70.5 千克，鼓面直径大于胸径，有裙边下折，胸部最大径偏下，胸以下收缩成腰，胸腰间有一分界线，两对小环耳，耳根有歧爪纹，足部高而外侈，体积大而浑重。鼓面有六只立体蛙饰，其中两只为累蹲蛙；太阳纹凸起，八道光芒如针，中间夹云纹，晕圈由三道弦纹组成，雷纹云纹相间，布满鼓身，另有"文"字印文。此鼓属北流型铜鼓（图 3-15）。

图 3-15　陆川何莫铜鼓及其鼓面纹样拓片

有的学者认为这面铜鼓上的两个"𢍰"形纹样，是两个文字，有如中原商周时代的金文，可以释为"文"字。笔者经过仔细观察，认为它应是原始民族绘画的青蛙形象，有头和四只脚，中间是身子，与铜鼓的主人崇拜青蛙有关。

藏于浦北县博物馆的两面灵山型铜鼓，鼓面和鼓身也有"𢍰"形纹饰。

1972年8月，在浦北县江城乡文山村大颈塘的半山坡出土一面灵山型铜鼓，此鼓的鼓面直径达115厘米，鼓身高68厘米，鼓面逆时针环列三足累蹲蛙六只，具扁耳两对；太阳纹十二芒。鼓面和鼓身饰有兽纹、四瓣花纹、鸟形纹、席纹、四出钱纹。在鼓腰和鼓足上饰有一圈"𢍰"形纹样，纹样头部似一个圆圈，身与脚由两条X形构成，身体呈三角形，两脚叉开，立于马背上，两手伸开，曲肘上举。鼓足上所饰的一圈"𢍰"形纹，和腰上的图样相似，不同的是有两个"𢍰"形纹饰，平行排列，两两相对。

1975年春出土于浦北龙门乡茅家村松木败岭的铜鼓，此鼓鼓面直径88厘米，残高52.1厘米，鼓面有线纹蛙六只，其中有累蹲蛙二只，逆时针朝向，鼓面中心太阳纹八芒。鼓面和鼓身饰有四出钱纹、席纹、虫形纹、骑兽纹（图3-16）、蝉

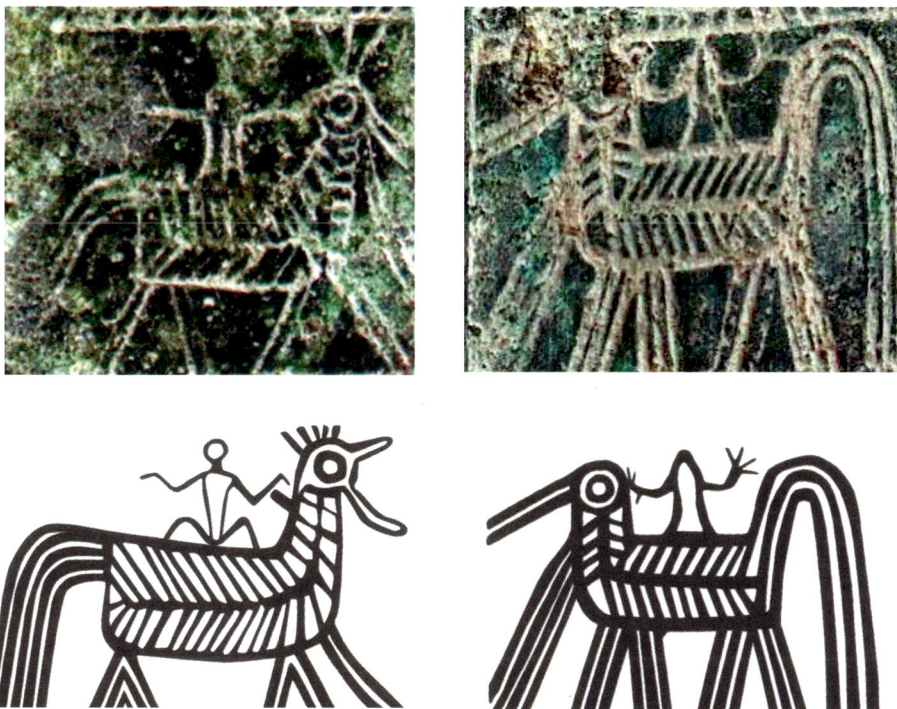

图3-16 灵山型铜鼓上的骑兽纹

纹、同心纹、三角纹，特别引人注目的是鼓面有一圈 "⚶" 形纹样，纹样头部和两臂形状与陆川何莫铜鼓的相同，但两手端部各有三指，大臂低于肩，曲肘上举，两脚曲蹲，膝曲与腰平，腿下端与臀部平，身体由一条弧线和两条直线组成倒三角形。

由此可知，广西博物馆馆藏的陆川何莫铜鼓与浦北博物馆所藏的大颈塘鼓和松木败灵山型铜鼓的 "⚶" 纹饰基本上是相似的。北流型铜鼓和灵山型铜鼓的分布区域、铸造年代也都是一致的。它们都是由俚人铸造和使用。俚人是以青蛙作为图腾崇拜的骆越人后裔，个别北流型和灵山型铜鼓上饰有像青蛙的 "⚶" 形纹，是俚人崇拜青蛙的表现。

值得注意的是1984年5月浦北县博物馆收集的01号羊角钮铜钟，在其A面右下方有两个正立的人像，人像上方有一个 "⚶" 形纹饰，与上述铜鼓上的 "⚶" 形纹饰完全相同。

羊角钮铜钟是骆越人铸造的一种独特的青铜乐器。这种乐器通身皆用青铜铸造，形状如半截橄榄，上小下大，中空无底，横截面也呈橄榄形，内壁光滑，顶部有竖立长方形穿孔，顶端左右歧出两片錾钮，形似羊角，故名羊角钮钟。据1984年统计数据，此类青铜乐器已发现27件。其后又有一些新发现，如广西钦州浦北又发现5件，桂林恭城县出土1件，柳州市博物馆搜集到1件，贵州安龙县出土1件，湖南衡南、长沙出土5件，等等。

有的羊角钮钟上饰与北流型铜鼓相类似的云雷纹：在广西玉林容县六王镇龙井化出土的4件羊角钮钟的面部皆饰S形云纹，下端饰密集的弦纹；广西钦州浦北县官垌镇出土4件羊角钮钟，下部皆饰有一圈菱形雷纹图案。

从以上可知，北流型铜鼓的云雷纹和羊角钮钟的云雷纹有相似之处。北流型、灵山型铜鼓上的 "⚶" 形纹饰又基本相同，这说明北流型铜鼓、灵山型铜鼓与羊角钮铜钟关系密切，可能是同一时代、同一民族铸造的青铜器。

羊角钮钟和铜鼓一样，有各自的发展过程，在不同的阶段有不同的特点。云南楚雄万家坝曾出土6件羊角钮钟，这6件羊角钮铜钟与1件铜鼓、1件铜釜一起放在一号墓西端的腰坑内。这6件羊角钮钟素面无纹，和万家坝铜鼓一样，属于原始形态，但形状大小不同，最大一件高21.6厘米，最小的一件高15厘米。

广西贵港罗泊湾出土1件羊角钮钟，其与2件铜鼓、2件半环钮直筒形编钟和其他青铜器一起出土于一号墓木椁底下的器物坑内。这件羊角钮钟高 19 厘米，正面铸有人面纹，其眼、鼻、口都隐约可见（图 3-17）。

广西百色市西林县八达镇普合村普驮屯在一座用铜鼓作葬具的汉墓中出土 2 件羊角钮钟，其大小形状均相同，通高 28 厘米，在绿锈之上可以看到多处粘贴鸟羽的痕迹（图 3-18）。

图 3-17　贵港罗泊湾羊角钮钟　　　图 3-18　西林普驮羊角钮钟

1974 年，在广西浦北县官垌大岭脚发现 4 件羊角钮钟，大小相似，底边有一圈菱形雷纹（图 3-19）。

图 3-19　浦北大岭脚羊角钮钟

1976 年，在广西玉林市容县六王镇龙井化出土的 4 件羊角钮钟，大小略有差异，面部皆饰 S 形云纹，下端饰密集的弦纹（图 3-20）。

图 3-20　容县龙井化羊角钮钟

1932 年，在越南河北省的北江发现的 2 件羊角钮钟，其中一件高 23 厘米，钟身两面各饰两只长喙长尾的翔鹭纹。

从中国云南楚雄、广西贵港、广西百色西林，以及越南河北省等地出土的羊角钮钟来看，羊角钮钟往往与铜鼓一起出于同一墓葬，羊角钮钟上的纹样，往往又与同一时期的铜鼓纹样相似。铜鼓的发源地在云南省中部偏西地区，楚雄万家坝铜鼓是最原始的铜鼓，素面无纹，与它同时出土的羊角钮钟也是素面无纹，比较原始。万家坝铜鼓东传至广西百色西林和广西贵港，南传至越南，出现了石寨山型铜鼓。在这些地方，羊角钮钟又往往和石寨山型铜鼓同时出土，它们的纹样又往往与石寨山型铜鼓上的纹样相似。石寨山型铜鼓再往东传，在广西北流市和钦州市灵山县一带出现了北流型铜鼓和灵山型铜鼓，在这些地区又出土了一些羊角钮钟，其纹饰与北流型和灵山型铜鼓上的纹饰相似。由此可见，铜鼓与羊角钮钟的发源地和发展扩散路线是基本一致的。羊角钮钟和铜鼓上的"丞"纹饰是骆越人及其后裔对青蛙的图腾崇拜，他们不仅将这种图腾刻绘在珍贵的青铜器物上，还绘制在广西左江流域的岩壁上。

左江花山岩画分布很广，东起扶绥县仙人山，西至龙州县岩洞山，北起大新县画山，南迄宁明县珠山，岩画大部分绘制于左江流域两岸，绵延约 300 千米，临江岩画占岩画总数的 88%，主要集中在河湾处的岩壁上面，其中有 54 个点位于河湾处。

左江花山岩画是壮族先民骆越人绘制的画幅，在每幅画面内主要绘似人又似蛙的形象。这些图像有头部（少数无头部），双手弯曲上举，两膝弯曲分开，形态似蛙，呈赭红色。每幅画内形象有多有少，多者千余，少者几个；图像大小不一，最高者 3 米，最小者 1 米。这些图像实际上是放大了的图形，不同的是在铜鼓和羊角钮钟上均是用线条勾勒，而在岩画上主要是用平涂法。

据调查，左江花山岩画已经发现 89 个岩画点，其中沿江两岸的岩画点有 79 个。图像大致可分为 300 组，总数约为 5285 个，其中申报世界文化遗产的 38 个岩画点可分为 109 处、193 组，图像总数约为 4050 个。

宁明花山岩画的场面最大，整体高 50 米、宽 170 米，蛙神图像多达 1770 多个，这是对比较清楚的画像的统计，还有为数不少的模糊不清的画像，有少数画像因久经风雨的冲洗或山崩而脱落。在整个左江流域的岩画中，有数以万计的蛙神形象，千姿百态，令人神往。

左江花山岩画中，有很多场面是表示祭祀的：有的举起双手，身骑动物向铜鼓顶礼膜拜；有的成群结队，手舞足蹈，仰天歌唱；有的在铜鼓旁边祈祷，而铜鼓置于中央，人群绕铜鼓祭祀（图 3–21）。

《蛮司合志》记载："……时阿大见铜鼓，跪而泣……而后出行劫，劫胜则复椎牛祭鼓，以为神。今可得乎？"根据壮族民间传说，过去有椎牛击铜鼓和祀铜鼓的习惯。

图 3-21　花山岩画铜鼓与祭祀场面图像（李桐摄）

中国南方古代民族在狩猎前要祭祀山神，民族学资料也能反映这一点，如现在瑶族出猎前要祭祀山神，以求得山神保佑出猎满载而归。左江花山岩画上恰有能反映壮族先民出猎前也要祭祀的画面，如祀祭时击铜鼓。

在宁明花山岩画中有一蛙神神主，站在人群的正面，形象高大，手击铜鼓，中间有野兽被击中准备跪倒，周围无数群众举起双手叩拜。

宁明县高山岩画中有在狩猎过程中击铜鼓和羊角钮钟的画面：一个部落首领带了一队猎手，正在追击一只逃跑的野兽，有的人击铜鼓，有的人击羊角钮钟，鼓舞士气，驱赶邪恶，保证狩猎顺利进行，击中野兽。

目前已发现的花山岩画和羊角钮钟上的图像有相似之处：花山岩画上的蛙神图，在浦北 01 号羊角钮钟的 A 面右上角也有刻画，人头是菱形，眼、耳、鼻模糊不清，颈较长，两手分开平伸，右手弯曲上举，左手不清晰，两脚分开站立，肩宽腹小；在浦北 01 号羊角钮钟 B 面有四马二鹿的图形，与左江花山岩画上有的野兽图也大体相似。以上比较，说明左江花山岩画和羊角钮钟的上述图形是同一时代同一民族刻绘的。

羊角钮钟如何使用，从现代的民族学资料中难以找到，但从宁明县高山岩画中可知它与铜鼓相配合而敲击（图 3-22）。铜鼓是单音阶的打击乐器，只能用来

图 3-22 岩画上的羊角钮钟与铜鼓组合（李桐摄）

定音，而羊角钮钟有不同的音阶，只有羊角钮钟与铜鼓合击，方能演奏出和谐而丰富的乐曲。

从左江花山岩画可以看到击铜鼓有两种方法：一是单个击；二是集体击，即在一根横梁上挂两面或四面铜鼓两人同击，用的鼓棍是金银钗。

现在广西东兰县壮族"三月三"歌节仍有击铜鼓的活动：在歌圩场地将两根木头埋在地下，上置横梁，用绳子系鼓耳，将四面铜鼓挂于其上，四人站在铜鼓旁用木质鼓槌击鼓，另有四男或四女手持竹筒，边击边舞。天峨的壮族在过蚂蝲节时，有的是一人击鼓、两人抬鼓，有的是将铜鼓挂在木架上或房梁上，一个妇女击鼓，另一妇女手持圆木桶站在铜鼓后面，不断地向铜鼓内送气，鼓声共鸣，有如洪钟。壮族、水族和布依族击铜鼓的方式，都与左江岩画上击铜鼓的图像颇有类似之处，大概是因为他们都是信奉蛙图腾的骆越人的后裔。

第四章

八大北流型铜鼓

1. 第一大北流型铜鼓——"铜鼓王"

现藏于广西民族博物馆的北流型 101 号铜鼓（云雷纹大铜鼓），是迄今所发现的世界上最大的一面铜鼓，被誉为"铜鼓王"，原存于北流市六靖镇水埇庵，1955 年北流县（今北流市）拨交给广西壮族自治区博物馆（下文简称"广西博物馆"），2008 年拨交给广西民族博物馆。该鼓鼓面直径 163.5 ～ 164.8 厘米，残高 63.5 厘米，残重 299 千克（图 4-1）。

关于"铜鼓王"的出土地点，过去广西博物馆的档案只简单记有"原存北流县六靖乡水埇庵，1955 年征集"。有人说它是清乾隆年间从地下挖出来的，但在历史文献上查不到根据。最早记录"铜鼓王"的文献是光绪六年（1880 年）徐作梅修、李士琨纂的《北流县志》，其中记载："水埇庵内有铜鼓，围二丈余，高二尺。"围二丈余的大铜鼓，只有这面"铜鼓王"比较接近，说明很可能最晚在清光绪六年（1880 年）它就在水埇庵了（图 4-2）。

1997 年 2 月，中日铜鼓研究课题组成员日本东京大学博士吉开将人，广西博物馆原副研究员农学坚、副研究员罗坤馨等人前往北流实地调查。在与当地文物干部座谈时，从原北流县文物管理所唐尚恒和钟烈夫两位老先生那里初步了解到"铜鼓王"发现的来龙去脉。

在北流县文物管理所于 1980 年举办的一次铜鼓展览中，一位观众指着钟烈夫和"铜鼓王"（此时已被广西博物馆收藏）合影照片，说他的家乡石窝乡（今石窝镇）坡头村也出土过一面这般大的铜鼓，村里很多 70 岁以上的老人都曾亲眼见过，现仍然可以辨认出当年挖出铜鼓的土坑。1981 年 1 月，唐尚恒等人到石窝镇坡头大队调查，访问了当地 70 岁的老人谢培中。谢培中说，水埇庵大铜鼓是 1941 年本村农民上山砍柴时，在石窝镇坡头村的一座山岭（后被称为铜鼓墩）上发现的。铜鼓被挖出后，村民认为它是神鼓，打算就近安放在坡头村康光庵，但因打爻问神不合，便想转抬到六靖圩头的冼太夫人庙。当途经水埇庵门前时，绑鼓的篾缆突然断了，众人赶忙在水埇庵打卦占卜，谁知一打就灵，神的意思是这面大铜鼓就存放在水埇庵了。上述"铜鼓王"的发现过程与 1986 年广西民族学院姚舜安、万辅彬两位教授在水埇庵采访 86 岁老人陈德初所说的基本一致，只是陈德初把发现铜鼓王的时间说得早了一些。

图 4-1 "铜鼓王"（王梦祥摄）

图 4-2 北流六靖水埇庵（现址）

1997 年 3 月，中日铜鼓研究课题组成员在北流市委宣传部、北流市博物馆的领导和同行的带领下，到坡头村铜鼓墩实地调查。副镇长黄世杰（坡头村人，曾任坡头村党支部书记）说，"铜鼓王"出土于坡头村（今属石窝镇坡头村下坡头组）凤尾顶山底下的铜鼓墩，是一位姓谢的农民来山上砍柴，在用力将扁担插入地面时碰到鼓足发出金属响声，继而扒开表土后发现的。传说此鼓鼓面直径超过 1.6 米，高约 67 厘米，重 300 多千克。黄世杰叙述关于铜鼓王出土后运至水埇庵的过程与前面谢培中老人所说一致，他还说："当时村里很多人都见过，现仍有几位 90 多岁的老人懂得此事。"

随后，中日铜鼓研究课题组到铜鼓墩实地考察。铜鼓墩位于北流市石窝镇坡头村东面约 1 千米处，是一座由六七个山峦组成的大土山，中部山峰高峻，北麓两侧向外伸出，较低缓，平面呈"Π"字形，气势十分雄伟。相传"铜鼓王"便出自正中的山坳中。山前有三座一字排开的矮小山岗，中间一座呈半球形，岭顶平缓宽阔，形似龟背，故名龟岭；再远处为开阔的田垌。铜鼓墩西面是高陡的三唛岭，属广东地界。两山之间的乡路为邻近一带的交通要道。

被传为"铜鼓王"另一处出土地点的铁木岭，位于今石窝镇平田村高坡组背面，也是数峰相连的一座大山（实际上就是坡头村铜鼓墩的后山），山势陡峭，西、南面有小河流过，东北面有东西走向的白叶塘岭隔河相望。但经访问附近村民，已不知此地曾出土过大铜鼓。

此外，中日铜鼓研究课题组还调查了"铜鼓王"的原藏地——水埇庵。水埇庵今属六靖镇西山村（原水埇村与西山村合并为一个队）塘边组，位于西山至水埇公路旁拐弯处的土坡上，距今路面七八米高，大门向西，对着远处一列南北走向的山脉。此庵为二进歇山顶青砖瓦房，面阔三间，前有左、右厢房，后为供奉神灵的正殿，似为清末建筑。从功德碑上知道，庵倒塌后于甲戌年仲秋月戊申日（1934年10月4日）在原址上重建，墙基、柱础、地砖等均为原物。正殿两石柱上墨书"神鼓出世威镇四海，神灵显圣福荫万民"，其中"神鼓"二字应与"铜鼓王"有关，可惜未明此对联是否为原迹。有人认为"铜鼓王"可能就是清乾隆版《北流县志》中所记载的鼓面直径"二丈余"的大铜鼓，在清代就存放于水埇庵了。据水埇村村民茹庆志说，中华人民共和国成立前曾在此见过大铜鼓，"就安放在右厢房墙边地下，面似一张圆桌，上面可以躺人，约七八十厘米高"。中华人民共和国成立时，水埇庵已无人主持，曾作大队部办公地点。"铜鼓王"仍存放在此处，直到1955年广西省博物馆（今广西壮族自治区博物馆）派人征集回南宁收藏。

2012年8月26日，蒋廷瑜、彭书琳在北流市文化和体育局李泉同志陪同下又去水埇庵考察。他们看到的水埇庵还是那座很简陋的平房，门前有一副墨书对联："宝鼎镇南天，想当年门对一湾，绿水滔滔来佛像；兔管威西粤，幸此日堂开三座，雄风赫赫表神灵。"水埇屯一位叫梁振兴的老人亲眼见过大铜鼓出土情况，他说大铜鼓出土地点三唛岭是广西和广东交界的地方。村民用竹篾捆扎，准备把铜鼓抬到洗太夫人庙去，但到水埇庵前篾绳断了，就留了下来。中华人民共和国成立初，听说政府要把铜鼓收走，老百姓不同意，于是将铜鼓藏起来，他本人参加过藏铜鼓一事（图4-3）。

为了深度还原"铜鼓王"的发现过程，玉林市玉州区政协原副主席、调研员韦德记，曾于2017年春节期间，对北流市石窝镇坡头村和担水塘村的4位老人进行了采访。

图4-3 在水埇庵访问百岁老人梁振兴

（1）口述人：赵安广（83岁）

时间：2017年1月29日下午。

地点：担水塘村陈开荣家的门口。

问：铜鼓是在哪里发现的?

答：我年幼时听老人讲，这个鼓是在旺竹"铜鼓墩"岭发现的，后来抬到六靖水冲村水埇庵，原来准备抬到六靖圩去的，但抬到水埇庵时绳索就断了，大家就说这有"古怪"，就留在水埇庵了。

16岁那年，我和黄田村大茔垌村民赵虎成曾在水埇庵铜鼓鼓面上睡过觉。铜鼓鼓面很大，有成人的双臂张开那么大，我俩在鼓面上铺了一张席一起睡了一整夜……后来这个鼓又被运到北流城去了。

听说当时有村民去担柴，插"柴枪"时，听到咚咚响，后来发现是个铜鼓。村民把鼓抬出来，想放在旺竹庙，后来听人说旺竹庙太小，受不起。又听说后来铜鼓托梦，要放在水埇庵……

"铜鼓王"为什么在旺竹村出土呢? 据说旺竹这地方是"南蛮地"，有匪乱，官兵来平定，"铜鼓王"便是打仗时留下的战鼓。

（2）口述人：陈明章（88岁）

时间：2017年1月29日下午。

地点：陈明章家。

问：陈老您知道铜鼓墩出土铜鼓这个事吗?

答：我父亲陈文伟，号德忠，他有兄弟四个，父亲排第二，陈兴甫是他的四弟，在铜鼓墩有"一趟田"。听说是四叔担柴时在田边发现了"铜鼓王"，我父亲和四叔去抬铜鼓。后来，这个鼓被抬到了水埇庵。

（3）口述人：赵正文（93岁），担水塘村人

时间：2017年1月29日下午。

地点：赵正文家门口。

问：您知道"铜鼓王"的历史吗?

答：我年幼时听老人和我父亲赵仕瓮讲过，铜鼓是在旺竹村铜鼓墩发现的。

老人说，原先想把铜鼓抬去旺竹庙，但旺竹庙门口太小，抬不进去，后来，十几个人抬到水埇庵不远处，绳索断了。大家认为铜鼓就想留到水埇庵了。

（4）口述人：廖开燊（88 岁）

时间：2017 年 1 月 30 日中午。

地点：坡头村青坑理黄远庆小卖部。

问：您听说过"铜鼓王"的事情吗？

答：听说过，是我在旺竹村铜鼓墩发现，然后从我们这里抬出去的，当时抬到水埇庵，麻索就断了，后来政府又把铜鼓运走了。

问：这个鼓这么大，怎么会出现在旺竹这个地方呢？

答：听说是军队打了败仗，退守到旺竹冲来，后来军队离开时，因为打败仗了，这鼓就丢落在这里了。

通过对 4 位老人的采访，韦德记先生对上述内容进行了总结。

一是关于"铜鼓王"的发现有两种说法：传说有人去担柴，在插"柴枪"时发现的；有人说是开田造地时发现的。

二是铜鼓是陈明章的父亲的四弟陈兴甫担柴时发现的。

三是铜鼓来到铜鼓墩的原因有两种说法：古时这一带匪盗猖獗，官兵剿贼，作为战鼓来到旺竹；听说是军队打了败仗退守到旺竹冲来，后军队离开时，战鼓就丢在这里了。

这么个庞然大物，在 20 世纪 50 年代交通还不发达的情况下，怎么从水埇庵运到南宁的呢？当年办理此事的人都已不在人世了，也无文字记录，也许永远是个谜。

20 世纪 70 年代末，"铜鼓王"在广西壮族自治区博物馆展出时，中央人民广播电台（今中央广播电视总台）的记者专程赶到南宁进行录音采访，并在之后的对外广播节目里，向全世界播放出"铜鼓王"的雄浑声音。一位加拿大驻华大使和他的夫人，在参观广西铜鼓展之后，站在"铜鼓王"前面久久不愿离去，一再请求接待人员允许他们在"铜鼓王"前面照相留影。按当时的规定，博物馆展出的文物是不允许拍照的，但许多观众还是忍不住想方设法与它合影。"铜鼓王"也就成了展出铜鼓中的"明星"。

"铜鼓王"在广西壮族自治区博物馆珍藏 40 多年，陈列在铜鼓展览室，天天与观众见面，并曾三次跋涉数千里到首都北京展出：第一次是 1982 年春，参加我国西南五省（自治区）联合举办的"中国古代铜鼓展览"。第二次是 1990 年，为庆祝第 11 届亚运会，广西壮族自治区文化厅和民族宗教事务委员会联合举办"广西民族文化展览"。这两次活动中"铜鼓王"都被放在北京民族文化宫最醒目的位置展览。1994 年"中国社会发展成就展"在北京展览馆隆重举行，广西又准备把"铜鼓王"送去展览，本已包装好送至南宁飞机场，但因过于庞大，进不了飞机货仓，最终连夜改为送展一面比较小的铜鼓。第三次是2001 年，广西与云南、贵州联合进京举办的"声震神州——滇桂黔铜鼓大观"在中国历史博物馆（今中国国家博物馆）展出（图 4-4）。这

图 4-4　铜鼓王在中国国家博物馆展出

些展览都吸引了成千上万的观众参观。2002 年 10 月，在陕西历史博物馆举办的"揭开神秘的面纱——广西民族文化展"，"铜鼓王"也被请去陕西西安亮相。

2008 年广西民族博物馆建成开放，"铜鼓王"又在广西民族博物馆的铜鼓陈列室展出，吸引各方观众。2021 年 4 月，习近平总书记视察广西，来到广西民族博物馆，在这面铜鼓前驻足观赏。

2. 第二大北流型铜鼓——上海博物馆丂6597 号铜鼓

上海博物馆收藏铜鼓 220 多面，其馆藏数量仅次于广西民族博物馆，在全世界馆藏铜鼓数名列第二。其中丂6597 号铜鼓，鼓面直径 145 厘米，通高 78.8 厘米，仅次于"铜鼓王"。

这面铜鼓鼓面有四只瘦削的蛙饰，两两相对，蛙饰有四足，足皆有三趾纹。鼓面中心太阳纹八芒，芒间夹雷纹，其他八晕为三弦分晕，宽窄相等：第二至第八晕是雷纹，第九晕是填线雷纹。鼓身也是三弦分晕，胸部十一晕，腰部十六

晕，足部十晕，都是填线雷纹与云纹逐层相间，密密麻麻。胸腰间有大环耳两对，皆饰缠丝纹，耳背有双脊线，耳根有三趾纹；另有小环耳一对，饰缠丝纹，耳背为单脊线。该鼓是典型的北流型大铜鼓。有意思的是，这面铜鼓的一侧鼓耳下方的足部有一骑士塑像，骑士和马的头部都残。这种骑士塑像通常出现在冷水冲型铜鼓鼓面上，北流型铜鼓的足部有骑士塑像的现象十分罕见（图4-5）。

图 4-5　上海博物馆藏亐 6597 号铜鼓

这面巨大的铜鼓是谁带到上海去的呢？不得而知。有人说，这面铜鼓是中华人民共和国成立之初从陈立夫家里搬出来的。此前，解放军兵临城下，国民党高官纷纷逃离上海，陈立夫一家人也都走了，因这面铜鼓太笨重，没有被带走，就留了下来。

3. 第三大北流型铜鼓——广东阳江周亨铜鼓

2009年4月13日下午3时，广东阳江市阳东县（今阳东区）大八镇周亨村村民李学辉在周亨村四桌河放牛，发现河床冒出一个金属物件，随即组织同村的李学清夫妇、林世希、李弟等九人进行挖掘。他们挖到一半便确定其为古代铜鼓，梁世卫路过见状，即向《阳江日报》报料，《阳江日报》记者赶到现场后，立即拨打 110 报警，110 指挥中心指派大八镇派出所民警赶赴现场处理。大八镇派出所指导员阮明立即组织六名民警赶赴周亨村，将铜鼓保护起来，并于次日凌晨 1：00 运到派出所保管。

4 月 14 日上午，大八镇派出所向阳江市文广新局文物科报告，市文广新局立即组织文物普查队赶往现场，下午在当地政府支持下，将铜鼓运回阳江市文广新局，并向广东省文物局和广东省文物考古研究所报告，请求派专家到现场考察和鉴定。4 月 16 日，广东省文物考古研究所水下考古中心主任魏峻赶赴阳江做初步调查。4 月 29 日，广东省文物考古研究所副所长邱立诚一行赶赴阳江，对出土地点做了详细勘察。通过对出土现场的考察和对铜鼓的仔细观察，他们确定这面铜鼓是北流型铜鼓，其年代为东汉中晚期。

周亨铜鼓保存完好，体形硕大厚重，鼓面直径 142 厘米，鼓身高 82 厘米，鼓面宽平，边沿伸出鼓颈之外，有垂檐；鼓胸外壁斜直外凸，胸腰间以凸棱分界；鼓身束腰呈反弧形；鼓足外撇，足径与鼓面直径相当；鼓耳为对称的两对圆茎环耳；鼓面有六只蛙饰，等距离两两相对，蛙形小而朴实。太阳纹中心圆凸如饼状，有八道光芒向外四射，穿透第一晕圈，纹饰用三弦分晕，鼓面十一晕，晕间饰半圆形云纹、四出钱纹；鼓身饰细密的菱形雷纹和对向半圆形云纹，清晰精美。鼓胸、鼓腰两侧各有一对缠丝纹圆茎环耳，另附一对单耳。鼓面边沿突出，鼓面内底有调音铲痕。铜鼓表面虽然多处被沙粒胶结覆盖，略泛暗绿色铜锈，但仍难掩其光辉。该鼓为合范铸造，体形大而完整，世所罕见，为典型的北流型铜鼓（图 4-6）。

就鼓面直径而论，周亨铜鼓是目前在广东省所见铜鼓中最大的一面，在全国已知大铜鼓中仅次于"铜鼓王"（鼓面直径 165 厘米）和上海丂 6597 号铜鼓（鼓面直径 145 厘米），名列第三；比南海神庙铜鼓（鼓面直径 138 厘米）还要大，在广东省名列第一。就鼓身高度而论，目前所见全国大铜鼓中没有比它更高者，可以说是第一高铜鼓。

6 月 3 日，广东省文物考古研究所副所长邱立诚陪同阳江市文广新局副局长黄铁坚等五人前往南宁，向广西同行和铜鼓研究专家通报了周亨铜鼓的发现信息，他们在广西壮族自治区博物馆原馆长蒋廷瑜、副馆长蓝日勇陪同下参观了陈列在广西壮族自治区博物馆大厅的一面重达 1004 千克的大铜鼓，这面大铜鼓是环江毛南族自治县上朝村板才屯壮族韦启初、韦启参两兄弟为庆祝广西壮族自治区成立五十周年而铸作的献礼。广西阳江市政府想请环江的铜鼓铸造匠师复制一面周亨铜鼓，以便陈列展览用。

图 4-6　广东阳江周亨铜鼓

6月22日，《广州日报》用三分之一的版面报道了阳江周亨铜鼓，轰动学界。6月26日，在阳江市召开了周亨铜鼓专家论证会。出席会议的专家，广东方面有时任广东省文物局副局长魏峻，广东省文物考古研究所所长黄道钦、副所长邱立诚，广东省博物馆副馆长莫鹏、文物保护修复科技中心高级工程师范敏，广东省文物鉴定站原站长叶其峰，广东省文物鉴定委员会秘书吴生道等；广西方面有广西壮族自治区博物馆原馆长蒋廷瑜、副馆长蓝日勇，原广西民族学院副院长万辅彬。铜鼓仍放在阳江市文广新局大厅里，专家们会前花了将近半个小时进行观察。大家前后左右、上上下下、内内外外不断摩挲，反复推敲，现场讨论。论证会在办公大楼五楼会议室举行，黄铁坚副局长介绍了周亨铜鼓发现经过及具体情况，广东省博物馆文物保护实验室张欢介绍了对周亨铜鼓科技保护的方案，之后由专家们推举蒋廷瑜为专家组组长，主持这次论证会。万辅彬、蓝日勇、叶其峰、黄道钦、魏峻、莫鹏、范敏、邱立诚依次发言，对周亨铜鼓极尽赞美之词。万辅彬教授当场朗诵赞诗，博得满堂喝彩。大家一致认为，周亨铜鼓出土地点明确，收集及时，形体硕大（广东第一，中国第三），花纹清晰，保存良好，基本完整，可以评为一级文物；对广东省博物馆文物保护实验室制订的科技保护方案，也认为切合实际。最后通过了论证意见，九名专家依次签字（图4-7、图4-8）。

图4-7　多位专家考察周亨铜鼓

图 4-8 阳江市"周亨铜鼓"专家论证会

6月27日,《阳江日报》刊登了周亨铜鼓论证消息,每位专家在会上的发言都刊有摘要(图4-9)。另外,还登载了记者对蒋廷瑜的专访,并全文刊载了万辅彬的即兴诗《周亨铜鼓赞》:

周亨铜鼓,铸于高凉。俚僚重器,文化遗产。
历经千载,地下珍藏。盛世出土,现身阳江。
吾辈有幸,亲睹宝藏。鼓身硕大,铸工精良。
中心纹饰,八芒太阳。鼓面六蛙,图腾彰显。
十又一晕,每晕三弦。云纹雷纹,填于晕间。
广东之冠,世界第三。应邀论证,偕同蒋蓝。
畅述意义,大力弘扬。伟哉铜鼓,荣哉阳江。

阳江市以前也曾出土过铜鼓。据《阳江县志》记载:"汉铜鼓。右鼓在田寮村李家,鼓面直径今工部尺二尺五寸余,身高一尺四寸余,面分五围,作八角錞文,余四围皆作雷文,最外一层四旁有蛙为耳。身分三层,腰狭而腹隆起,上下两层皆然。唯中层独锋起有棱,上层左右各有两耳,每层皆作横线文。无款识,重约百二十斤。康熙时在附近铜鼓岭掘得。相传未发现时,每当阴雨,辄闻地下渊渊有声云。一在邑绅谭伯筠家，闻系道光建宅时所得。鼓制平面平底细腰，鼓面直径尺余，高约二尺，文作云雷旌旗形。又一鼓系其戚新兴顾姓所赠。今两鼓并存，孰为谭宅原物，莫能辨也。"这说明，清康熙年间阳江已有铜鼓出土，此鼓为田寮村李家收藏；道光年间又有铜鼓出土，此鼓藏谭伯筠家。因为出土铜鼓，阳江还有两处名为"铜鼓岭"的地点。

会后，阳江市组织广西的三位专家前往海陵岛参观广东海上丝绸之路博物馆，第二天前往阳春市博物馆参观和考察铜鼓出土现场。他们在阳春市博物馆看到

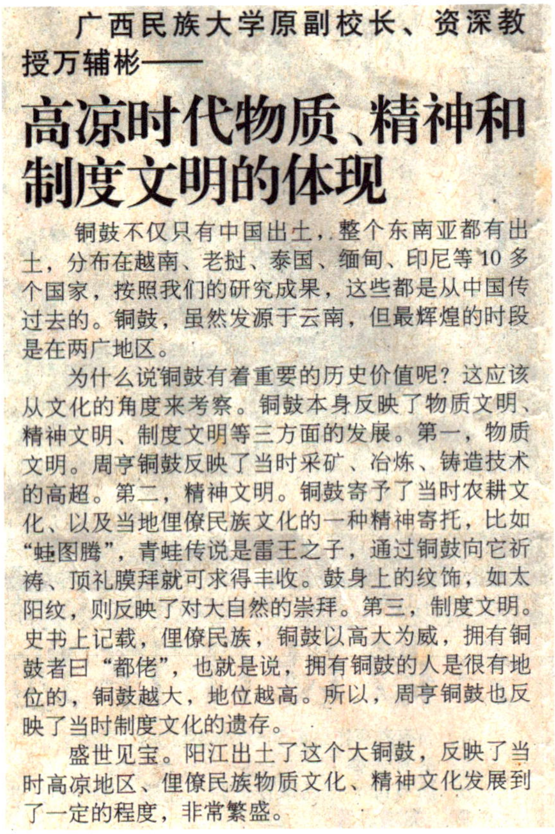

广西民族大学原副校长、资深教授万辅彬——

高凉时代物质、精神和制度文明的体现

铜鼓不仅只有中国出土，整个东南亚都有出土，分布在越南、老挝、泰国、缅甸、印尼等10多个国家，按照我们的研究成果，这些都是从中国传过去的。铜鼓，虽然发源于云南，但最辉煌的时段是在两广地区。

为什么说铜鼓有着重要的历史价值呢？这应该从文化的角度来考察。铜鼓本身反映了物质文明、精神文明、制度文明等三方面的发展。第一，物质文明。周亨铜鼓反映了当时采矿、冶炼、铸造技术的高超。第二，精神文明。铜鼓寄予了当时农耕文化、以及当地俚僚民族文化的一种精神寄托，比如**蛙图腾**，青蛙传说是雷王之子，通过铜鼓向它祈祷、顶礼膜拜就可求得丰收。鼓身上的纹饰，如太阳纹，则反映了对大自然的崇拜。第三，制度文明。史书上记载，俚僚民族，铜鼓以高大为威，拥有铜鼓者曰"都佬"，也就是说，拥有铜鼓的人是很有地位的，铜鼓越大，地位越高。所以，周亨铜鼓也反映了当时制度文化的遗存。

盛世见宝。阳江出土了这个大铜鼓，反映了当时高凉地区、俚僚民族物质文化、精神文化发展到了一定的程度，非常繁盛。

图4-9 《阳江日报》载万辅彬发言

三面铜鼓、五口铁钟和南汉铸钱遗址出土的"乾亨重宝"钱范，万辅彬教授还到该馆文物库房看到在蟹地岭冶铜遗址采集的标本，取到测试用的铜鼓残片。阳春市最大的铜鼓是1979年4月马水乡（今马水镇）蟹地村出土的。该鼓鼓面直径118厘米，高70厘米；鼓面三弦分晕，共九晕，太阳纹中心凸起，像个圆墩，八芒，芒尖开三叉；鼓面靠近边沿两晕处有六只蛙饰两两相对，晕圈内饰云雷纹，边沿下垂，形成垂檐；由于鼓身除胸部比较完整外，自胸以下，腰足部十分残破，因此为了展出，制一个木模装在鼓腔内，将鼓面顶起，把残破的铜鼓片粘贴在木模上；鼓身晕圈密集，饰菱形填线纹；鼓耳两对，为强劲的圆茎环耳；鼓身露出十分粗壮的合范线（图4-10）。第二面铜鼓是潭水镇出土的，较完整；鼓面直径70厘米，鼓面宽沿突出，四只蛙饰两两相对；三弦分晕，共六晕，太阳纹八芒；鼓身晕圈密集，半圆云纹、菱形雷纹、菱形填线纹，三种纹饰间隔出现，缠丝环耳两对，耳根有三趾纹。第三面铜鼓在八甲镇出土，鼓面直径70厘米，三弦分

晕，八晕，饰雷纹，太阳纹八芒，芒心高起，芒线细如针；边沿四只蛙饰，逆时针环列；鼓身腰部以下残失，四只实茎缠丝纹环耳，耳根有三趾纹。

从阳春市博物馆出来，专家组直奔马水镇石录村炼铜遗址。汽车停在蟹地岭公路边，他们徒步上山，采集标本，收集到铜矿石、炼渣，还找到水波纹陶片和风管残片。为寻找铜鼓出土地点，他们在蟹地村到处打听，正好问到铜鼓发现者之弟麦木南。麦木南当时已69岁，他的哥哥麦有云已去世，麦木南准确地指认了铜鼓出土地点，并讲述了当年铜鼓出土的情景。如今出土铜鼓的大坑已被填平，生长着葱郁的树木，一派生机。

图 4-10　广东阳春蟹地岭铜鼓

据阳春市博物馆馆长柯圣梧介绍，铜鼓在阳春市马水、潭水、八甲、河口、永宁等乡镇都有出土，而且都是北流型云雷纹铜鼓。打开铜鼓分布图，发现与阳江毗邻的高州、信宜也是北流型铜鼓的密集分布区，高州出土过鼓面直径110厘米的大铜鼓，信宜出土过鼓面直径107厘米的大铜鼓。

阳江古属高凉地区，汉晋以来一直是俚僚活动的中心。晋人裴渊《广州记》曰："俚僚铸铜为鼓，鼓唯高大为贵，面阔丈余。"《陈书·欧阳頠传》记载："（梁左卫将军兰钦）南征夷僚，擒陈文彻，所获不可胜计，献大铜鼓，累代所无。"《隋书·地理志》曰："自岭已南，二十余郡……并铸铜为大鼓。"这些文献中大铜鼓就是北流型铜鼓。

阳春市北部石望镇有铜陵古城，汉代为临允县地，属合浦郡，南朝宋时立泷潭县，隋改为铜陵县，《旧唐书·地理志》说，因"界内有铜山"，故以此名县。另有一说，见《太平寰宇记》载"铜山，昔越王赵佗于此铸铜"，因此也有专家认为此处是赵佗铸铜的"铜山"留下的冶铜遗址。阳春市还有五代南汉时期铁屎迳铸钱遗址。漠阳江流域丰富的矿产资源孕育了光辉灿烂的铜鼓文化。

2009年6月初，黄铁坚一行前往环江毛南族自治县上朝村板才屯考察韦氏兄弟的铜鼓铸作工场。2010年，阳江市文广新局委托韦启初复制出周亨铜鼓，复制的铜鼓陈列在阳江市江城区的广东海上丝绸之路博物馆。

4. 第四大北流型铜鼓——南海神庙铜鼓

南海神庙铜鼓体形巨大，鼓面直径138厘米，鼓身高77.4厘米，胸径132.4厘米，足部已残缺。鼓面伸出鼓颈之外，周边下垂成檐；鼓面中心太阳纹圆凸如饼，向四周射出八芒，太阳纹外用三弦分晕，共有八晕，分别布满云纹和四出钱纹，最外一晕原有的六只蛙饰已被人锯走，只留下顺时针环列的蛙爪痕。鼓身也是三弦分晕，晕圈密布，其中胸部九晕，第一至第八晕是半圆纹与云纹逐层相间，第九晕是四出钱纹；腰部十二晕，第一、六、七、十二晕是四出钱纹，第二、四、八、十晕是半云纹，第三、五、九、十一晕是云纹；足部九晕，第一、八、九晕是四出钱纹，第二、四、六晕是云纹，第三、五、七晕是半云纹。胸腰之际有两对对称的环耳，饰缠丝纹，耳根有三趾纹，显得坚固有力（图4-11）。从形制和纹饰来看，该鼓是典型的粤桂系北流型铜鼓。

可惜由于出土时间过长，南海神庙铜鼓破损严重，鼓面、鼓胸、鼓足有多处残缺。

唐代刘恂《岭表录异》记载，僖宗朝（873—888年）郑絪镇守番禺期间，高州太守林霭向他进献了一面铜鼓。这面铜鼓是乡野少儿在田间放牛时发现的。郑絪将这面铜鼓"纳于广帅，悬于武库"。刘恂应是在武库中见过这面铜鼓。那么，这面铜鼓是何时从武库转移到南海神庙的呢？

图 4-11　南海神庙铜鼓

南宋兴化军（今福建仙游县）人方信孺，在宋庆元年间，来广东任番禺县尉，后来又任肇庆通判、韶州知州，在广东为官多年，写了一卷《南海百咏》，他认为，南海神庙铜鼓就是高州太守林霭所献的那面铜鼓。

宋代以后，南海神庙铜鼓屡见于诗赋中。明人黎遂球有《波罗铜鼓赋》，其序说："波罗庙有一铜鼓而缀两蛙，云是马伏波将军所铸，向埋地中，其处每闻蛙声，因掘地得之，蛙形尚存其一。供奉鼓于庙，时鸣之以祀祝融。"

屈大均《广东新语》也提及南海神庙铜鼓是唐时高州太守林霭所献之鼓。从记述铜鼓的形制和纹饰来看，"其制中空无底，钮垂四悬，腰束而脐隐起，旁有两耳，通体作络索连钱及水谷纹，色微青如铺翠，半断起如辰砂，铜质尽化，金精独存，有光莹然可鉴，盖千余年物也。边际旧有蛙六，今不存"，这与南海神庙铜鼓相符。这种大铜鼓也很有可能出自两广交界的云开大山区，且只有高州北流一带才有。岭南诗家梁佩兰《南海神庙铜鼓歌》载："龙宫一夜蛟鼍舞，南海庙巫叩铜鼓。南海庙神广利王，割据四海南海方。铜鼓置在王庙左，庄严鼓悬四小锁。大巫一叩潮水平，小巫一叩江水清。二月望日王生日，鼓声掌人拜出入。"可见清初时期仍有南海神庙铜鼓还在使用。清代夏之蓉《南海铜鼓考》称"嘉靖间，海盗曾一本曾谋移之，铁索忽断，不可举"，没有被偷走。

"文化大革命"期间，为避免"破四旧"时被误作为"四旧"而遭破坏，广州博物馆将南海神庙铜鼓收回，存放在六榕寺文物仓库。1979年后，南海神庙铜鼓被送回南海神庙。2000年一天夜晚南海神庙铜鼓突然被人盗走，下落不明。2006年，有人给广西民族博物馆发消息，称辽宁大连一位古董商要出售一面大铜鼓，称此鼓鼓面直径138厘米，来自云南。根据发来的铜鼓照片，鼓身有四出钱纹、云雷纹，耳为圆茎蛇纹，有歧爪，是典型北流型铜鼓，应是两广云开大山区所产，绝对不会出自云南，而138厘米正是南海神庙铜鼓的鼓面直径，说明这极有可能就是南海神庙铜鼓。广州博物馆派人到辽宁大连追查，但没有结果。这说明南海神庙铜鼓还在，相信在不久的将来南海神庙铜鼓会回到南海神庙来。

5. 第五大北流型铜鼓——麻垌小学铜鼓

此鼓不知何时出土，只知中华人民共和国成立初被存放在桂平县（今桂平市麻垌镇）麻垌小学，1952年送交广西省博物馆筹备处收藏，2008年拨交广西民族博物馆。鼓面直径137.8厘米，鼓高72.5厘米。鼓面边沿伸出鼓胸之外，胸腰间有两对圆茎大环耳。鼓面有6个蛙饰逆时针方向环列，鼓身胸部微鼓，腰部略直，足部稍外张。鼓面中心太阳纹十二芒，三弦分晕，八晕，遍饰雷纹；鼓身纹饰密集，胸腰间以凹弦为界，腰足间以凸棱为界，胸部和腰部栉纹与雷纹逐层相间，足部角形填线纹与雷纹相间（图4-12）。

图 4-12 麻垌小学铜鼓（王梦祥摄）

6. 第六大北流型铜鼓——浙江省博物馆 5 号铜鼓

　　该鼓只存鼓面，腰部以下残失。鼓面直径 134 厘米，胸径 125.7 厘米。鼓面宽于鼓胸，有垂檐，边沿有 4 只蛙饰，两两相对。纹饰以三弦分晕，各弦距约相等（即等晕）；鼓面中心太阳纹八芒，芒间饰云纹；各晕通饰云纹。胸部饰雷纹，有些模糊不清。鼓身可见两道合范线（图 4-13）。

图 4-13 浙江省博物馆 5 号铜鼓

7. 第七大北流型铜鼓——兴业浪平铜鼓

该鼓于 1991 年 3 月 21 日在广西兴业县小平山乡（今小平山镇）小平山村浪平屯出土。鼓面直径 124.5 厘米，鼓身高 66 厘米，足径 120 厘米，重 166.3 千克。鼓面中心太阳纹十二芒，边沿逆时针环列 6 只蛙饰，两蛙间还有 1 只鸟饰。胸腰间有 2 对辫纹大环耳，1 对小环耳。鼓面边沿有垂檐。鼓面饰雷纹、连钱纹、小鸟纹、水波纹，鼓身饰席纹与细方格纹逐层相间。背面有扇形刮痕（图 4-14）。现藏于兴业县文物管理所。

图 4-14　兴业浪平铜鼓（王梦祥摄）

兴业浪平铜鼓鼓身

五铢钱纹铜鼓

BEILIUXING TONGGU DAGUAN

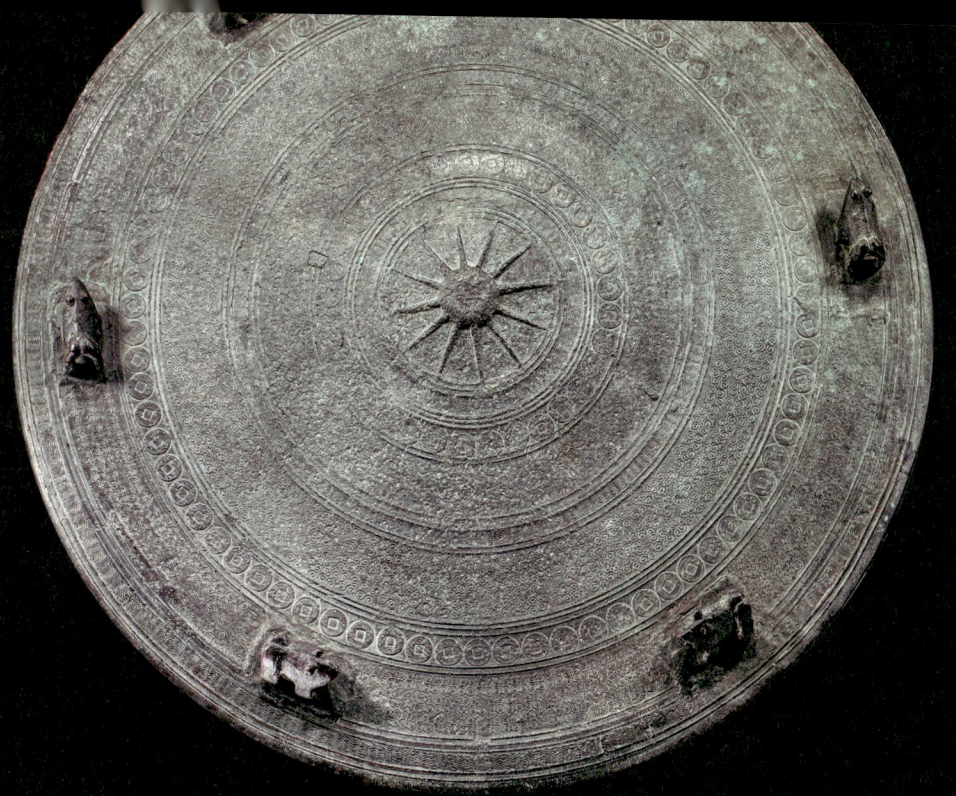

北流型

铜鼓

大观

蛙饰

云雷纹铜鼓

麻垌小学铜鼓

浙江省博物馆藏
4号铜鼓

北流型

铜鼓

BEILIUXING
TONGGU
DAGUAN

大
观

铜
鼓

北
流
型

垌尾铜鼓

"铜鼓王"鼓面

五铢钱纹

太阳纹

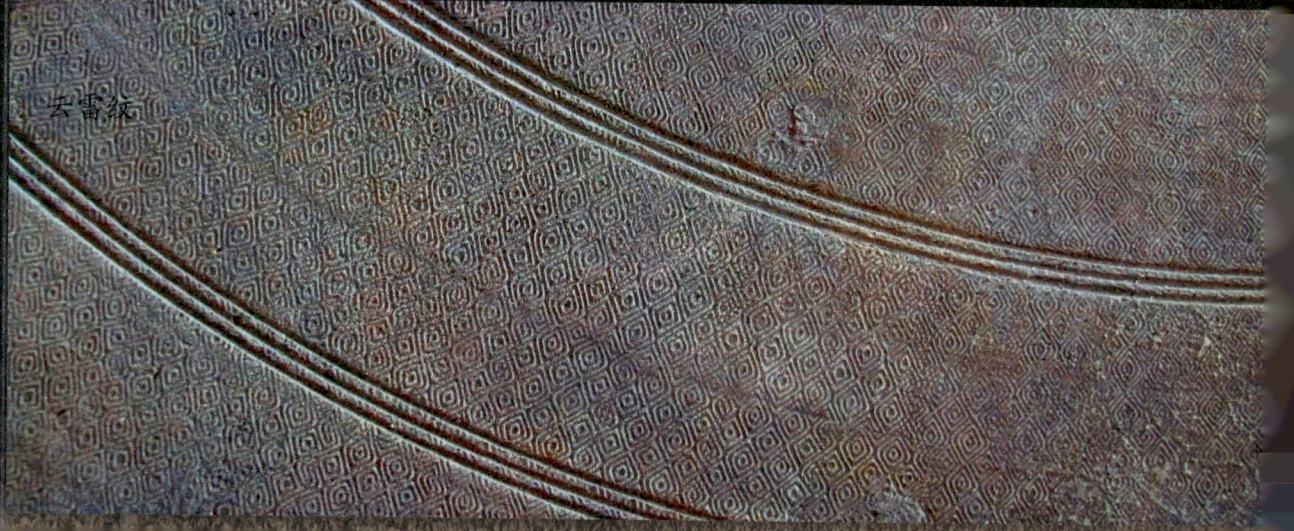

云雷纹

8. 第八大北流型铜鼓——北流白马铜鼓

此鼓于 1954 年在北流县第十一区（今北流市白马镇）出土，当年由广西省博物馆征集入藏，后来广西壮族自治区博物馆将其编为 139 号铜鼓。鼓面直径 123.1 厘米，鼓身高 68.9 厘米。鼓面伸出鼓胸之外，有垂檐。胸部多处残破，附两对实心环耳，耳饰缠丝纹，有一道脊线。背面有调音铲痕。鼓面边沿顺时针环列四只蛙饰，鼓面中心太阳纹八芒，通身饰云雷纹，是典型的北流型铜鼓（图 4-15）。

图 4-15 北流白马铜鼓

第五章

北流型铜鼓的收藏

1. 文献中的北流型铜鼓收藏记录

从历史文献来看，北流境内很早就有铜鼓出土。据清光绪六年（1880年）《北流县志》载：

> （明）景泰三年，舟人自潭中获铜鼓一，送本县谯楼。
>
> （清）雍正八年，北流县民获铜鼓一，献抚军，全铢奏进，阙下远蒙。
>
> 泗洲庵铜鼓，嘉庆二年六月，石一里庞陂上里许溪边，水潦冲激，见铜鼓一，乡人移入泗洲庵，以为更鼓。絜之，鼓面直径二尺四寸八分，高一尺四寸六分，圆好无缺，镂刻精工，周身有钱四百零三文，内篆"五铢"二字，鼓面蟾蜍六，古色斑驳。
>
> 玉虚宫铜鼓，在平陵里新圩。又禄厚村三教堂，沙圩村护龙寺三教堂，均有铜鼓，各约高二尺余，径广二尺余，周围卍字花纹，虾蟆团踞，古色盎然。
>
> 宝兔庵铜鼓，在下三里水埇村，围大七尺许，蟾蜍花纹，备极精巧。相传黄式中在行潦中拾得，并大士像，遂造庵祀之。
>
> 龙山寺铜鼓，道光六年四月初二日下一里乡民掘地种竹获铜鼓一，约重三百斤，送庙内。
>
> 将军庙铜鼓，由波一里龙虎寨掘出送庙，径三尺二寸，高二尺余，面有蟾蜍四，周身卍字细纹，古色盎然。咸丰七年城陷失去。
>
> 城隍古庙铜鼓，道光十八年四月初十日大雨，扶来里大伦村山崩，出铜鼓一，约重四百斤，置庙内。
>
> 以上二鼓，均圆体细腰，面有蟾蜍，凹身，有云雨花纹。

由上可知，仅见于卷一一"古迹"条就提及10面铜鼓。而在同书卷一二"祠庙"条，除重复说到泗洲庙、护龙寺有铜鼓外，又提到"水埇庵内有铜鼓，围二丈余，高二尺"，即现存的"铜鼓王"。1935年重修的《北流县志》，除重录上述一些铜鼓外，又记录了清光绪六年（1880年）以后新发现的铜鼓：

扶来大崙冲天观铜鼓，周身有卍字细纹，古色盎然。

西新区新圩初小校铜鼓，约高二尺余，径广二尺余，周围卍字花纹，古色盎然。

水一里北容高山庙铜鼓，民国初年，村人掘土得之，送置庙内。径大二尺余，高称之，中空无底，钮垂泪悬，腰束而脐隆起，通体作络索连线及水漾纹；鼓面蟾蜍四个，去年因毁该庙偶像，东坪卢姓已运该鼓回家私藏矣。

卞二里社峒水口禄隆寺铜鼓，蟾蜍花纹，备极精巧。但已残破，击之无声。

小二里冲头村之附近山林中，于民国初年有一泥穴发现铜鼓一个，鼓面蟾蜍六，并字数行，泥锈侵蚀，未能完全认识，只见"大汉建兴三年秋月"数字。铜质极佳。沽与容县人，尚存鼓耳数个，在冲头卢宅云。

那排庵铜鼓，民国廿二年，罗卞区仁德乡寨肚坡村民梁某，扩辟旧宅地堂角掘出，蟾蜍花纹，备极精巧。后那排村民众出铜仙六千枚，买庵内。

据不完全统计，中华人民共和国成立前，历代记载在北流境内出土的铜鼓达14面，中华人民共和国成立以来，陆续出土并加以收藏33面，两项合计为47面，这表明北流是广西出土铜鼓分布最密集的地方。北流型铜鼓不但以北流境内出土的数量最多，更以北流出土的铜鼓为最典型。

与北流相邻的几个县（区、市），在历史上也有出土和收藏北流型铜鼓的记录。

清光绪二十年（1894年）重修的《郁林州志》，在"艺文编"一连记载11面铜鼓，从描述情况看，其中至少有3面是北流型铜鼓：

文昌阁铜鼓一，高一尺五寸，鼓面直径二尺六寸，底径如之，边出广一寸，腰束减二寸，自边至中央凡十九晕。晕间或为雷纹，或为螺纹，或为五铢钱纹，或为簠簋纹。中央隆起，自内廓有横斜十字纹。沿边近里四分强，有六蟾蜍，相去一尺三分。蟾蜍前高一寸，足间一寸二分，后高八分，足间亦八分。鼓身凡三重带，二十七晕，晕间纹与面同。两旁近上有耳，前后对出，近下亦有耳，左右对出。纹如贯索形模，中度镂刻精工，色如绿沇，土色斑驳，盖西汉时物也。

城北谷山村，三教堂铜鼓一，乾隆间由村旁掘获，高一尺一寸，鼓面直径二尺一寸，中隆起阔一寸，腰微束。周围有蟾蜍，相去七寸五分。击之，音韵各异。面起银丝纹五十一条，左右有圆耳两两相对。

城北旺水玉皇庙铜鼓一，同治七年农民从镇武山掘获，高一尺二寸，鼓面直径二尺有奇，腰微束，面五晕，中有八卦，晕外蟾蜍四，旁有两耳如环。

从以上描述的铜鼓大小、形制和纹样装饰特征来看，这些铜鼓都应归为北流型铜鼓。光绪二十三年（1897年）修的《容县志》所载容县南门外水月宫的大铜鼓也应是北流型铜鼓。洪声根据地方志的记述，找出在广西历史上发现的铜鼓中有11面应属甲型（即北流型），包括北流3面，玉林3面，贵县2面，容县、桂平、邕宁各1面。

再从现有的铜鼓资料来看，能够确知出土地点的北流型铜鼓有152面，其中能确知出土地点在某县（区、市）境内的有128面，出土县（区、市）共31个，其中广西18个、广东10个、海南3个。这些县（区、市）在地理位置上连成一片，其中最北的是广西的桂平、平南、苍梧，但未越过浔江（西江）北岸；最东的是广东的云浮、阳春，没有到珠江三角洲；最南的是海南岛的陵水；最西的是广西的邕宁，没有越过邕江。这些情况又同历史文献记载的出土北流型铜鼓的地点相吻合。

总之，北流型铜鼓都出土在广西的东南部、广东的西南部和海南，范围十分集中，以今广西玉林地区为其分布中心，广西钦州地区和广东湛江地区次之，特别以广西北流和广东信宜为中心的云开大山区的几个县最为密集，密集区应是北流型铜鼓的"大本营"。

2. 国内馆藏北流型铜鼓

（1）北流市博物馆收藏的北流型铜鼓

从文献记载来看，北流自明代景泰三年（1452年）起就有铜鼓出土。清代雍正、嘉庆、道光年间不断有铜鼓出土，这些铜鼓除了没入私人之手，大都置放于神祠佛寺，如龙山寺、护龙寺、禄隆寺，城隍庙、高山庙，泗洲庵、宝兔庵、那排庵，冲天观、玉虚宫、三教堂；民国时期有的存于学校，有的存于祠堂。中华人民共和国成立后，新出土的铜鼓属于地下文物，为国家所有，20世纪50年代，至少有7面被广西省博物馆征集，其中包括水埇庵大铜鼓，也于1955年调运到南宁，入藏广西省博物馆。其他的铜鼓或遭损毁或下落不明。20世纪60年代至70年代初，北流县出土的铜鼓又有5面入藏广西壮族自治区博物馆。自1979年成立北流县文物管理所起，北流境内出土的铜鼓由北流县文物管理所收藏，1989年成立北流县博物馆。截至2022年，北流市博物馆收藏本市境内出土的铜鼓已达35面，成为收藏铜鼓最多的县级博物馆（图5-1）。

图 5-1 北流市博物馆铜鼓陈列室一隅

2014年，广西壮族自治区博物馆原馆长蒋廷瑜带队对北流市博物馆馆藏铜鼓进行了调研考察，并拍摄了馆藏北流型铜鼓，可谓洋洋大观（图5-2）。

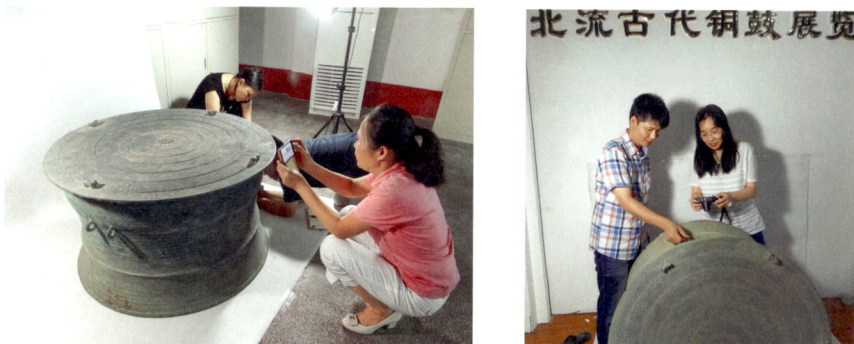

图 5-2 工作人员在北流市博物馆考察调研

除了上述介绍的北流型铜鼓出土的故事，北流市博物馆馆藏其他铜鼓信息如下。

下浪湾鼓，1964年10月于北流县白马公社大伦农场下浪湾出土，高53厘米，鼓面直径91.3厘米。鼓面有4只逆时针环列的蛙饰；鼓胸有两对缠丝纹圆茎环耳。鼓面太阳纹八芒，七晕，饰雷纹；鼓身雷纹与云纹相间（图5-3）。

图5-3 北流下浪湾鼓（下图为王梦祥拍摄）

　　大屋铜鼓，1974 年 11 月于北流县六靖公社（今六靖镇）水冲大屋队岭脚出土，高 54.4 厘米，鼓面直径 92.5 厘米。鼓面有 4 只蛙饰，两两相对；鼓胸有两对实心环耳。鼓面太阳纹八芒，八晕，全饰雷纹，鼓身亦饰雷纹（图 5-4）。背面有调音铲痕。

图 5-4　北流大屋铜鼓（王梦祥摄）

　　园山鼓，1975 年 10 月于北流县白马公社黄金村龙塘队圆山出土。该鼓高 42.5 厘米，鼓面直径 73.5 厘米。鼓面有 4 只蛙饰，两两相对；鼓胸有缠丝纹圆茎实心耳（图 5-5）。背面有调音铲痕。

图 5-5　北流园山鼓

党屋鼓，1978年于北流县大坡外公社南盛大队南录组党屋村民党玉田在屋边挖出。鼓身高37.8厘米，鼓面直径68.7厘米。鼓面有4只蛙饰，逆时针环列；鼓胸有两对缠丝纹环耳。鼓面太阳纹八芒，五晕，全饰雷纹；鼓身密集雷纹间部分云纹（图5-6）。背面有调音的扇形铲痕。

图5-6　北流党屋鼓

大伦鼓，1991年6月28日，北流县白马镇大伦村（今大伦镇）长塘一组李秀荣挖出。该鼓高45厘米，鼓面直径76厘米。鼓面太阳纹八芒，五晕，饰雷纹，鼓身雷纹与云纹相间（图5-7）。鼓胸有两对环耳。背面有大面积调音铲痕，呈圆形与扇形重叠。

图5-7　北流大伦鼓

（2）国内其他博物馆收藏的北流型铜鼓

①中国国家博物馆收藏的五铢钱纹铜鼓

中国历史博物馆（今中国国家博物馆）于1959年建立，当时需要从全国各地调拨文物，充实它的陈列，广西桂林全州卢家桥遗址出土的石镞、那坡感驮岩出土的石锛和陶纺轮、河池凤山小门出土的石锛，贺县（今贺州市八步区）出土的几何印纹硬陶釜，梧州汉墓出土的铜镇、铜兽形熏炉，昭平汉墓出土的铜兔水盂，贵县（今贵港）汉墓出土的玻璃杯等珍贵文物被征调，其中还有岑溪的五铢钱纹铜鼓。

五铢钱纹铜鼓是1953年岑溪县城修筑共青路时挖出的，1954年被广西省博物馆征集入藏，1959年上调到北京，参加中国历史博物馆的开馆大展，此后就成了中国历史博物馆的珍藏品（图5-8）。这面铜鼓的鼓面和鼓身都有五铢钱纹装饰，因此一般称它为五铢钱纹铜鼓。

五铢钱纹铜鼓属粤系铜鼓中的北流型铜鼓，鼓面直径90厘米，鼓身高53厘米，鼓面宽于鼓身横截面，有面檐伸出鼓胸之外。鼓面中心太阳纹光体圆凸如饼，有针状芒十二道。太阳纹之外，由二弦或三弦的同心圆将鼓面分为九晕圈，由内至外分别饰云纹、水波纹和第二、第七晕圈的五铢钱纹。鼓面边沿还有六只

图 5-8　五铢钱纹铜鼓（王梦祥、陈镜宇摄）

立体蛙饰，两两相对布列，蛙体稍瘦削。鼓身分为胸、腰、足三段。胸壁略直，
胸径 85.6 厘米，下部向内收缩成腰；胸部有五晕圈，上下分别为水波纹和云纹，
中间一圈为五铢钱纹。胸腰之间有一道明显的分界沟，有两对扁状耳竖搭在胸腰
之间。腰径 72.6 厘米，腰部有七晕圈，上面四晕和下面二晕分别为水波纹和云
纹，第五晕为五铢钱纹。腰下一道凸棱与足分界。足部略向外扩张，足径 88 厘
米；足部有四晕圈纹饰，从上至下依次为水波纹、云纹、水波纹、五铢钱纹。整
个铜鼓形体凝重，纹饰清晰，是铜鼓工艺发达时期的典型作品。

　　岑溪五铢钱纹铜鼓上的花纹都是捺板印花。水波纹以四个曲折为一单元，云
纹以四个螺旋为一单元，一单元挨一单元地捺印在鼓范上。五铢钱纹的外廓直径
2.5 厘米，孔径 1 厘米，"五铢"二字是工整的篆书，显然是用五铢钱在鼓范上按
压而成的。钱纹有正有斜、有顺有倒，钱纹之间的距离有疏有密，甚至有的边框
互相叠压，这些现象应是在制鼓范时用单个铜钱连续随手按压的结果。

　　在铜鼓上施以五铢钱纹，其本来用意也许只是作为花纹装饰，这是因为圆圈
本身的排列会构成一圈圈漂亮的纹带（图 5-9）。这和早期铜鼓上常见的圆圈带纹
和圆圈带切线的纹带是一脉相承的。早期的圆圈带纹可能是用小竹管在鼓范上戳
印出来的，用铜钱来按压，只不过是在制作这种戳印图案过程中的一种偶然的发

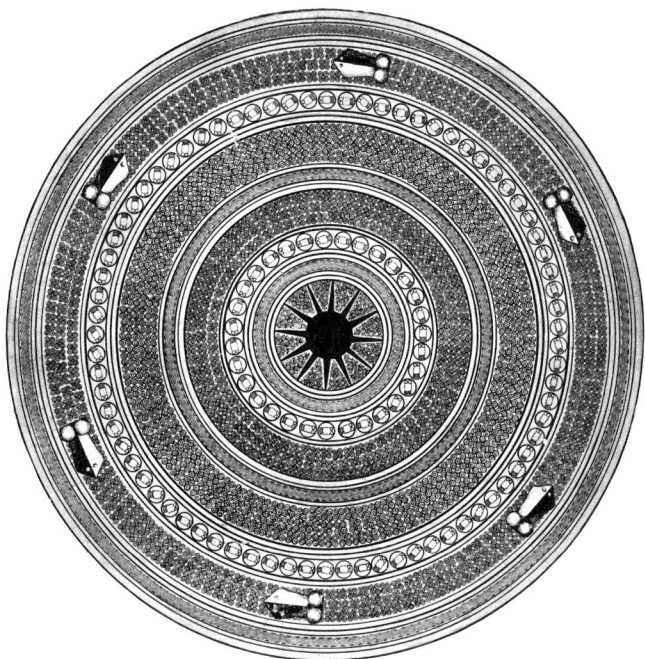

图 5-9　五铢钱纹铜鼓鼓面线描
（广西民族博物馆提供）

明。但发明用铜钱作印版花纹的母模，必然是这种铜钱在铜鼓铸造地区已经开始流通使用之后。

五铢钱是中国历史上流通时间很长的一种金属货币，从汉武帝元狩五年（公元前 118 年）开始铸造，一直到隋代（公元 6 世纪末）都在流通使用。各个历史时期的五铢钱略有变化，从这些变化可以推断出其铸作的年代。这面铜鼓上的五铢钱纹应当是用汉宣帝至汉元帝时期（公元前 73—公元前 33 年）的五铢钱捺印上去的。由此可以推断，这面铜鼓是西汉末年或东汉初年铸造的，这为同类铜鼓的断代提供了一个可靠的标尺。

从文献记载来看，类似岑溪这样的五铢钱纹铜鼓至少还有两例。

乾隆五十七年（1792 年）《郁林州志》卷二〇"艺文志"载：

文昌阁铜鼓一，高一尺五寸，鼓面直径二尺六寸，底径如之。边出广一寸，腰束减二寸。自边至中央，凡十九晕。晕间或为雷文，或为螺文，或为五铢钱文，或为遮鲦文（席纹）。中央隆起，内廓有横划十字文；沿边近里四分强，有六蟾蜍，相去一尺三分。蟾蜍前高一寸，足间一寸二分，后高八分，足间亦八分。鼓身凡三重带，二十七晕，晕间文与面同。两旁近上有耳，前后对出，近下亦有耳，左右对出，文如贯索形模，中度镂刻精工，色如绿沉，土花斑驳，盖西汉时物也。

1935年《北流县志》卷三"金石志"记载：

石一里河村泗洲庵铜鼓。嘉庆二年六月，石一里庞陂上里许溪边水潦冲激，见铜鼓一，乡人移入泗洲庵，以为更鼓。絮之，鼓面直径二尺四寸八分，高一尺四寸六分。圆好无缺，镂刻精工。周身有钱纹四百零三文，内篆五铢二字。鼓面蟾蜍六，古色斑驳。

由以上文献可以知道，玉林文昌阁铜鼓是一面以五铢钱纹为主要装饰的铜鼓，北流泗洲庵铜鼓也是一面以五铢钱纹为主要装饰的铜鼓。修志者很细心，将泗洲庵铜鼓身上按压五铢钱纹的数量都统计了。

由此看来，玉林和北流这两面铜鼓，无论从形态、大小、纹饰还是组合方式，都和现存的岑溪五铢钱纹铜鼓相近。无疑，用五铢钱纹来装饰铜鼓在广西东南部地区的某一个历史时期是颇为流行的。岑溪五铢钱纹铜鼓并不是偶然的一件特殊产品，玉林、北流的五铢钱纹铜鼓后来下落不明，岑溪五铢钱纹铜鼓只是众多五铢钱纹铜鼓中流传下来的唯一一件标本罢了。

岑溪五铢钱纹铜鼓是稀世珍宝，50多年来，作为珍贵历史文物、中国南方优秀民族文化载体，曾多次赴日本、澳大利亚和欧美多国展出，展示它的无穷魅力。

②故宫博物院收藏的北流型铜鼓

故宫博物院收藏有两面北流型铜鼓。

故宫77171号鼓是北京颐和园拨交的，当是两广地区进贡给皇家的贡品。该鼓鼓面直径78.5厘米，胸径73.2厘米，腰径66.8厘米，足部残失。鼓面有四蛙，两两相对；三弦分晕，等晕，共九晕；太阳纹八芒，芒间夹云纹，芒穿至第二晕，第二至第九晕遍布云纹。鼓身也是三弦分晕。鼓胸九晕，第一至八晕是填线雷纹，第九晕是半云填线纹。鼓腰十四晕，第一、第十三晕是半云填线纹，第二至第十二、第十四晕是填线雷纹。环耳两对，饰缠丝纹。鼓身有两道合范线，鼓面、鼓身都有垫片痕（图 5-10）。

图 5-10　故宫 77171 号鼓

故宫 18721 号鼓是 1956 年国家文物局拨交的。鼓面直径 79.7 厘米，高 47 厘米，胸径 73.2 厘米，腰径 69.4 厘米，足径 79.4 厘米。鼓面有四蛙，两两相对；三弦分晕，共九晕：太阳纹八芒，芒间夹云纹，第二至九晕遍布云纹。鼓身三、二或一弦分晕。鼓胸九晕，鼓腰十四晕，鼓足九晕，皆上下各一晕半云填线纹，中饰雷纹填线纹。环耳两对，饰缠丝纹，各有脊线一道。身有两道合范线（图 5-11）。

图 5-11　故宫 18721 号鼓

③上海博物馆收藏的北流型铜鼓

上海不是古代铜鼓分布区，当地不出铜鼓，上海博物馆收藏的铜鼓都是从中国岭南和西南地区流传过去的。

明清时期，一些官员从岭南和西南地区将铜鼓带往江浙，使一些铜鼓流入上海。如江苏娄县（今上海市松江区）人张祥河，字元卿，号诗舲，清嘉庆进士，道光二十四年（1844）任广西布政使，得到四面"伏波将军"铜鼓，并将自己的书斋名为"四铜鼓斋"。他家住在松江府城东门外寿星桥旁，后又购得郡城西门外明代松风草堂作宅居，加以改建后易名为"遂养堂"。遂养堂院内东西两侧有廊屋连贯南北厅堂，东廊墙壁镶嵌有"四铜鼓斋"藏石；院的北侧辟为"四铜鼓斋"，珍藏从广西得到的这四面铜鼓。后来，他编过一本论画文集《四铜鼓斋论画集刻》。张祥河《四铜鼓斋自记》曰："宅东有隙地，加修治，名曰'四铜鼓斋'，盖承宣粤西所得伏波铜鼓四，纪君恩也。"所谓"伏波铜鼓"就是北流型、灵山型大铜鼓。又如江苏吴县（今苏州）人吴大澂，初名大淳，后避清穆宗载淳讳，改名大澂，晚年又号愙斋，同治十年（1871）中进士，官至广东巡抚和湖南巡抚，是著名的金石学家。他在任巡抚时，前后搜集到铜鼓十面，自名其书斋为"十铜鼓斋"，并以此刻一枚闲章。吴大澂曾将一面铜鼓转送给他的表弟汪鸣銮，将其他铜鼓都运回江苏老家。

20 世纪 30 年代收藏于上海市博物馆的八面铜鼓，就是吴大澂在广东、湖南当官时搜集的。1937 年出版的《铜鼓考略》一书第一幅插图展示的两面铜鼓就是"愙斋旧藏"。

自 20 世纪 50 年代以来，广西、贵州、云南等省、区的铜鼓，不断被作为废杂铜卖给废旧物资收购部门，然后调拨到上海、北京、天津、株洲等大城市，作为旧铜原料使用。上海博物馆经常派人从上海冶炼厂的废杂铜中鉴选文物，其中也有铜鼓。这些被当作废杂铜调拨到上海冶炼厂的铜鼓，绝大部分来自广西和贵州。上海博物馆的 211 面麻江型铜鼓中，有 132 面就是从上海冶炼厂的铜原料中拣选出来的。

丂 38235 号鼓属于北流型铜鼓。这面铜鼓鼓面直径 77.2 厘米，鼓身高 44.5 厘米，足径 76 厘米。鼓面有四只清瘦的蛙饰，逆时针环列，鼓面的纹饰是三弦分晕，共有六晕，中心太阳纹八芒，芒间夹云纹，其他晕都是等宽的晕，第二、第三晕为云纹，第四至第六晕为雷纹。鼓身三弦分晕，胸部九晕，腹部十三晕，足部十晕，都是云纹与雷纹填线纹相间。胸腰间有环耳两对。特别有意思的是，将鼓身翻转过来，看到鼓身内壁有一段墨书文字："广西蒙垌大队第六生产队社员刘明荣、顾绍雄在 1962 年 4 月 20 日下午 2 时半在尿岗堆岭嘴开荒种木薯挖出。"这段文字记载了这面铜鼓的来历。这面铜鼓厚重坚实，满布云雷纹，有青蛙和环状耳，是典型的北流型铜鼓（图 5-12），这种铜鼓是广东、广西相邻的云开大山区特有的大铜鼓。"蒙垌大队"即今蒙垌村，隶属广西贵港市港南区桥圩镇，说明这面铜鼓是在广西出土的。

图 5-12　上海博物馆藏丂 38235 号鼓

上海博物馆陈列室展出有六面铜鼓，其中最大的那面铜鼓——亐6597号鼓是北流型铜鼓。这面铜鼓鼓面直径145厘米，高78.8厘米，是仅次于"铜鼓王"的第二大铜鼓（图5-13）。

图5-13　上海博物馆藏亐6597号鼓

上海博物馆还有三面馆藏北流型铜鼓。

亐12043号鼓。从冶炼厂铜原料中拣选出。鼓面直径62.3厘米，身残，高度不明。鼓面有四蛙，逆时针环列，三弦分晕，鼓面五等晕，太阳纹八芒，芒间夹细雷纹。鼓身仅存胸部一块，雷纹与云纹相间。

亐38234号鼓。来源不详。该鼓鼓面直径82.7厘米，鼓身高48.5厘米，胸径77.7厘米，腰径70.3厘米，足径82.5厘米。鼓面有四蛙，逆时针环列；三弦分晕，六等晕，第一晕为太阳纹、八芒，第二至第五晕模糊，第六晕为复线角形填线纹。鼓身三弦分晕。鼓胸七、鼓腰九、鼓足六晕，均为角形填线纹或雷纹填线纹与云纹相间。胸腰间有环耳两对。鼓身有两道合范线。

亐38237号鼓。该鼓鼓面直径67.2厘米，高36.8厘米，胸径64.3厘米，腰径54.4厘米，足径65.3厘米。鼓面有四蛙，逆时针环列；三弦分晕，六等晕，第一晕晕中为太阳纹、八芒，各晕均饰细雷纹。鼓身三弦分晕，胸、腰、足各七晕，皆以云纹、雷纹逐晕相间。胸腰间有环耳两对。鼓身有四道合范线。

④浙江省博物馆藏北流型铜鼓

浙江省博物馆 4 号铜鼓。该鼓鼓面直径 84.2 厘米，鼓身高 48 厘米，胸径 79.1 厘米，腰径 73.5 厘米，足径 84.4 厘米。鼓面有四小蛙，两两相对（一蛙已残失）；三弦分晕，七等晕，第一晕为太阳纹、八芒，余纹皆模糊。鼓胸十晕，鼓腰十三晕，鼓足九晕，皆通饰云纹。环耳两对（一耳已残失）。身有两道合范线（图 5–14）。

浙江省博物馆 5 号铜鼓。该鼓鼓面直径 134 厘米，胸径 125.7 厘米，腰以下残失。鼓面有四只立体青蛙，两两相对；三弦分晕，等晕；第一晕为太阳纹、八芒，芒间云纹，其余各晕通饰云纹。胸部模糊不清。鼓身有两道合范线。

图 5–14 浙江省博物馆藏 4 号铜鼓

⑤浙江温州博物馆藏北流型铜鼓

浙江温州博物馆收藏的北流型铜鼓是广西钦州市灵山县出土的。这面铜鼓鼓面直径 102.5 厘米，高 56.8 厘米，胸径 91.4 厘米，腰径 85 厘米，足径 99.6 厘米，重约 70 千克，体形较大；鼓面超出鼓身外达 6 厘米；胸壁斜直，最大径偏上，胸腰际收缩曲度缓慢，以一道浅凹槽作为分界；腰呈反弧形；腰足间以一条凸棱分界；胸腰际附圆环状辫纹小扁耳两对。鼓面平，三弦分晕，晕间距离约相等，晕圈窄而密，共十五晕；中心太阳纹光体圆凸如饼，十芒，芒间为如意云纹，其外为雷纹、复线角形纹、席纹、云纹、连钱填线纹、雷纹填线纹等。鼓身晕间距离约相等，晕圈窄而密，并有两条合范线。以合范线为界，鼓胸、鼓腰、鼓足合范线两边的纹饰均不相同。鼓胸共饰七晕，合范线一侧为如意云纹、双钱填线纹、席纹，另一侧为四出钱纹、如意云纹、席纹；鼓腰共九晕，合范线一侧为如意云纹、席纹、双钱填线纹、四出钱纹，另一侧为四出钱纹、如意云纹、双钱填线纹、席纹、雷纹填线纹；鼓足共饰六晕纹饰，一侧为四出钱纹、席纹、双钱填线纹、雷纹填线纹，另一侧为四出钱纹、席纹、如意云纹、雷纹填线纹、双钱填线纹。鼓面边沿原应有等距逆时针环列的三足蛙6只，现存5只。综上来看，这是一面典型的北流型铜鼓（图5-15）。

图5-15　温州博物馆藏灵山出土北流型铜鼓

此铜鼓原登记来源为温岭出土，然而浙江不是古代铜鼓分布区，没有古代铜鼓出土的记录，说这面铜鼓是温岭"出土"，显系有误。

翻查《太平县古志三种》的《光绪太平续志》，其中卷一〇《古迹志下·金识》有一则"铜鼓附"，记载"阮澡云萃恩宰广东灵山县，丙申十月至百罗，决施杨两姓之狱，既毕，平山村父老舁铜鼓以献""其地有大山龙神庙，（铜鼓）时于山下掘得之，因藏于庙。以阮决百年积狱，遂取以献焉。阮自为记"。这段话是阮萃恩自己写下来附在《太平续志》中对一面铜鼓来历的说明。在这段附记中，还将这面铜鼓的尺寸大小、形制纹饰也记录了下来："重一百四十余斤，高二尺，盖围一丈二尺，腰杀四分之一，中空无底。盖心如车毂，平分十辐，心以外如月晕十余层，每层缕文各异，如古钱，如织簟，如水波，如龟坼，如花碎瓣，如'巨'字相背相倚，盖黻形也，如回字两角相向，盖雷文也，其余不可名状，身之晕尤密，其文尤精。腰左右各有两耳。盖四围有六蟾蜍，状皆左旋。近心处有击痕。试击之，镗鞳之声彻于户外。"

把这面铜鼓的尺寸、重量用现代计量标准加以换算，并将阮萃恩所描述的纹饰翻译成现代汉语，会发现这面铜鼓与前面所述温州博物馆所藏的北流型铜鼓十分接近，这完全可以说明，现在温州博物馆所藏北流型铜鼓就是光绪二十二年（1896年）阮萃恩在广东灵山（今属广西）得到的那面铜鼓。

再查民国三年《灵山县志》，在卷二〇《艺文志·金石类》有一条记载："光绪二十年，大化村人掘出铜鼓一，为知县阮萃恩购去"。光绪二十年（1894年）是甲午年，是大化村铜鼓被掘出之年，时任知县正是阮萃恩。

由此可见，《灵山县志》记载与阮萃恩自述略有出入，县志说这面铜鼓是大化村人掘得，被知县阮萃恩"购去"，阮萃恩则说是他到百灵解决积案，当地人士为感谢他而奉送给他的。真实情况可能是，阮萃恩花钱买下铜鼓，带回老家后，为了炫耀，把它说成是当地父老乡亲赠送的，并以此记入地方文献。但不管怎么样，一面广西灵山出土的铜鼓确确实实地流落到浙江温州去了。

⑥江苏扬州市博物馆藏义熙铜鼓

清道光年间罗士琳《晋义熙铜鼓考》揭示了一面珍贵的北流型铜鼓。李遇孙《金石学录》说此鼓为仪徵阮氏所藏，他曾于亡友路君山夫家中见过拓本。拓本文曰："义熙四年十月，虞运官鼓，广二寸五分，前键宁远将率行，铠曹杜。字迹劲健，在隶楷之间，阴文环列，鼓面有晋代金文者至罕。此器当时归扬州李维之观察。"道光二十三年（1843年），罗士琳说此鼓是他的朋友岑之荂伯自海陵解库，移运至家。此后再也无人提起此鼓，直到1996年《文物》发表周长源《东晋四蛙虞军官鼓介绍》才知这面铜鼓是阮元家藏。阮元是扬州人，曾任两广总督，创办粤海棠书院，有条件获得此类铜鼓。后此鼓流落于民间，1957年由扬州博物馆征集收藏。从周长源这篇文章得知，义熙铜鼓鼓面直径74.5厘米，高44.5厘米，底部直径73厘米。鼓面以三弦或二弦分晕，分成距离不等的五晕。鼓面中心饰以太阳纹，光体凸起呈圆饼状，直径4.5厘米，光芒细长，为八芒，晕圈中均饰以细小密集的凸起云雷纹。鼓面边沿微微下折，形成垂檐，面沿大致等距离对称环立蛙饰四只，两两相对。鼓胸斜直鼓起，最大径偏下，腰部内凹呈反弧形，足部外侈呈喇叭状，足部直径与鼓面直径大约相等。胸鼓，腰际缓慢收缩，以一道浅凹槽作为胸腰分界，腰足间则以一道凸棱分界。鼓身以二弦或三弦为一组构成晕圈带，晕圈窄而密。鼓胸、腰、足晕圈内间隔饰以云雷纹、斜方格纹，纹饰细小，均为阳纹。胸、腰际有圆环耳两对，饰缠丝纹。铜鼓的表面留有很多小块芯垫、两道竖行合范缝和四处立体蛙饰镶嵌痕迹。鼓面背部，即内壁，留下明显的调音铲痕。此鼓是典型的北流型铜鼓。底足内壁刻有铭文"义熙四年十月虞军官鼓广三尺五分前锋宁远率行铠曹杜遂",笔画质直,有汉隶风貌。这面铜鼓器型大、铸造精良、保存完好而且又有刻铭,经国家文物鉴定委员会鉴定被认定为一级藏品(图5-16)。

图5-16　扬州博物馆藏义熙铜鼓(扬州博物馆提供)

⑦苏州网师园铜鼓

江苏苏州网师园是世界文化遗产,园中有个万卷堂,是网师园园林建筑的主体,其装饰陈设华丽,号称"藏书万卷之堂",以前是园主人办事和接待宾客的地方。

在万卷堂厅中赫然放着一面铜鼓,该鼓鼓面直径71厘米,鼓身高40厘米,全身较为完整,仅鼓足有约四分之一残缺;纹饰清晰,中心太阳纹六芒,边沿四只蛙饰,青蛙个体较小,尖头方臀,两两相对。鼓面边缘下折,形成垂檐,胸腰间有两对圆茎环耳。花纹都是三弦分晕,鼓面六晕,宽窄相同,其中第一、第二、第五、第六晕是雷纹,第三、第四晕是云纹;胸部六晕,腰部九晕,足部六晕,全是雷纹。从造型和纹饰来看,是典型的北流型铜鼓(图5-17)。

据苏州网师园负责人沈莉萍说,这面铜鼓放在网师园有几十年了,网师园前面的街原名十全街,20世纪80年代是古玩街,当时网师园主人把这面铜鼓买进来,放在万卷堂作为摆设。网师园铜鼓具有太阳纹六芒,四只小青蛙,饰云纹、雷纹的这些特征,与广西北流白马镇白马村出土的铜鼓最相近似,说它是广西铜

图 5-17 苏州网师园铜鼓（彭书琳摄）

鼓是完全正确的。

⑧澳门艺术博物馆铜鼓

澳门艺术博物馆收藏有一面铜鼓，这面铜鼓鼓面直径 99 厘米，高 55 厘米，是典型的北流型铜鼓。鼓面大于鼓身，中心太阳纹圆饼凸起，鼓面边缘环踞 6 只立体青蛙，青蛙形象瘦削。从侧面看，胸部略直，最大径偏下，腰部内收弧度不大，足部外扩，斜度平缓，胸腰之间有一道凹槽分界，分界处有两对圆茎环形耳。腰足间有一道凸棱。腰部三弦分晕，晕间饰几何纹带，几何纹带有两种不同的雷纹，一种是中心有点的菱形纹，一种是中心填菱形框的较大的三重菱形纹（图 5-18）。

图 5-18 澳门艺术博物馆藏铜鼓

⑨台湾历史博物馆铜鼓

台湾历史博物馆藏有四面铜鼓，在陈列室展出一面大铜鼓。据说该鼓是第二次世界大战时，中国抢修滇缅公路，于1942年10月在云南保山挖出来的，由当时指挥远征军的黄强获得。抗战胜利后，黄强将这面铜鼓携往香港，1969年春捐赠给台湾当局，由台湾驻港人员运抵台北，交给台湾历史博物馆收藏（图5-19）。此鼓鼓面直径120厘米，高66厘米，足径106厘米，可谓硕大厚重，英武壮观。鼓面宽大出沿，并有垂檐，鼓身两侧各有缠丝纹、圆茎环耳两对，鼓面中心太阳纹八芒，边沿顺时针环列六只蛙饰，鼓面、鼓身纹饰都比较简朴，只有单纯的云纹和雷纹，密密麻麻，是典型的北流型铜鼓。这类铜鼓只分布于广东、广西交界的云开大山区，不可能在云南保山出土，有可能是黄强收藏的铜鼓不止一面，他把这面铜鼓的出土地点与别的铜鼓混淆了。

图5-19　台湾历史博物馆铜鼓

⑩台湾大学考古人类学系铜鼓

台湾大学考古人类学系藏有两面铜鼓，凌纯声在《记本校二铜鼓兼论铜鼓的起源及其分布》一文中有详细记录。其中，B鼓鼓面直径70.5～72.1厘米，高40厘米，胸腰之间有环状实心耳两对；鼓面有蛙饰四只，形制小而笨拙，鼓面中心太阳纹八芒，芒间夹直斜雷纹，花纹只有一种，都是斜方斗形雷纹，这是典型的北流型铜鼓特征（图5-20）。据说这面铜鼓是从海南省昌江黎族自治县峻灵明王庙移去的，海南是北流型铜鼓分布区，出土这类铜鼓并非偶然。

（3）国内馆藏北流型铜鼓统计

北流型铜鼓出土数量较多，分布范围较为广泛，通过对《广西铜鼓精华》《中国古代铜鼓实测·记录资料汇编》等文献的梳理以及广西民族博物馆 2014 年广东地区铜鼓调查可知，现有馆藏北流型铜鼓数量约为 173 面（见附录 4），主要收藏于广西、广东的博物馆，以及中国国家博物馆、北京故宫博物院、上海博物馆等博物馆中。其中，广西北流市博物馆藏有北流型铜鼓 31 面，是世界上收藏该类铜鼓最多的博物馆。

图 5-20　台湾大学藏铜鼓 B

3. 国外馆藏北流型铜鼓

（1）流入日本的北流型铜鼓

东京国立博物馆藏有五面铜鼓，其中一面是典型的北流型铜鼓，据说该鼓来自海南，鼓面直径 98 厘米，残高只有 40 厘米，足残缺，鼓面出沿，沿边下折成垂檐，胸腰间有两对实心圆茎耳，鼓面有青蛙四只，逆时针环列，小而清瘦，太阳纹八芒，其外八晕，三弦分晕，饰细小的云雷纹；胸部十晕，饰雷纹和雷纹填线纹；腰部十五晕，也饰雷纹和雷纹填线纹（图 5-21）。

藤井有邻馆是滋贺人创办的私立博物馆。藤井有邻馆展出四面铜鼓，分别是北流型、灵山型、冷水冲型和麻江型，其中三面铜鼓被罩在玻璃框内，它们的说明卡上都标注有"中国广西南部出土"。

图 5-21　日本东京国立博物馆藏北流型铜鼓

藤井有邻馆 3 号鼓是北流型铜鼓。鼓面太阳纹八芒，顺时针环列六只青蛙，中三只累蹲，蛙体素面无纹（图 5-22）。该鼓应是在中国两广交界的云开大山区出土。

图 5-22　日本藤井有邻馆藏北流型铜鼓

（2）欧美藏北流型铜鼓

黑格尔《东南亚古代金属鼓》（1902 年出版）一书记载有三面北流型铜鼓，具体情况节选如下。

①维也纳商业博物馆藏鼓

这面鼓是赫尔曼·曼德尔于1892年赠予维也纳商业博物馆的。它是体形较大的鼓，鼓面直径86.7厘米，足径86厘米，高52.5厘米，鼓面超出鼓体3.9厘米。太阳纹体形小，明显上凸，有一个中心圆和八道不是很长的细线光芒。六只小青蛙蹲踞在鼓面晕圈倒数第二圈边沿，形体小，实心。蛙嘴浑圆，点状的眼珠很大而且十分凸出。后足呈四边形，蛙身上面没有纹饰。鼓面大大超出鼓体之外，其边沿向下弯成一条垂檐。鼓体形状变化起伏不大，与圆柱体相差不远。四只小鼓耳和一般鼓耳迥然相异，只有两只副耳和大多数黑格尔Ⅰ型鼓相似。鼓面和鼓体一样，晕圈之间通常由三根弦线分晕，前者晕圈数少，后者晕圈数多。所有装饰图案全都是几何图形，它们异常精细。纹饰数量不多，大都一再重复。最后鼓形特大，鼓体特重，所有这一切都具备了黑格尔Ⅰ型的必要条件。综上所述，使人不得不想到，这种鼓是很早以前在中国南方某个迄今尚未弄清楚的地方产生的。

鼓体明显分为三节。上节几乎呈圆柱体，其高只有14厘米；下端弯曲并猛然内收，它和中节的分界由两个狭窄的没有纹饰的晕圈组成，中上两节构成一个凹角。鼓体中节很高（28.8厘米）而且微微内收，其下部有凸出的棱线作为边界，这条棱线由两个无饰纹的环带组成，它们和中节鼓体一道形成一个凸起的棱角。鼓体下节高15.3厘米，从这里开始是比较陡直的锥体，但略微内凹，再往下，鼓体以厚而光滑的边沿部分结束。

小鼓耳共四只，拱架在中上两节交界凹角的上方，它们成对地排列，每两只相距只有8.5厘米。鼓耳的形状为3/4的圆形，从侧面看，几乎是一个略有缺口的圆圈。鼓耳的耳面是三条纵向的装饰棱线，棱线之间有两条单股的凸辫纹。鼓耳两端是横向的单弧棱线。

鼓体表面许多地方锈蚀严重，上面有许多凹凸不平的地方。在两对鼓耳之间，凸起一条很高很宽的合范线，范线附近没有纹饰。在鼓的胸、腰、足三条界线上还能看到一些细微的差异。此外，除了上节，鼓体许多地方曾有过一些小孔洞，这些洞孔后来曾用其他金属填补过，补痕微凸，且已锈成褐色。上节部分地方曾经破裂，事后又草草加以修补；鼓体下沿同样也有这类的情况，修补过的地方已没有晕圈的界线，取而代之的是一条（也许是刻出来的）深槽。鼓面许多地

方还有一些分布不均、大小不一的凹痕。鼓
面颜色深黑，鼓体亦然，只是零星的地方有
些绿锈。鼓体内壁平滑（图5-23）。

②威尔切克Ⅲ号（广东12）鼓

这是一面精美的大型铜鼓，鼓面直径
106.8厘米，高62.5厘米，足径107.5厘米，
鼓面边沿超出鼓身4.4厘米，鼓面垂檐宽1.6
厘米，垂檐下部稍薄。体径最小的地方在中
节下沿，此处体径只有90.5厘米。鼓面内层
直径是96.5厘米，鼓面厚约0.3厘米，鼓体
壁厚0.15～0.2厘米。与庞大的鼓体相比，

图5-23　维也纳商业博物馆藏鼓

鼓壁是极其单薄的。鼓重94.7千克。鼓面边沿向下翻垂。鼓面中心的铜锈呈淡
绿色，边沿周围为深褐色，两者之间则为深绿色，其中有些斑点呈蓝色和褐色，
鼓体上部为黑色，下部则是土色。

鼓面除中心圆相对较小外（直径只有12.8厘米），还有八个宽晕圈，其宽度
是3.1～5.9厘米。最外层是一个宽2.3厘米的边沿晕圈。各晕圈之间由三条细的
且彼此接近的弦线分隔。三根弦线总的宽度是0.7厘米。但是晕圈的精美图案也
伸到弦线之间的狭窄环带里面去了，可见各个晕圈的图饰一定是在弦线刻画之前
事先用模具压印到鼓模上去的，整面鼓除鼓面中心圆面及一个界线不甚清楚的边
沿窄圈外，全是精美的几何图案，犹如盖上一层层精致的网状饰纹。

鼓体两道明显的界线把鼓体分为三节。上节向下徐徐扩展，其垂直高度为
18.5厘米。第一条界线由两道平滑的狭环带组成，仿若一道腰束，鼓体在此形
成一个凹角。中节高23厘米，中节下端也有一个与上节鼓体相类但是向外凸起
的角，由此形成一道钝角棱线。下节连同其厚1.9厘米的边沿部分一共20.7厘米
高。除内凹线或外凸的无纹饰的分界环面外，上节有十三、中节有十六、下节有
十五个带纹饰的晕圈（最后一圈非常狭窄）。上述这些晕圈一般由三根弦线分隔，
只是上节鼓体有两次出现两根分晕弦线，上节和中节交界的地方也是两根，下节
还出现一次两根弦的情况，最底部又有两次出现两根弦。所有晕圈（最上一圈除
外，它上面看来没有纹饰）只有三种图像。大多数鼓体窄晕圈的纹饰是菱形图案，

只是在分节界线的上下两个晕圈内，晕圈的图像也延伸到弦线之间的窄环里了。

鼓耳共有六只，其中四只为大耳，它们两相成对，彼此间的距离为 9.7 厘米。每对大耳之间又有一只小副耳。但两对大鼓耳的位置，相互并不径直对称，一边鼓耳的距离要比另一边近 1.1 厘米。这样，两根显眼的合范线便不是正好在两对大耳的正中，小鼓耳与大鼓耳的距离也不全相等，其一侧距离是 61 厘米和 62 厘米，另一侧则是 72 厘米和 73 厘米。

所有鼓耳的形制都偏小，形成上下两个耳柄略平的一个环圈，它们一般都竖直排列在鼓体上（有几个略有偏差）。在圆周形的鼓耳上有两条平行的装饰线条，两只耳柄的两端又有横向的沟条，由上耳根出发，有两根纤细的线分别朝三个方向辐射（中间的一根细线呈垂直状态），与此同时，下耳根朝下也有类似的三根线，线末端呈尖形，线长 2.4～2.7 厘米。鼓耳在鼓体的胸腰交界的地方，因此耳柄的内层环面几乎形成一个圆圈。

鼓面上，特别是它的边沿部分有许多小的四角形斑块，它们呈放射状排列，鼓体上面也有类似的斑块，有时它们似乎是向内凹陷的。斑块上常常没有纹饰，相反有时纹饰却出现在它们下陷的底面。从这种图饰上可以十分肯定地看出，这是鼓体表面上出现过的某种图案的一小部分。通常这些斑块是浇铸时形成的脱落，之后便出现现有的这些凹痕。

鼓壁上没有环孔及其一类的附属物，但鼓面底层却有一个十分突出的特点，即在此有一个向下凸起的星体中心，中心以外也有四个凸起的不完全等分的扇面，这些扇面好像又被分成若干不甚规则的晕圈。它们并未完全抵达光滑的边缘，整个看来像是用刮刀把金属材料刮走时留下的辐射状条带。在光滑的边沿也可看到一些上面提到过的呈放射状排列的四角形，内中的纹饰似乎也与之相像。

鼓体的内壁，除在各节分界处有一些"凸凹"角外（它们与其他"凹凸"角是相对应的），其他地方一般比较平滑。整个内壁金属锈呈褐色或土黄色，偶尔有些绿色斑点，鼓足边沿厚薄不等，有些地方厚达 1 厘米，内壁上的两根范线几乎成为两道内陷的缝线。

③维也纳皇家博物馆 13 号鼓

该鼓鼓面直径 88.6 厘米，鼓高 54.2 厘米，足径 90 厘米，鼓体中部最小内径约为 75 厘米。鼓面边沿金属厚 0.7 厘米，鼓足的某一断裂处，其金属厚却只有

0.3 厘米，鼓重 77.2 千克。它集此类鼓（黑格尔Ⅰ型）的全部特点于一身。它的星体有个明显上凸的中心圆面以及八道纤细的芒线，鼓面边沿有四只小而浑实的蛙饰；鼓面由三根一组的弦线分隔为圈面不太宽的若干晕圈；纹饰全为精美的几何图案。鼓体明显分为三节；四只小鼓耳成对排列，每对鼓耳自身的两个单耳相距很近；耳的形状像个小圆圈；为数众多的晕圈满布精美的几何图案，晕圈分别为三根弦线所分隔。全鼓彩锈斑斓，鼓体呈淡绿色，鼓面颜色略深，还间杂着些蓝色。鼓体除足沿有几处小缺口，以及有一个用一大块布满浅绿色铜锈的铜片修补起来的地方外，其余基本保存完好。

遍布鼓面的精美纹饰是一种网络状图案，图案只有遇到晕圈弦线时才被切断，它们偶尔也扩展到弦线之间的狭窄环带里。鼓面边沿光滑，凸出鼓体外的部分有 3.6 ～ 3.8 厘米。但是与先前那些鼓不同，凸出的鼓面不再往下翻垂。

第一晕圈是鼓面的中心，圈面直径 12.8 厘米，星体中心直径 5 厘米，星体比其周围鼓面要高出 0.4 厘米。八道星芒的根部很细，它们有些向下凹陷，芒端更加纤细。此外，线的长短也不一致（3.6 ～ 5.3 厘米），有些芒线只到晕圈的第一根弦线，而其他一些芒线，则越过了晕圈外侧的三根弦线，甚至有的还延伸到第二晕圈里面。星齿内的装饰是一些菱形图案。

四只蛙饰蹲踞在第九、第十两个晕圈的交界线上，它们彼此之间的距离不完全相等（直线距离在 52 至 55 厘米之间）。蛙首两两相对，蛙身长约 3.7 厘米，后腿底部宽 2.5 厘米，蛙体后部高 2 厘米。四条蛙腿短小、粗壮，仿若四条竖起的棱柱，蛙首小而钝，四角形的后腿凸起，蛙身粗短，蛙嘴浑圆，蛙眼上凸。蛙身侧面散见一些凸起的格子纹，蛙身下有一小块圆面没有纹饰和弦线。

鼓体分为三节，每节的垂直高度分别为 16 厘米、20.6 厘米、16.9 厘米。上节先是微微扩张，然后在快到分界的地方，鼓体猛然膨起，并在那里形成一道深沟。中节略为内收，其末端形成一条明显凸起的棱线，棱线圆浑。鼓体下节往外膨起之后，又明显内收，边沿高 1.1 厘米，这里体壁也逐渐增厚。上节被分为十三个窄晕圈，每一晕圈均被三条弦线所分隔。晕圈有两种相互交替的图案。在这之后，分隔弦线则只有一根。中节有两个晕圈是一根分隔弦线，其余十四个晕圈是三根分隔弦线。它们的纹饰全和鼓体上节一样，是两种相互交替的装饰图案。鼓体下节有十二个纹饰相同的晕圈。这些晕圈圈面都很窄，宽度仅 0.5 ～ 0.6 厘米。

　　成对排列的鼓耳彼此相隔 8.8 厘米，它们的形制和大小与威尔切克Ⅲ号鼓相同。鼓耳根部的六条纹线也和前者一样。鼓体的一侧，在一对鼓耳的下面，亦即鼓体下节有两个头顶朝下的（在垂直线上）骑士。每匹小而粗劣的坐骑身长 6.3 厘米，它们的腿、尾都很短，马头连同它的勒口也都小而浑圆。它们身上的四边形坐鞍上，坐着一个戴有圆锥形头盔的小骑士。骑士的两只手臂向前曲抱，两臂末端相接，似乎是提牵着缰绳，但手已不存在了。鞍具由一条很细的革带与马脖相连，往后还延至马的尾部。骑士高 5.4 厘米，其眼、鼻、口都很清楚，它们也和这面鼓的其他饰物一样是连同鼓体本身一起浇铸的。

第六章

北流型铜鼓的冶铸与调音

1. 北流型铜鼓的铸造年代

在丰富的铜鼓文献中，关于铜鼓制作的记载极少。《晋书·食货志》只讲到广州夷人将铜钱熔炼"铸败作鼓"；裴渊著《广州记》也只提到"俚僚铸铜为鼓"，至于如何铸造，只字未提。迨至清代，屈大均《广东新语》说：

> 凡为铜鼓，以红铜为上，黄铜次之。其声在脐，雌雄之脐亦无别。但先炼者为雄，后炼则为雌耳。然诸工不善取音，每铜鼓成，必置酒延铜鼓师。师至，微以药物淬脐及鼓四旁，稍挥冷锤攻之，用力松轻，不过十余锤。雄声宏而亮，雌声清以长。一呼一应，和谐有情，余音含风，若龙吟而啸凤也。广州炼铜鼓师不过十余人，其法绝秘，传于子而不传女云。

这里虽也是隐约其词，但可看出制作铜鼓的过程分铸造和调音两个阶段。由于当时对工艺严加保密，只能私下口授身传，故未见于记载。19世纪以来，外国学者对铜鼓进行了研究，但对于铜鼓的铸造工艺很少涉及。泰国国家图书馆收藏了一份缅文文献《铜鼓制作法》，是英国殖民统治时期缅甸克耶邦全固助理专员向泰国提供的，它叙述了缅甸克耶邦用失蜡法铸造西盟鼓（当地称为"蛙鼓"）的工艺过程。泰国考古学家清·犹地在他的专著《泰国的史前时代》和论文《铜鼓》里引用了这一文献的泰译本。根据《缅甸百科全书》"铜鼓"条与《中泰缅印边民志·吉耶族》所记材料，证实缅甸的铜鼓铸造技术是约500年前由中国广西传出去的。然而随着铜鼓的衰落，铜鼓制造技术已在中国失传，研究铜鼓的学者也很少涉及铜鼓的铸造工艺。

现在我们探讨铜鼓的铸造工艺，只能从对现存铜鼓的考察着手。我们在收集铜鼓铸造工艺的材料时，发现泰国留存有传统的铜鼓铸造方法，图6-1为铜鼓铸造的剖面图，从图中可以看出，泰国铜鼓的铸造工艺相当复杂，综合运用了多种铸造工艺。铸造铜鼓的材料有牛粪、陶土、黏土、细沙、粗沙、蜂蜡、铜水、铁质滤网、金属鼓外壳等。铜鼓的外围分别由数层不同材质的原料包裹，它们分别是外层粗沙、金属鼓外壳蜂蜡外模、牛粪滤液与陶土混合物、黏土与细沙混合物、黏土与粗沙混合物、铁质滤网、黏土与粗沙混合物，铜鼓的底部开一个较大的铜水倒入口，内部还挖了四条铜水倒流路径通往铜鼓鼓身，同时开了两条排气管道。在铜鼓的鼓面开通了一条蜂蜡流出口。

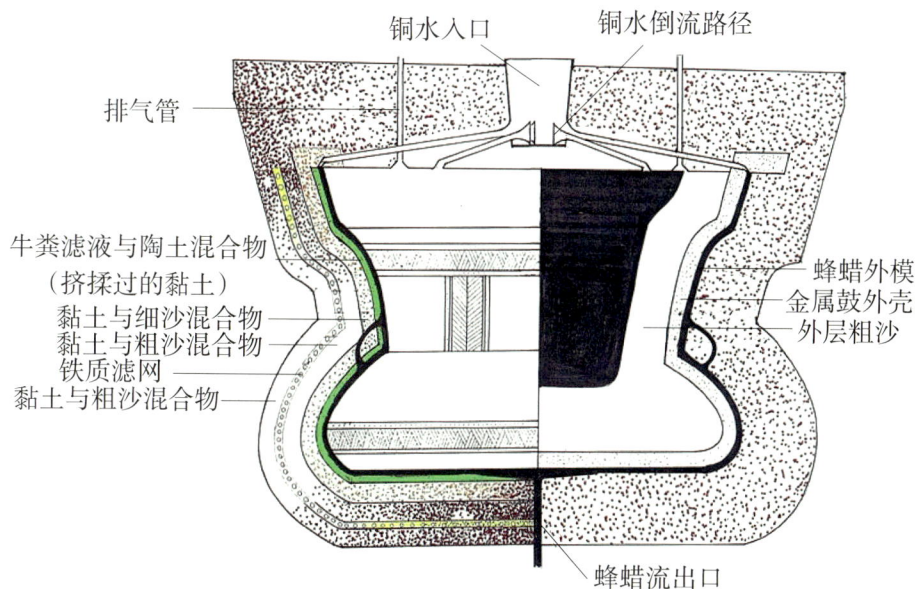

图 6-1 泰国铜鼓铸造的剖面图

为了揭开铜鼓的铸造工艺之谜，考古学者与铸造专家付出了艰辛的努力。1982 年，北京钢铁学院冶金史研究室（现北京科技大学科技史与文化遗产研究院）在广西、云南两省（自治区）博物馆配合下，对 92 面铜鼓进行了精确的测量，发现各类铜鼓的形体大小、鼓壁厚薄不完全相同，而同类型铜鼓的鼓高与鼓身最大直径的比值相同或相近，则反映了各类型铜鼓各有自己的规范。如万家坝型铜鼓，比值波动范围最大，从 0.43 到 0.75，有的显得过于矮胖，有的显得过于高瘦；石寨山型铜鼓比值稍趋接近，大都在 0.48 至 0.74 之间；冷水冲型铜鼓比值大体相同，90% 在 0.63 到 0.71 之间，鼓型设计已初步规范化；麻江型铜鼓比值在 0.52 到 0.60 之间，鼓型设计已基本定型；北流型铜鼓比值在 0.53 至 0.58 之间，灵山型铜鼓在 0.55 到 0.62 之间，均显得庄重朴实。从鼓壁厚薄来看，早期的铜鼓较厚，且不均匀，之后逐渐减薄，到晚期变得非常均匀，这说明铜鼓的制造技术是随着时代的进步不断发展和完善的。这种制造工艺发展脉络的厘清也为确定每面铜鼓的相对年代找到了又一个科学依据。

中国古代冶铸技术非常发达，泥范法、金属型铸造、失蜡法等工艺早在两千多年前就相继使用。明代宋应星《天工开物》记述了失蜡法及泥范法的工艺：

> 凡造万钧钟与铸鼎法同。掘坑深丈几尺，燥筑其中如房舍，埏泥作模骨。用石灰、三合土筑，不使有丝毫隙拆。干燥之后，以牛油、黄蜡附其上数寸。油蜡分两，油居十八，蜡居十二。其上高蔽抵晴雨（夏月不可为，油不冻结）。油蜡墁定，然后雕镂书文、物象，丝发成就。然后春筛绝细土与炭末为泥，涂墁以渐而加厚至数寸。使其内外透体干坚，外施火力炙化其中油蜡，从口上孔隙熔流净尽。则其中空处即钟鼎托体之区也。凡油蜡一斤虚位，填铜十斤，塑油时尽油十斤，则备铜百斤以俟之。……凡铁钟模不重费油蜡者，先埏土作外模，剖破两边形，或为两截，以子口串合，翻刻书文于其上。内模缩小分寸，空其中体，精算而就。外模刻文后以牛油滑之，使他日器无粘揽，然后盖上，泥合其缝而受铸焉。巨磬、云板，法皆仿此。

估计制造铜鼓也用此法。从器物的外形可以看出，泥范法工艺由 2 个以上外范组合成型，在器物上可以看到 2 条明显的合范缝。失蜡法工艺为整体造型，在器物表面看不到合范缝。铜鼓的面、胸、腰、足四部分是以鼓面太阳纹中心为圆心的同心正圆体，鼓面和鼓胸的花纹都以晕和弦纹为分界，弦纹之间布列各种纹样。有的铜鼓内壁留有细弦纹，表明铜鼓成型时采用刮板或轮盘制作。多数铜鼓的鼓身上有 2 条纵向合范缝，将鼓身分成左右对称的两个部分。麻江型铜鼓有的有 4 条合范缝，其中有 2 条明显凸起稍宽，是合范浇铸后形成的，另 2 条窄细；有的合范缝中间有被横向花纹或云雷纹切断的痕迹，可能是在造型过程中先刻出纵向阴纹，然后又修整横向花纹所成。凡有合范缝的铜鼓就是使用泥范法铸造的。西盟型铜鼓有 2 条仿合范缝的纵向阳纹，在纵向阳纹上又铸出横向纹或蛙、象等复杂装饰，不过这样的纵向阳纹不可能是真正的合范缝，因此西盟型铜鼓是用失蜡法制作的。多数铜鼓用垫片控制壁厚及支撑外范。早期铜鼓的垫片数量不多、分布不均，而石寨山型铜鼓垫片密集、排列均匀，如贵县罗泊湾 11 号铜鼓鼓面直径只有 33 厘米，却有 7 圈 37 个垫片。冷水冲型、北流型铜鼓鼓面上的垫片也很明显。麻江型铜鼓鼓面上未见垫片，胸、腰有少量的圆形垫片。有的铜鼓也可能使用圆形的泥支钉，浇铸以后，挖掉泥支钉，留下圆形的支钉孔。但西盟型铜鼓用失蜡法铸造，没有垫片。多数铜鼓的花纹以阳纹为主，石寨山型铜鼓以阴纹为主，有的铜鼓阴纹、阳纹并用。

北流型铜鼓都是单个出土的，伴出器物极少，很难找到可供断代的实物证据。这些铜鼓本身又无年款铭文，推断它们的铸造及使用年代是个难题。到目前为止，只能依据铜鼓形制、纹饰特征，参照历史文献，作相对年代的推考。由于材料的缺乏，且对器物研究的深度和研究的侧重点不同，因此学术界对北流型铜鼓的铸造使用年代还有各种不同意见。归纳起来，至少有 4 种：其一，洪声在《广西古代铜鼓研究》一文中认为，甲型（即北流型）铜鼓的年代是春秋晚期至两晋时；其二，李伟卿在《我国南方铜鼓的分类和断代》一文中认为，Ⅱ型（即北流型）铜鼓的年代上限在东汉末，下限至唐代或稍晚；其三，汪宁生在《试论中国古代铜鼓》一文中认为，D型（含北流型、灵山型）铜鼓的年代是从魏晋南北朝到清代；其四，何纪生在《北流型铜鼓初探》一文中认为，北流型铜鼓和灵山型铜鼓同铸于东汉至唐代。《中国古代铜鼓》基本采纳了何纪生的观点，但认为"可以肯定其早期鼓为西汉晚期以前之物"，推断"其上限可到西汉初以前"。我们认为北流型铜鼓的铸造年代是从西汉至唐代，理由如下：

论证北流型铜鼓的年代，有 3 处历史文献不可忽视：一是唐章怀太子为《后汉书·马援列传》作注引晋人裴渊《广州记》中的一段话："俚僚铸铜为鼓，鼓唯高大为贵，面阔丈余。"二是《陈书·欧阳頠传》说到梁左卫将军兰钦"南征夷僚，擒陈文彻，所获不可胜计，献大铜鼓，累代所无。"三是《隋书·地理志》载自岭以南，二十余郡，诸僚"并铸铜为大鼓"。这 3 处文献所说的地点是广州和岭南，正是北流型铜鼓的分布区，而这里的铜鼓前面都冠以"大"字，表明其体形巨大，验之现存的铜鼓，也只有北流型铜鼓相符。由此可见，晋代至隋代，岭南少数民族（俚僚、夷僚）地区正兴盛铸造和使用北流型铜鼓。所以说，晋至隋，铸造和使用北流型铜鼓是不成问题的，但直到唐代，才有在北流型铜鼓分布区出土铜鼓的记录。

洪声在推断北流型铜鼓年代时认为：北流水埇庵大铜鼓是广西现有铜鼓中年代较早的铜鼓，其时代相当于春秋晚期。理由是"这种鼓通体饰云雷纹，和我国商周时期青铜器上习见的云雷纹具有共同点，也和两广地区西江流域的古文化遗址中发现的几何印纹陶片的云雷纹完全相似"。

我们认为这种说法不确切。

首先，商周青铜器云雷纹是一个总称，它前后延续达一千多年，各个阶段纹样不同，早期多作地纹，纤细，圆滑，晚期则多呈勾连或蟠螭、蟠夔纹状。而北流水埇庵铜鼓上的云雷纹是主体纹饰，其云纹是单个的螺旋式图案，单线从内向外旋出，旋道3层，每4个构成一组，中心形成菱形或圆形空白；其雷纹则是3层菱形图案相套，中心一个小点，成片构成。这两种纹饰都显得粗疏、单调和图案化。北流型铜鼓上的云雷纹和商周青铜器上的云雷纹二者之间显然有一定的时代差距。

其次，即使北流型铜鼓上的云雷纹与两广地区西江流域的几何印纹陶上的云雷纹完全相似，也不能说明铜鼓的时代可溯至春秋晚期。两广地区几何印纹陶的分布范围很大，但多集中在粤北和桂东北，而这一带没有发现北流型铜鼓；在北流型铜鼓主要分布区的粤西南和桂东南，几何印纹陶则发现极少。到目前为止，在北流型铜鼓分布区只作过地面调查和采集工作，不少时代早晚的文化遗物相混杂，没有确切的文化层位关系，不能作为断代的依据。据何纪生分析，两广地区西周（或稍早）至战国早期陶器上虽有一些与铜鼓上的云雷纹相同或相近的云雷纹，但陶器上的云雷纹一般不占主导地位，且几何印纹陶发展的各个阶段的主要花纹是曲折纹、夔纹、"米"字纹和长方格纹、方格纹，而这些纹饰恰在北流型铜鼓上没有反映，说明二者也有一定的距离。

再次，与北流水埇庵铜鼓饰有相同纹饰的器物的时代多为汉代。在这里可以列举2件。一是1976年广西玉林市容县六王龙井地出土的羊角钮铜钟，其腹部饰有螺旋式的云纹，与水埇庵铜鼓上的云纹相同，这些羊角钮铜钟的出土地点在北流型铜鼓分布中心地区，应与铜鼓有密切关系。羊角钮铜钟流行的年代是战国至西汉。二是1978年在广西贺州市昭平县北陀镇风清村大平岭一座东汉墓中出土的铜持灯俑，俑头戴一顶莲花形小帽，帽顶饰螺旋式云纹，这种云纹与水冲庵铜鼓上的云纹也完全相同。

从次，水埇庵大铜鼓是目前所知世界上最大的一面铜鼓，其体形之硕大、铸造之精良不是早期铜器时代所能办得到的。就目前两广地区发现的青铜器来看，属春秋战国时期及以前的只有零星发现，而这些青铜器多数为乐器、酒器和兵器，如编钟、尊、瓶、卣、盉、剑、矛、戈、斧、钺等，大多具有中原文化色彩，有的明显就是从中原地区输入的。广西南宁市武鸣区马头镇发现过西周至春秋时期的古墓葬，出土过铸造青铜器的砂石铸范，但所铸造的青铜器也仅是钺、斧、刀、镰等小型的兵器和生活用具。到目前为止，在北流型铜鼓分布区还没有发现一处与大铜鼓相对应的先秦青铜文化遗址及铜器群。在这种情况下，春秋时期，当地根本不可能出现铸造像水埇庵铜鼓那样的大铜鼓工艺，更不可能铸造出大型铜器。进入铁器时代，在北流型铜鼓分布地区及其周边已有可观的墓葬群，如广东罗定南门垌，肇庆德庆落雁山、松山和广西平乐银山岭、岑溪花果山等战国墓群，在这些墓葬群内出土了不少青铜器，但也是小件铜器，既无铜鼓，也无可与大铜鼓相比拟的大件铜器。秦统一岭南后，两广地区的经济文化有了突飞猛进的发展，大型汉墓的营造，反映了经济文化发达的事实。就北流型铜鼓的分布地区而言，贵港和合浦都是汉墓集中的地区，经过多年的考古发掘，在数以千计的汉墓中，只有贵港两座汉墓出土过随葬的 4 面铜鼓，而这 4 面铜鼓是石寨山型的，不是北流型铜鼓。

最后，再从铜鼓的合金成分看，早期的铜鼓含铜量比较高，较晚的铜鼓含铜量比较低。春秋时期的万家坝鼓含铜量在 83.4% ～ 95.63% 之间，平均值为 90.56%，含锡、铅少。但北流型铜鼓的含铜量比万家坝鼓的低，在 65% ～ 85% 之间，平均值是 78.77%。这反映了万家坝鼓还处在铸造铜鼓的原始阶段，而北流鼓的铸造技术更成熟，不应是春秋时期的铜鼓。

由此可见，北流型铜鼓的铸造使用年代不可能早到春秋晚期。

除水埇庵铜鼓外，其余北流型铜鼓上的云雷纹总体而言是丰富多彩的。由于单个铜鼓采用的纹样不同，组织方法有别，使云雷纹繁复多变，别具一格，而这些花纹都是用印模捺印在铜鼓铸范上的。北流型铜鼓上的云雷纹的组织方式，与东汉至南朝时期拍印云雷纹的墓砖的完全相同。这种相同，绝不是历史的巧合，而正好表明了它们的时代是相同或相近的。1953 年在广西岑溪出土的五铢钱纹铜鼓，除了饰有云纹和水波纹，鼓面鼓身都铸有五铢钱纹。这种五铢钱纹应是用当时流通的实用铜钱在鼓模上按压而成的。五铢钱最早铸于汉武帝元狩五年（前 118 年），一直沿用到隋代。经过分析，岑溪五铢钱纹铜鼓上限不可能越过西汉中期，下限也不至于晚到东汉晚期。

20世纪70年代以来，在广西钦州市浦北县出土了9件羊角钮铜钟，其中的01号羊角钮铜钟上有"✶"形饰纹，广西博物馆所藏玉林市陆川县何莫村出土的北流型铜鼓上也有相似的"✿"形饰纹。羊角钮铜钟出土较多的容县和浦北县，正是北流型和灵山型铜鼓分布密集的地区，它们可能是同一时代的器物。从目前出土的羊角钮铜钟看，其时代上起战国时期，下至西汉中期，广西出土的时代大约在西汉早、中期，陆川何莫铜鼓也应是西汉早、中期的。而从整个北流型铜鼓的年代来看，其上限最晚应在西汉中期。1970年，在广西横县云表出土的一面北流型铜鼓，伴出有东汉至西晋时期墓葬常见的黄釉陶瓷碎片，也可以作为断代的参考依据。

1966年广西文物工作队在北流铜石岭发现的冶铜遗址，已被确认为铸造铜鼓的遗址。冶铜遗址的年代与铸造铜鼓的年代相当，在铜石岭冶铜遗址上采集的陶器和瓷器也为推断北流型铜鼓年代提供了一些参考资料。遗址中采集的陶器残片以泥质灰陶居多，可见器形多为罐，亦有盘、钵，多为素面，少数饰有水波纹、弦纹、方格纹、圆圈纹、篦纹、三角形纹等。所见瓷器为内外施青黄釉的青瓷，器形以罐、碗为主。其中，T3H8（3号探沟8号灰坑）出土的夹砂红陶侈口罐，T2H4（2号探沟4号灰坑）出土的水波纹与弦纹相间的灰白色陶罐，以及T2H7（2号探沟7号灰坑）出土的水波纹与弦纹相间的泥质灰陶罐，形制和纹饰常见于广西贵港和桂林平乐的汉墓中。在地表采集的012号夹砂红陶盘口釜，与梧州市富民坊汉代窑址出土的陶釜相似，也与平乐银山岭汉墓出土的I式陶鼎近似；013号泥质灰陶罐残片上的水波纹和弦纹相间的纹饰，以及其他陶片上的篦纹和三角形纹，常见于广西汉墓出土的陶器上；014号桥形耳青瓷罐与广西梧州藤县晋墓出土的同类器物相同；019号青瓷碗，其形制与广东英德浛洸和湖北武昌周家湾南朝墓出土的同类器物近似。在T3H8（3号探沟8号灰坑）上部填土中发现的青瓷片，其胎质及釉色与广西桂林、恭城、梧州、融安等地南朝墓出土的青瓷相似，同出的两件单环耳灰白色夹砂陶罐与广西钦州隋墓出土的同类器物相同。这些遗物的年代，早的到汉代，晚的到隋代，间有晋代及南朝（图6-2）。

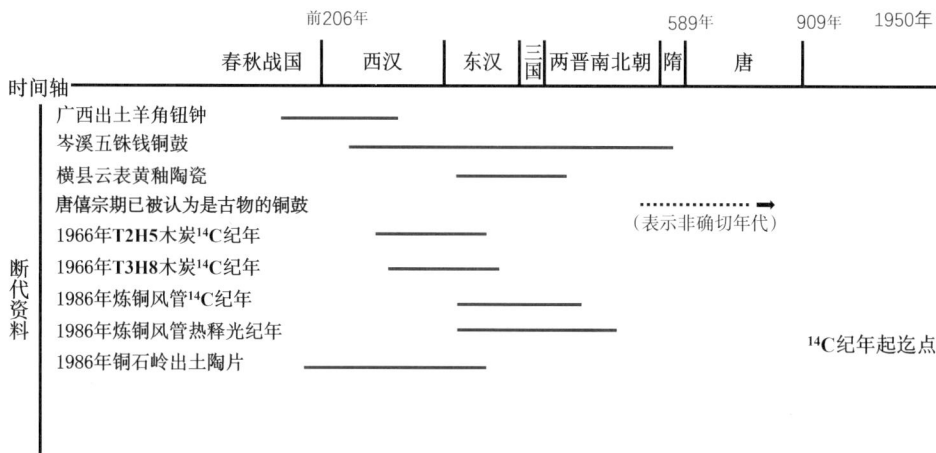

图 6-2 各类遗物断代图

经北京大学考古系 ^{14}C 实验室测定，铜石岭冶铜遗址 T2H5（2 号探沟 5 号灰坑）中木炭样品的 ^{14}C 年代为距今 1900±75 年，T3H8（3 号探沟 8 号灰坑）底部木炭样品的 ^{14}C 年代为距今 1870±80 年。两个样品取自不同地点的灰坑，但所测定的年代结果相差无几。中国社会科学院考古研究所实验室对铜石岭冶铜遗址中的木炭进行了 ^{14}C 测定，结果表明其树轮校正年代为距今 1910±90 年，也是相近的。1986 年，相关团队又从遗址中采集含有谷壳的陶鼓风管和陶片样品各一个，送请中国社会科学院考古研究所实验室用热释光纪年法测定，结果表明其年代分别为距今（1.9±0.2）×10^3 年和（2.1±0.2）×10^3 年；与此同时，又将另一个含谷壳的鼓风管样品送往北京大学考古系实验室做 ^{14}C 测定，其年代为距今 1795±90 年。由此可见，用实验手段测得遗址的 6 个年代数据比较一致，大体浮动在西汉至东汉晚期之间，与用类型学推断出来的年代是相吻合的。

从相关历史文献记载、考古资料和热释光、^{14}C 年代测定等几个方面的论证，进行综合性的分析研究，可以证实北流型铜鼓铸造年代为西汉到唐代。

2. 北流型铜鼓的铸造和使用人群

（1）铸造并使用北流型铜鼓的人

在北流型铜鼓分布的范围之内，很早就有了人类的繁衍生息，最早的可以追溯到更新世晚期的灵山人。新石器时代晚期，逐渐出现一种以有肩石器和几何印纹陶器为特征的文化，其几何印纹中的菱形方格纹、席纹和北流型铜鼓上的纹饰有某些相似之处，说明二者之间很可能有一定的联系。

在这个区域内，最早见于文献记载的部族是《逸周书》所载的骆人、瓯人，历史上往往称之为"瓯骆"，如西汉桓宽《盐铁论》载"荆楚罢于瓯骆"；《史记·南越列传》记载南越王赵佗"以兵威边，财物赂遗闽越、西瓯、骆，役属焉"，又说"其西瓯骆裸国亦称王"。西汉刘安《淮南子》记载秦始皇统一中原以后，派大军南下，"以卒凿渠而通粮道，以与越人战，杀西呕君译吁宋"，可以推知西瓯（呕）应在灵渠以南的桂江流域或更南部。唐代以来，不少著作谈到西瓯、骆越的活动地域，如《旧唐书·地理志》记载党州（今广西玉林市兴业县境内）"古西瓯所居"，潘州茂名县（今广东茂名市）"古西瓯、骆越地"，邕州宣化县（今广西南宁市邕宁区）"骥在县北，本牂柯河，俗呼郁林江，即骆越水也，亦名温水，古骆越地也"。《太平寰宇记》也有与上引《旧唐书》类似的记载。《元和郡县补志》还增补了义州（今岑溪市）"古西瓯、骆越地"。《天下郡国利病书》卷一〇三说："今邕州与思明府凭祥县接界入交阯海皆骆越地也。"可见北流型铜鼓的分布中心最早是西瓯、骆越的杂居住地区。

秦代在岭南设了桂林郡、南海郡和象郡，汉代改设郁林、合浦、苍梧、南海、朱崖、儋耳诸郡，北流型铜鼓分布区已直接受中原王朝管辖。西瓯族名自西汉中叶以后就逐渐消失了，其中一部分人很可能同北方迁来的汉人融合，另一部分则退居山区，与骆越人一起成为后来的乌浒人或俚人。北流铜鼓的年代上限在西汉晚期，恰恰是西瓯部族名称消失之后，因此它不可能是西瓯人铸造的，只能属于西瓯人后裔和存在于这一地区的骆越人。《旧唐书·地理志》贵州下条载"郁平，汉广郁县地，属郁林郡。古西瓯骆越人所居。后汉谷永为郁林太守，降乌浒人十万，开七县，即此也。……地在广州西南，安南府之地，邕州所管郡县是也"，正点明了西瓯骆越与乌浒之间的关系，即秦时的西瓯骆越就是东汉时的乌浒。关于乌浒人的风俗习惯，以《太平御览·四夷部》辑录最详细：

> 《后汉书》曰：交趾西有啖人国……今乌浒人是也。《南州异物志》
> 曰：交广之界民曰乌浒，东界在广州之南、交州之北。恒出道间，伺候
> 二州行旅，有单迥辈者，辄出击之，利得人食之，不贪其财货也。……
> 出得人，归家，合聚邻里，悬死人中堂，四面向坐，击铜鼓，歌舞饮
> 酒，稍就割食之。春月方田，尤好出索人。贪得之，以祭田神也……裴
> 渊《广州记》曰：晋兴有乌浒人，以鼻饮水口中进瞰如故。

"食人""鼻饮"还无法从考古资料上得到证实。但"击铜鼓"的习俗可以从
铜鼓的大量出土得到印证。所以，交广二州的乌浒人正是击铜鼓为乐的民族，汉
晋时期铸造和使用北流型铜鼓的民族应是乌浒。

但自南朝以后，乌浒这一族名在这个地区也不多见，代之而起的是俚僚。关
于俚人的记述，最早见于范晔的《后汉书》，其中的《光武帝纪》和《南蛮西南
夷列传》中记录了有关俚人的两件事：其一，建武十二年（36 年），"九真徼外蛮
里张游，率种人慕化内属，封为归汉里君"；其二，建武十六年（40 年）"交趾女
子征侧及其妹征贰反，攻郡。……于是九真、日南、合浦蛮里皆应之"。唐章怀
太子李贤等注云："里，蛮之别号，今呼为俚人。"这两条记载说明，东汉初年，
俚人在九真、日南和合浦等郡活动，原不受郡县管辖，部分"慕化内属"后才接
受管辖。

三国时期，俚人的分布和活动已有清楚的文献记载。《太平御览》载三国吴
万震《南州异物志》一书中所指俚人"在广州之南，苍梧、郁林、合浦、宁浦、
高凉五郡中央，地方数千里。往住别村各有长帅，无君主，恃在山险，不用城，
自古及今，弥历年纪"。广州置于三国吴黄武五年（226 年），分治原属交趾的合
浦以北的郡县，治所在番禺。万震所说"广州之南"，即指广州所辖范围的南部，
亦即"五郡中央"地区。三国吴时，苍梧治所在今广西梧州，郁林治所在今广西
贵港，合浦治所在今广西钦州浦北县，宁浦治所在今广西横州，高凉治所在今广
东恩平，可知"五郡中央"即为今广西东南和广东西南地区，为三国时俚人聚居
和活动的区域。《太平寰宇记》说："郡连山数百里，有俚人，皆以乌浒。"这就

更明确地指出了俚人同乌浒的关系。

《太平寰宇记》卷一六九"儋州·风俗"条载"俗呼山岭为黎",马端临《文献通考》云:"居其间者号曰黎人。""黎"与"俚"通,俚人以其久居山岭而得名。南朝至隋,在两广地区虽然继续设置郡县,但多偏于沿河两岸交通便利的地方。郡县的行政权力,只能管辖到城镇及其附近地区,对广大乡村特别是山区则鞭长莫及。280年,交州刺史陶璜上书给晋武帝时说:"广州南岸周旋六千余里,不宾属者乃五万余户,及桂林不羁之辈,复当万户。至于服从官役才五千余家。"可见当时统治力量之薄弱。这种状况,一直持续到隋代。南朝陈灭亡时,"岭南未有所附,数郡共奉高凉郡太夫人洗氏为主,号'圣母',保境拒守"(《资治通鉴·隋纪》)。隋统一时,进兵岭南,作为俚人首领的洗夫人,深明大义,配合隋政权多次镇压闹分裂割据的官吏和俚帅的叛乱。她年逾七十,亲自披甲乘马,陪同隋朝官员巡抚岭南二十余州,为隋唐中央集权国家的建立和岭南历史的进步做出了重要的贡献。隋文帝为表彰洗夫人的功绩,册封她为"谯国夫人"。钦州俚人首领宁猛力为隋朝的统一也做出了贡献。这时俚人的活动达到鼎盛时期,活动范围已达粤中并接近粤北地区。

关于俚人铸造铜鼓的记载很多,我们摘其主要列举如下。

①《后汉书·马援传》唐章怀太子注引晋裴渊《广州记》:"俚僚铸铜为鼓,鼓唯高大为贵,面阔丈余"。

②《晋书·食货志》:"广州夷人宝贵铜鼓,而州境素不出铜,闻官私贾人皆于此下贪比轮钱斤两差重,以入广州,货与夷人,铸败作鼓。"

③《梁书·兰钦传》:"经广州,因破俚帅陈文彻兄弟,并擒之。"《南史·欧阳頠传》:"钦南征夷僚,禽陈文彻,所获不可胜计,献大铜鼓,累代所无……时頠合门显贵,威振南土,又多致铜鼓生口,献奉珍异。"

④《隋书·地理志》:"自岭以南……其俚人则质直尚信,诸蛮则勇敢自立,皆重贿轻死,唯富为雄。……诸僚皆然。并铸铜为大鼓……欲相攻,则鸣此鼓,到者如云。有鼓者号为'都老',群情推服。"

⑤《新唐书·诸夷蕃将列传》:"(冯)盎族人子猷以豪侠闻。贞观入朝,载金一舸,自随。高宗时,遣御史许瓘视其赀。瓘至洞,子猷不出迎,后率子弟数十人,击铜鼓、蒙排,执瓘而奏其罪。"

上述文献，至少给我们提供了如下信息：俚人（或称俚僚、夷僚）是汉至初唐活跃在岭南特别是"五郡中央"的部族，尤其是云开大山地区，中央封建王朝统治力量最薄弱，俚人势力最强盛；俚人"宝贵铜鼓"；俚人"铸铜为大鼓"。

至于《晋书·食货志》关于广州"州境素不出铜"的说法恐怕不符合实际。《新唐书·地理志》说藤州镡津（今广西藤县东）"有铅"，临贺（今广西贺州）橘山"有铜冶"，冯乘（今广西富川）"有锡冶三"。又《桂海虞衡志》说："铜，邕州右江峒所出，掘地数尺即有矿。"从考古发掘的资料来看，云开大山两侧都有古铜矿遗址。这些事实表明俚人活动的广大地区有丰富的铜矿，而且还有锡矿、铅矿，具备了铸造铜鼓的物质条件。

如前所述，铜鼓大体上可分为八种类型，那么俚人铸造的铜鼓究竟是哪些类型呢？我们试作如下分析。

万家坝型铜鼓集中出土在滇池以西；石寨山型铜鼓分布地区以滇池平原为中心；冷水冲型铜鼓的分布中心在广西的郁江、邕江以北和黔江、浔江沿岸一带；遵义型铜鼓主要分布于贵州西南和云南东南部地区；麻江型铜鼓主要分布在广西与贵州交界地区；西盟型铜鼓则分布于缅甸东部、北部，泰国和老挝的丰沙里省，以及我国云南的南部边境地区。这六种类型的铜鼓不仅分布地区与俚人活动地域相距甚远，而且从器形看，万家坝型、石寨山型、遵义型、麻江型、西盟型诸型铜鼓大多比较小，只有冷水冲型铜鼓鼓体较大，但比起北流型和灵山型铜鼓都说不上"大"。由此可以断定上述六种类型铜鼓都不是俚人所铸造的"大铜鼓"。

与此相反，北流型和灵山型铜鼓与俚人的关系密切：

①北流型和灵山型铜鼓的分布区域与俚人的活动地域一致。在今广西东南和广东西南，唐代以来就开始有大铜鼓出土。自两广地方志书修纂以来，这类铜鼓出土的记录更是不绝于书。

灵山型铜鼓主要分布在广西邕宁、横州、灵山、合浦、浦北、博白、桂平、容县、陆川、北流等地，广东廉江、高州也有少量出土，其中灵山、浦北、横州南部是中心地区。灵山型铜鼓的分布区与北流型铜鼓的分布区大体是重叠的，两者交错并存。

在这些地区因出土铜鼓而名字中带有"铜鼓"的地名也非常之多。

广西玉林有铜鼓山，博白有铜鼓潭，容县有铜鼓村，桂平有铜鼓滩，钦州有铜鼓村，合浦有铜鼓塘，灵山有铜鼓岭、铜鼓江、铜鼓塘、铜鼓村多处；海南文昌有铜鼓山，广东阳江有铜鼓岭，茂名有铜鼓岭……

上述所列地区恰在俚人活动的区域内，即"广州之南""五郡中央"。

②北流型和灵山型铜鼓体形硕大，与文献记载俚人所铸铜鼓情况相符。据1980年的初步统计，铜鼓鼓面直径超过1米者，北流型有20多面，灵山型有10多面。

③北流型和灵山型铜鼓的纹饰与俚人民俗密切相关。北流型与灵山型鼓面均有蛙饰，鼓面与鼓身有云雷纹、水波纹、席纹、兽纹、四出钱纹、圆钱纹、连钱纹等。这些都与壮族、黎族先民的民俗有关，在一定程度上反映了古代乌浒人、俚人的习性和信仰生活。铜鼓上的立体蛙饰是古代俚人及其前身图腾崇拜的体现。

北流型与灵山型铜鼓分布地区多雷电，为了祈求平安，人们多造雷庙、雷鼓、雷楔、雷车以享雷神。《广东新语》"铜鼓"条说铜鼓"雷人辄击之，以享雷神，亦号之为雷鼓云。雷，天鼓也……以鼓象其声，以金发其气，故以铜鼓为雷鼓也"。铜鼓上的云雷纹，"雷取其奋豫，云取其濡泽"，与风云雷雨有关。壮族敬畏雷神，有这样的传说。

有一年天旱，田里的禾苗一片干枯，有一个叫布伯的人到天河边，放出了滚滚天河水，保住了农作物收成。因为未得雷王许可，惹怒了雷王，罚人间大旱三年，致使田地干裂，赤石冒烟。后来布伯施计擒住了雷王，但布伯的儿女伏依、耳味心肠慈软，让雷王喝了水，结果使雷王元气恢复，腾飞上天，然后泼下倾盆大雨，使茫茫大地一片汪洋，千村万户被大水所淹没，生灵葬身汪洋之中。布伯又一次上天计斗雷王，最后精疲力尽而死。

这个传说既表现了壮族先民与大自然作斗争的勇气，也说明了在生产力不发达的情况下，壮族先民对雷神的敬畏。广东雷州半岛一带，人们对雷神格外崇奉。世传雷祖名陈文玉，海康人，"其父出猎，得巨卵，归置诸庭，忽一日雷震，生一男子，即为雷祖"。雷祖为俚人崇拜的神灵，海康雷祖庙内尚存雷祖收降的五个黎（俚）头石像和三面云雷纹铜鼓。《铁围山丛谈》云："独五岭之南，俚俗犹存也，今南人喜祀雷神，谓之天神。"种种迹象尤其是这两类铜鼓上的云雷纹，说明制造和使用这两类铜鼓的族属是壮族与黎族的先民——俚人。

又据考证，北流型与灵山型上的连钱纹、席纹、水波纹等与黎族妇女脸上的文身形状相近，这又为黎族先民俚人是北流型和灵山型铜鼓的主人的论点提供了一条佐证。

当然，俚人也受到汉文化的强烈影响，鼓上大量捺印钱纹就是明证。

两晋至隋是俚人铸造铜鼓的鼎盛时期。到了唐代，在岭南设立五管，"穿山为城门，威服俚僚"（《太平寰宇记·岭南道》），对俚僚地区进行直接统治，而容管治所正设在北流型铜鼓分布的中心。中央封建王朝统治的加强，使云开大山地区更加封建化，俚人与汉族的进一步融合，逐渐使铜鼓失去了原来作为部族首领权威和地位的象征，从而走向衰落。

综上所述，俚人活动的时代在汉唐时期，地域在今广西东南和广东西南部。以云雷纹为主体的北流型铜鼓是俚人铸造和使用的铜鼓，这种铜鼓的年代亦应与俚人活动的时代一致。俚人为两广等地的本土民族，是秦汉前我国南部百越人的后裔。俚人已出现奴隶制，并迅速封建化，文化程度较高，能铸精致的大型铜鼓。俚人是我古代南方的一个伟大民族，以冼夫人为代表的俚族人民，为岭南地区的进步和各族人民的团结，为隋唐封建帝国的统一和发展，做出了贡献。

（2）铸造大鼓的动机

《太平寰宇记》载"五岭之南，人杂夷僚""以富为雄，铸铜为大鼓"，《太平御览》载：铜鼓"岭南豪家则有之""有是鼓者极为豪强"，所记载的就是这种以有鼓为雄的社会风尚，而最能代表这种社会风尚的铜鼓也只有这种"面阔丈余"的北流型大铜鼓。《隋书·地理志》说："有鼓者，号为'都老'，群情推服。"对于"都老"们来说，铜鼓集权力重器、祭祀礼器和娱神娱人乐器于一身，所以不惜代价来铸造铜鼓，而且以高大者为贵。

铜鼓最初是作为音响乐器问世的，广泛用于民间娱乐活动中。有古代文献称铜鼓为"蛮夷乐器"，如唐人刘恂称铜鼓为"蛮夷之乐"（《岭表录异》）。《唐书·南蛮列传》记载东谢蛮宴聚时击铜鼓，吹大角，歌舞以为乐。《太平寰宇记》记载岭南夷人"亲戚宴会，即以匏笙、铜鼓为乐"。明代魏濬《西事珥》也记载"夷俗最尚铜鼓，时时击之以为乐"。清代屈大均《广东新语》说："粤之俗，凡遇嘉礼，必用铜鼓以节乐。"这些记载表明，铜鼓是俚人经常使用的传统乐器，铜鼓乐丰富了他们的文化生活，在很大程度上满足了他们的娱乐需求，能使整个村寨、部族群情激昂。

在许多使用铜鼓的民族看来，"鼓能通神"，铜鼓声会把神灵唤起，给人消灾赐福。因此，许多铜鼓舞表面看是娱人，实际主要用意是娱神，是祭神的重点项目。铜鼓用于赛神，在唐代已有不少记载和描述。"铜鼓赛神来，满庭幡盖回"，"瓦海客，铜鼓赛江神"，"家家扣铜鼓，欲赛鲁将军"，等等，就是唐代诗人记录铜鼓赛神的著名诗句。宋人方信孺《南海百咏》载，广州南海神庙中的铜鼓"自唐以来有之，《番禺志》已载其制度，凡春秋享祀，必杂众乐击之以侑神"。其又咏诗："石鼓嵯峨尚有文，旧题铜鼓更无人，宝钗寂寞蛮花老，空和楚歌迎送神"。明代解缙《龙州》一诗有"波罗密树满城阗，铜鼓声喧夜赛神"句。宋代周去非《岭外代答》也说"所在神祠佛寺皆有之"，铜鼓置于神祠佛寺，必为神器。清代张澍《黔中曲》有"迎神一曲鸣铜鼓"句。以上文献或诗词都是记载铜鼓赛神的，由此看来，俚人是用铜鼓赛神的。1985 年，有关人员专程到北流市六靖乡水埇庵考察"铜鼓王"的出土和收藏情况，从当地一位 86 岁的老人陈德初那得知，清代每年八、九月要举办铜鼓会，祭山神，大旱时也要击鼓求雨。

铜鼓由于声音洪大易于远传，在古代也用于传递信息。《隋书·地理志》说，岭南的俚人"欲相攻，则鸣此鼓，到者如云"。史载都掌蛮靠铜鼓来集合部众，指挥军阵。谈迁在《国榷》中说："始出劫，必击鼓高山，诸蛮闻声并四集。"铜鼓成为指挥的信号，因此，遇到战事，双方都很重视铜鼓的争夺。

在古代，"国之大事，在祀与戎"，祭祀和战争都由统治阶级所掌握，铜鼓也就成了他们手中权力的象征，为他们所独占。于是，铜鼓就逐渐转化为代表权力的重器和身份的礼器。《续资治通鉴长编》说："家有铜鼓，子孙传秘，号为右族。"《明史·刘显传》说："得鼓二三，便可借号称王。"可见铜鼓在这些民族的心目中占据重要的地位。

灵山型铜鼓与北流型铜鼓既然同属俚人铸造，为什么二者之间还有所不同呢？

自南朝以来，在岭南地区俚僚活动中心有两个世代为豪的地方割据势力：东面是广东高州一带的冯氏家族，西面是广西钦州一带的宁氏家族。这两大家族东西毗邻，各有自己的势力范围，都称俚帅，几乎同时各自盘踞了数百年。北流型、灵山型铜鼓的兴衰，与这两大家族的兴衰历史很有关系。

冯氏祖先原为长乐信都（今河北衡水市冀州区）的汉族，西晋末少数民族南下时为鲜卑族建立的后燕政权的部将，经过辗转曲折的历程，浮海到广东，托身于俚人聚居的岭南，成为俚帅，世官高凉（今广东湛江）。至隋代，高凉地区大部分都归冯氏控制，其势力之所及，东达珠江三角洲，北到西江一带，西到广西东南部分地区，冯氏成为岭南俚人中最大的首领。冯氏家族的势力范围正是北流型铜鼓的分布范围。

宁氏祖先原为山东临淄的汉族，大约在南朝刘宋时期流落到岭南俚僚地区来，此后以钦州为基地，历经梁、陈、隋、唐，世代为官，成为堪与冯氏争雄的俚僚渠帅。其势力鼎盛时期辖区东达广西玉林、博白，西到西原（今广西扶绥），南及大海，北至邕州（今广西南宁）。宁氏家族的势力范围正好与灵山型铜鼓的分布区相重合。

由此可见，北流型铜鼓应属冯氏家族控制下的俚人所有，而灵山型铜鼓则应属宁氏家族控制下的俚人所有。

冯氏、宁氏两家当时是势均力敌的，他们各怀野心，彼此之间矛盾、冲突相当严重。比如在唐初，宁长真最先降唐，拥唐的态度相对鲜明；而冯盎则是岭南首领中最后降唐者，对唐王朝的态度比较暧昧。在错综复杂的斗争中，宁氏大多数时候是跟唐王朝站在一起，对付冯氏，唐王朝对宁氏也比较信任。由于这种关系，两家之间彼此防范甚严，都死死地控制自己的统治地区。北流型铜鼓与灵山型铜鼓之间的诸多差别就是在这种长期割据、彼此隔离的状况下产生的。但是，这两大家族有许多共同点：祖先都是从北方流落来的汉族，都经过相当长时间入地从俗以后，接受了当地民族文化，在俚僚中扎下了根，成了地道的俚帅。他们统治下的俚人铸造的铜鼓必然受到北方来的汉文化的某些影响，因此与滇系铜鼓相比较，俚人铜鼓具有更多的汉文化色彩，也就可以理解了。

（3）俚人能铸造大鼓的原因

①活动地区拥有丰富的铜矿资源

北流铜石岭自汉至唐都是岭南的大铜矿，对于俚人来说，得天独厚，有丰富的铸造北流型铜鼓的原料。20 世纪 80 年代，北京钢铁学院孙淑云等在《广西北流县铜石岭冶铜遗址的调查研究》中写道，当时炼铜 1 吨仅耗木炭约 16.2 吨，这在汉代技术比较落后的情况下，广西冶炼水平是很高的。如果以一座炼炉产铜 0.9 千克／时，每天又能生产 20 小时估算，那么一天产铜约 18 千克，在当时的气候条件下，一年可以工作 180 天，这样一个炉子一年可以产铜 3.2 吨。北流型铜鼓一般都在 150 千克左右，所以一个炉子一年所产的铜可以铸造 20 个大铜鼓。从考古发掘来看，铜石岭炼炉密布，冶炼铜和铸铜鼓数量是很可观的。因此，今日在北流市一带出土那么多铜鼓是不足为奇的。

②俚人以"高大为贵"，用以夸富与显示威权

《后汉书·马援传》唐章怀太子李贤等注引晋裴渊《广州记》："俚僚铸铜为鼓，鼓惟高大为贵，面阔丈余。初成，悬于庭，剋晨置酒，招致同类，来者盈门。豪富子女以金银为大钗，执以叩鼓，叩竟，留遗主人也。"这一段话生动地记述了俚人中的豪强将北流型铜鼓作为展示威权与富贵的宝物的场面。

③与周边地区有密切的技术交流

屈大均《广东新语》说："然诸工不善取音，每铜鼓成，必置酒延铜鼓师。"说明俚人也对外开放，大铜鼓有可能由本地人铸造，但调音显然是延请外面的师傅进行的。当然，铸造大铜鼓的技术也不排除是从外界学习来的。总之，数以百计的大铜鼓在以北流为中心的云开大山区域内出土，说明当时铸造大铜鼓的技术已经很娴熟。

（4）盛产北流型铜鼓地区的铜鼓习俗逐渐消失的原因

东汉至隋，岭南少数民族（俚僚、夷僚）地区正兴盛铸造和使用北流型铜鼓。但到了唐代，在北流型铜鼓分布的主要地区高州，铜鼓就作为罕见的"异物"有了出土的记录。从历史记载来看，进入唐代以后，唐王朝对岭南的直接控制日益加强，地方割据势力日益削弱，冯氏和宁氏在他们各自盘踞的地区一统天下的局面都被打破。唐高祖武德六年（623 年）四月，高州首领冯暄和南州（今广西玉林）刺史庞孝泰联合举兵反唐，同年七月，冈州刺史冯士翱也据新会反唐，很快都被镇压。唐太宗贞观初年（627 年），高州总管冯盎又反唐，后被唐太宗软硬兼施的政策所屈服。到唐高宗时，"置南选使"，用中央直派官吏逐步代替"土官"，进一步分散削弱冯氏势力。中唐以后，冯氏逐渐从高凉地区的政坛上销声匿迹，

但有一支转到海南岛占据一席之地，这和北流型铜鼓的消退也相吻合。北流型铜鼓作为俚人的权力重器，自中唐以后退出了云开大山区，却在海南岛山区仍有延续。

综合来看，北流型铜鼓衰落的原因有三点：

①物质原因

北流型铜鼓的铜料来自于铜石岭，由于自南越国赵佗以来（西汉早期）就在铜石岭进行铜矿的开采、冶炼及铸造，到了唐宋时期，铜石岭的铜矿逐渐枯竭，没有了铜料，铜鼓也就不可能继续铸造。而铜鼓文化、铜鼓习俗的物质载体是铜鼓，皮之不存，毛将焉附。

②民族融合与风俗变迁

自秦修筑灵渠，征服岭南，设桂林郡、象郡、南海郡三郡，岭北有大量移民至岭南；东汉马援平定二征在交趾郡、日南郡、九真郡的叛乱，中原又有大量移民南下。两晋至隋是俚人铸造铜鼓的鼎盛时期。

隋朝初期，冼夫人推动岭南少数民族归附中央王朝，民族融合进程加快，而连接西江的北流河和通达北部湾的南流江是中原文化南下的重要通道。之后客家人多次南迁，原来"五郡中央"即北流型铜鼓分布中心地区逐步汉化，随着民族融合，这一地区的文化、风俗也加快变迁。据《晋书》记载，在东晋孝武帝太元三年（378年）之前，朝廷以禁止铸币为鼓做由头，限制部落首领大量铸造铜鼓。到了唐代，在岭南设立"五管"，"穿山为城门，威服俚僚"（《太平寰宇记·岭南道》）对俚僚地区进行直接统治，致力于整治岭南豪酋。唐高宗置南选使，选派官吏替代地方酋首，而容管治所正设在北流型铜鼓分布的中心。封建王朝统治的加强，使云开大山地区更加封建化，俚人与汉族的进一步融合，逐渐使铜鼓失去了原来作为部族首领的权威的地位，从而走向衰落。中唐之后，本地豪酋除内附者外，余皆退出地方政坛甚至消亡，铜鼓遂销声敛迹。

唐人刘恂所著《岭表录异》中有在北流型铜鼓分布的主要区域就有铜鼓出土的记录：

> 僖宗朝，郑细镇番禺日，有林蔼为高州太守。有乡墅小儿，因牧牛，闻田中有蛤鸣，牧童遂捕之。蛤跃入一穴，遂掘之。深丈，即蛮酋

塚也。蛤乃无踪。穴中得一铜鼓。其色翠绿，土蚀数处损阙。其上隐

起，多铸蛙黾之状，疑其鸣蛤，即铜鼓精也。

晚唐僖宗时，高州有铜鼓从蛮酋家出土，而此铜鼓"色翠绿，土蚀数处损阙"，埋在地下已有年月。不过，铜鼓从地下出土的事已成"怪异"，说明在现实生活中，人们对铜鼓已较陌生了。

③铜鼓急剧减少，大量埋入地下

有关铜鼓急剧减少、大量埋入地下的原因，专家们有多种分析。一是祭祀所为，如祭水将铜鼓丢入江河，祭山则把铜鼓埋入山中；二是由于朝廷的限制，俚人惧怕问罪，干脆将铜鼓埋入地下；三是风俗的变迁，当地不再把铜鼓作为权力和夸富的象征，铜鼓渐渐失去了原有的社会文化功能，俚僚族人使用铜鼓的习俗逐渐消失。

随着中央王朝对岭南的控制加强及民族迁徙，北流型铜鼓分布地区原有的大多数俚人融入汉族，原先的铜鼓习俗只能在文献中见到。有一部分俚僚后裔很可能西迁进入红水河流域，成为后来壮族的一部分，这使得古代的铜鼓习俗不断传承和发展，一直延续至今。

3. 北流型铜鼓的技术指标

北流型铜鼓虽然十分庞大，但鼓壁却较薄，而且花纹比较精细，体现了古人高超的铸造工艺，无论谁看了都会惊叹不已。由于当时对工艺严加保密，因此未见史料记载。

近几年来，我国考古学家、铸造学者、冶金史专家对铜鼓的铸造工艺进行了不少有意义的研究，发表了有关论著，指出了我国古代铜鼓铸造的基本方法，并探讨了铸造铜鼓的工艺特点。我们仅就北流型铜鼓的铸造工艺作概略的介绍。

（1）北流型铜鼓的造型

北流型铜鼓形体庄重、朴实，以大鼓居多。我们将几十面北流型铜鼓的鼓高和鼓面直径比值逐一进行了计算，发现它们的比值相当接近，在 0.52 至 0.59 之间，这一比值接近黄金分割率。倘若物体各部分的尺寸符合这种比例，或接近这

种比例（0.4～0.618），便会给人以协调、悦目的感觉，这是人们在长期的生产和生活实践中发现的美学法则，而北流型铜鼓的造型结构正符合这一美学法则。

（2）北流型铜鼓的合金成分

北流型铜鼓主要成分是铜、锡、铅（图6-3），根据三者含量可分为红铜、锡青铜和铅锡青铜三种类型。根据冶金史专家们的通常分类标准，红铜中的锡和铅的含量均低于2%；锡青铜中的含锡量高于2%，含铅量则低于2%；铅锡青铜中的铅、锡含量均高于2%。实验对26面铜鼓进行了化学成分分析（表6-1）。

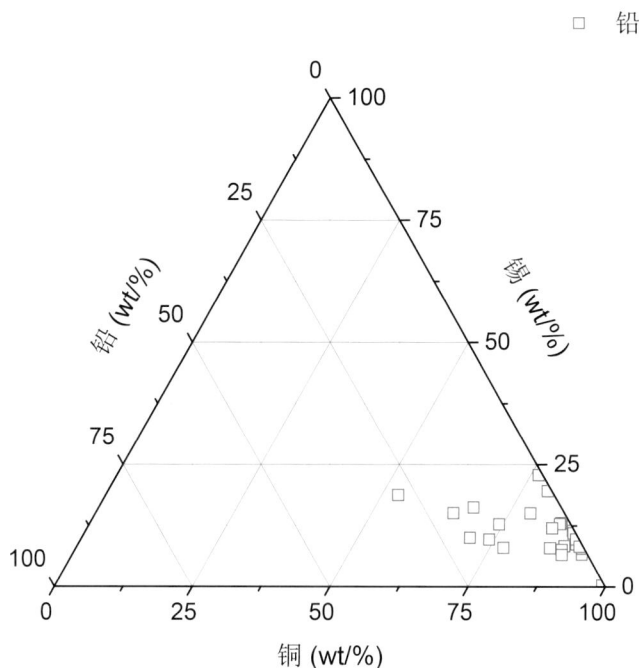

图 6-3　北流型铜鼓成分三元相图

表 6-1　北流型铜鼓的合金成分表

序号	原编号	取样部位	化学成分 /%							
			铜	锡	铅	锌	铁	砷	锑	硫
1	鼓 32	足沿	75.17 83.85	14.35 11.49	5.76 2.48	0.11	0.24	2.49	0.06	
2	鼓 34	残片	88.86	8.60	0.96	0.12	0.09	1.47	0.06	

续表

序号	原编号	取样部位	化学成分 /%							
			铜	锡	铅	锌	铁	砷	锑	硫
3	鼓35	足残片	83.37 75.65	12.76 14.39	1.46 5.57	0.11	0.08	1.85	0.32	
4	鼓55	足残片	90.56	6.52	0.97	0.17	0.12	1.56	0.06	
5	鼓56	足残片	83.42 84.24 76.89	7.90 11.93 14.38	3.12 9.16 4.37	0.11	0.43 0.25	1.83	0.14	
6	鼓60	足残片	86.02	11.2	0.22	0.11	0.92	1.37	0.08	
7	鼓101	足部	66.50	9.50	18.50	0.10				
8	鼓105	足沿	83.14	12.56	1.81	0.180	0.24	1.88	0.15	
9	鼓115		69.42	16.16	21.50	1.57	0.35			
10	鼓138		82.20	7.60	5.80	1.43				
11	鼓139	胸残部	84.23	10.46	0.36	0.08	0.92	0.59	0.12	
12	鼓140		69.61	12.00	12.00	1.43				
13	鼓143	胸部	72.50 76.20 66.96	7.50 4.34 10.44	13.50 14.00 16.58	0.40 0.00 1.57	0.98			
14	鼓146	腰残部	87.34	9.49	0.49	0.14	0.06	1.90	0.53	
15	鼓156	足残部	74.21 81.86	22.19 14.68	0.66 0.77	0.09	0.08	1.86	0.62	
16	鼓157	胸残部	77.71 83.43	19.10 10.43	0.66 2.70	0.13	1.17	1.85	0.12	1.01
17	鼓161	足残部	88.95	7.62	0.347	0.11	1.10	1.78	0.06	
18	鼓163	腰残部	80.10 88.56	10.98 7.97	3.70 0.86	0.09	0.04	2.14	0.61	
19	鼓308	足残部	97.26	0.28	0.41	0.13	0.05	1.40	0.43	
20	鼓316	腰部	75.40 67.30	9.89 15.80	16.50 11.80	0.00 0.00				

续表

序号	原编号	取样部位	化学成分 /%							
			铜	锡	铅	锌	铁	砷	锑	硫
21	鼓 315	腰部	66.50	15.90	15.50	<0.01				
			64.40	15.00	18.80	0.10				
22	鼓 317	足沿	89.74	8.13	0.60	0.09	0.07	1.19	0.16	
23	玉林 01	胸部	41.80	14.80	22.30	<0.01				
24	浦北 04	足部	82.50	7.10	3.90	0.00				
25	合浦 01	胸部	81.40	11.60	3.55	0.00				
26	容 02		87.50	6.50	4.60	0.00				

在做过化学分析的北流型铜鼓中，属红铜的仅有 1 面；属锡青铜的有 10 面；属铅锡青铜的有 15 面。北流型铜鼓的含铜量呈现出两极分化的趋势，一部分铜鼓含铜量在 80%～85% 的范围内，另一部分则集中于 65%～75% 的范围内。

从总的情况来看，北流型铜鼓较万家坝型和石寨山型，含锡量与含铅量有明显增加，而含铜量有所减少，这反映了不同时代铜鼓在合金成分上的差异，反映了铜鼓制作技术的变化。纯铜的铸造性能较差，用来铸造较小的铜鼓勉强可以。而铸造像北流型这样庞大的铜鼓，就一定要改用青铜，使铸鼓的金属材料具有良好的铸造性能及一定的强度、硬度。加入一定量的锡能起到降低合金的熔点和提高合金的强度、硬度的作用。但当铸造合金的含锡量超过 6% 时，合金组织中析出脆性的 δ 相，使合金延伸率急剧下降，但 δ 相也在不断增加，当超过 18%～20% 时，合金的强度则急剧下降，使铸件机械性能变差。如果加入一定数量的铅以代替部分锡的话，那么，不仅仍可以起到降低熔点的作用，而且还可以有效地避免高锡青铜的脆性。北流型铜鼓的合金成分，正反映了当时的铜鼓师已经具有相当高的铸造技术和相当丰富的铸造经验。

（3）北流型铜鼓的金相浅析

①金相组织。北流型铜鼓除极个别例外，含锡量均高于 6%，在铸造青铜溶液凝固时，形成 α 固溶体，并极易造成枝晶偏析，并在 α 相周界析出（α+δ）

共析体，δ相相当于金属间化合物。铅在铜中以孤立的相存在。依含铅量的不同，存在着形态、颗粒大小、分布状态等方面的差异。从做过金相检测的几面北流型铜鼓来看，铅多呈枝晶状及球状或颗粒状。

②夹杂物。北流型铜鼓普遍存在着大量蓝灰色及灰色颗粒，它们为硫化夹杂物。硫可能是使用的氧化矿不纯而带入的，但也存在着使用硫化矿炼铅的可能性。

③铜鼓组织的不均匀性。鼓316和合浦01号鼓样品截面有几块纯铜块，最大直径约为0.08毫米，而且比较集中，可能是配制合金时炉温较低，均温时间较短或搅拌不均匀而造成的。

另外，部分北流型铜鼓截面上有铸造缺陷。

（4）北流型铜鼓的铸造工艺浅析

首先让我们考察一下北流型铜鼓的鼓身、立体蛙饰、鼓耳、遍布全鼓的花纹和浇注系统。

①鼓身。包括鼓面、胸、腰、足四个部位，各部位所有的旋纹，都是以鼓面太阳纹中心为圆心的同心正圆形，各圈旋纹布满几何图案纹饰，如云雷纹、钱纹等，均为阳纹。鼓身上的同心旋纹表明，制作铜鼓外范时，是采用刮板或轮盘旋转成型的。

北流型铜鼓两侧都有两条纵向合范缝，说明其是用泥范法铸成的。

多数北流型铜鼓有明显的铜垫片，它们有两个用途：一是控制壁厚，二是支撑内范。采用这种夹垫铸造工艺，可以节省制范这道复杂细微的工序的时间，能较快地塑制内外范。另外，也便于使器物的厚薄通体匀称，特别是像北流型铜鼓这种大而薄的青铜器，使用这种工艺更具优越性。当然，这种工艺也有它的原始性和不足之处，如因为夹铸了未经融化的铜片，所以成形后的器物就很难浑然一体，且因北流型铜鼓鼓身花纹密集，故垫片破坏纹饰的情况较多（图6-4）。而且时间一长，垫片缝隙势必氧化，以致部分垫片脱落。对于作为打击乐器的铜鼓来说，使用垫片，也会在一定程度上影响音色和音质。

图 6-4　北流型铜鼓的垫片（王梦祥摄）

②立体蛙饰。大部分北流型铜鼓的鼓面边沿均有立体蛙饰，在蛙饰表面未见合范缝、焊接或分铸的痕迹，可见这种立体造型装饰是采用失蜡法铸造的。首先用蜡制成蛙，在蛙爪处设置出蜡口，在蛙头某处设置出气孔，然后敷以泥料，制成蜡蛙模型的外范；待外范自然干燥后，加热烘烤，使蜡蛙模型熔化后流出。蛙范制成后，嵌入鼓外范，与鼓身一起浇注而成。

③鼓耳。北流型铜鼓大部分鼓侧有四个环耳，两两相近，饰缠丝纹。多数鼓耳上下在鼓壁凸起三叉，它们既是纹饰，又起到加强筋的作用。有些鼓在两组环耳之间加一对单环耳。少数北流型铜鼓鼓耳为扁形，饰辫状纹。经考察，未见鼓耳有合范缝，可能是采用失蜡法铸成，不过因为其造型较立体蛙饰简单，也有可能是用泥范法铸成。

鼓耳与鼓身的结合和立体蛙饰与鼓身的结合相同，谓之浑铸法，即是将耳范嵌入鼓外范，一起浇铸，使鼓耳与鼓身铸为一体。我们在耳下及立体蛙下相对应的鼓壁上常看见有一块粗糙的表面。这是因为当耳范与蛙范嵌入外范时，鼓外范的纹样会受到破坏，所以需要在结合处补以泥料，又往往因压实磨光不够而在浇注后留下一小块粗糙的鼓面。

④纹样的制作方法。北流型铜鼓多采用印纹法压制纹样，即将纹样刻在各种小型木质的模型上，依次连续压印在外范上。对于器形庞大、表面以细小的云雷纹为主的北流型铜鼓，采用印纹法，显然操作简便，工效高。仔细观察，能够看

到铜鼓表面有印纹模型的边廓线，还可见到由于模型压印不均而产生的花纹重叠的现象。

⑤浇注系统。浇注系统是液态合金填充铸范型腔所经过的通道，是保证铸件质量的重要环节。北流型铜鼓两侧合范缝上有明显的浇口痕迹，表明北流型铜鼓是采用缝隙式浇注系统铸造的。采用这种方式浇注时，铜溶液自下而上通过缝隙浇口注入型腔，液流平稳，排气及排渣情况较好。北流型铜鼓合范缝宽且凸起，有明显的凿磨痕迹。"铜鼓王"范缝宽达12毫米，是采用缝隙式浇注的典型实证。

缝隙式浇注系统有两种合范方式：一种是鼓面朝上，以鼓内范为基准，依次组合外范，在两侧合范缝上设置缝隙浇口，在鼓面太阳纹光体部位设置冒口，这种合范方法不用悬空吊装内范，操作方便。另一种是鼓面朝下，以鼓面范为基准，依次组合内范及外范，同样在两侧合范缝上设置缝隙浇口，在鼓内壁中心设置冒口，这种合范方式操作比较困难，但鼓面花纹质量较好（图6-5）。

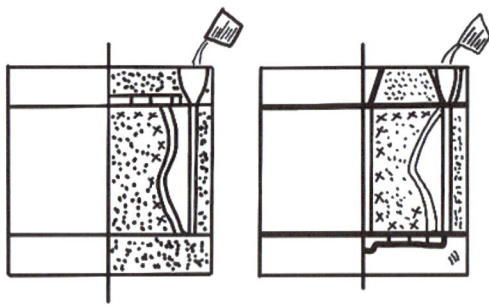

图6-5 缝隙式浇注的两种合范方式

（5）北流型铜鼓的一般铸造工序

①备料。从分析的北流型铜鼓的合金成分来看，除极少数（如鼓308）由纯铜铸成外，其余多数为铜锡二元合金铸成或铜锡铅三元合金铸成。可见，制范首先要备金属材料。

为了制范，还必须备好大量的制范材料。宋人赵希鹄《洞天清禄集》记述失蜡法用澄泥、纸筋羼合制范。明人宋应星《天工开物》提出用三合土、细土及炭末羼合制范。缅甸克耶邦《铜鼓制作法》记录的是用黏土、牛粪和谷壳调和制范。至今人们尚未发现古代北流型铜鼓的泥范，所以还难以确定北流型铜鼓的制范材料究竟是哪些。不过可以推测，缅甸这种配方很可能就是从广西传过去的北流型铜鼓制范的配方。

除上述材料外，还需要用于烘干、预热泥范及熔化金属的木炭等燃料。

②制范，包括制造模型、骨架、刮板，制内、外范，制蛙范、耳范，刻花纹、干燥和烘烤等工序。

③合范浇注。包括合范、焙烧预热和浇注等工序。铜鼓的壁较薄，为了保证合金溶液在鼓范型腔中顺利地流动，使制出来的鼓表面光滑，且纹样清晰、没有缺欠，必须将鼓进行焙烧、预热，以便浇入的铜不会因遇冷而温度骤然降低。焙烧温度一般在 600 ～ 800℃。范预热之后，便可将熔化的铜锡铅合金溶液从浇口注入鼓范型腔，冷却后就可撤范取出铸好的铜鼓。

④修整、调音。浇铸之后，拆除外范，取出内范，锯、凿掉浇、冒口多余的部分，清除铜鼓内外壁上的泥料，修饰不够清晰的纹样及蛙饰等，使铜鼓表面光滑、纹样清晰。最后，还要特请铜鼓师调音。

经过上述一系列复杂的工序，一面北流型铜鼓方告铸成。

4. 北流型铜鼓的调音技术

铜鼓的音乐性能，具体体现在音量、音色和音调上。古书上常用"击之响亮，不下鸣鼍"(陈旸《乐书》)、"声骇村落"(王象之《舆地纪胜》)、"振响遏云"(张燮《东西洋考》卷三)、"声闻数里"(檀萃《滇海虞衡志》卷五) 来形容铜鼓的音量宏大。有的书上又说铜鼓"悬而击之，下映以水，其声非钟非鼓""悬于水上，用栖木槌击之，声极圆润"(曹学佺《蜀中广记》卷七〇)，说明铜鼓的音色优美。起初铜鼓属于无调打击乐器，无音阶变化。音响好坏，直接影响到铜鼓本身的价值。据《明史·刘显传》所载，铜鼓以"鼓声宏者为上，可易千牛，次者七八百"。据清人屈大均《广东新语》所载，一般铸造铜鼓的工匠都不会调音，每当铜鼓铸造出来后，必须延请铜鼓师来调音。由此看来，在铜鼓铸造出来之后，还有一个调音工序。

文献对于铜鼓调音的叙述语焉不详，更没有对调音原理作出具体解释。现在有了先进的设备和科学的手段，能对铜鼓的声学特性进行精确测试与分析，从而加深了我们对铜鼓调音工艺的了解。

中国的八类铜鼓中，万家坝型、石寨山型、遵义型、西盟型和麻江型铜鼓都没有留下调音痕迹，仅北流型、灵山型和冷水冲型铜鼓有调音铲痕。其中，冷水冲型铜鼓背部铲痕凌乱，似乎是没有找到调音的门道，而大多数北流型、灵山型铜鼓鼓面背后则有规则的铲削痕迹。

1985—1988 年，广西民族学院李世红、万辅彬与广西博物馆合作期间，多次在博物馆的保管部仔细考察，对馆藏铜鼓一面一面地反复查看，并在查看过程中发现冷水冲型、北流型、灵山型铜鼓的鼓面背部中心有铲削痕迹（图 6-6）。李世红、万辅彬对这些铲削痕的作用进行了长时间的思考。两位学者均是物理学专业出身，觉得这种铲削痕迹很可能就是铜鼓师调音时留下来的。铜鼓的振动面是圆形鼓面，会不会如现代声学理论所说，铜鼓的振动发声属于周界固定的金属圆板振动？两位学者将这一想法与广西民族学院物理系庞缵武教授讨论，大家一致认为这一猜想是正确的。根据上述理论，改变基音频率（即基频）最有效的办法就是改变鼓面的厚度，当铜鼓铸成之后，对铜鼓背面进行铲削，一方面是为了便于振动（俗话说敲得响），另一方面则可以达到所需要的理想基频，而调整的最有效部位就是鼓面背部中心。

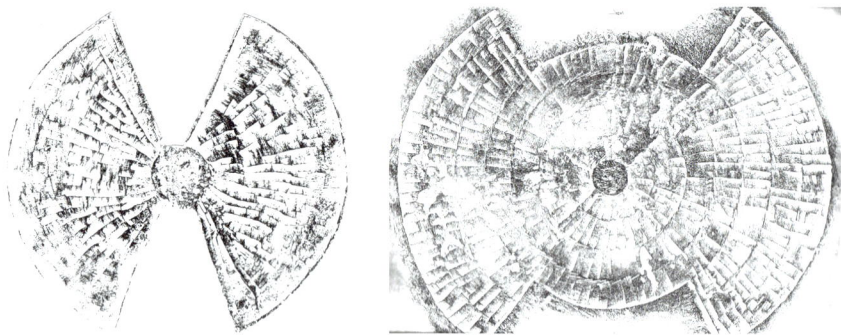

图 6-6　北流型铜鼓调音铲痕拓片

为了弄清北流型铜鼓的声学特征，广西民族学院庞缵武教授、李世红讲师等人对广西民族学院民族展览室和北流县文物管理所（今北流市博物馆）收藏的15 面北流型铜鼓进行了详细的分析研究，并与一面麻江型铜鼓的声学特性作了对比。为了揭示铜鼓的声频特性，在录音室每次都以恒定的力打击铜鼓，进行录音，然后进行频谱分析。

实验共测了上述 16 面铜鼓的频谱，各鼓的基音频率及概况见表 6-2。

表6-2 16面铜鼓的基音频率表

铜鼓编号	学院藏北流鼓	北流1号	北流2号	北流3号	北流5号	北流6号	北流8号	北流9号
鼓面直径/mm	762	1038	703	707	780	919	760	736
鼓面厚度/mm	3	7	4	5	3	5	3	3
基音频率/Hz	200	172	230	200	227	187	200	192
铜鼓编号	北流10号	北流12号	北流15号	北流18号	北流19号	北流20号	北流21号	学院藏麻江鼓
鼓面直径/mm	905	703	1114	688	576	901	915	467
鼓面厚度/mm	4	4	5	3	2	5	5	3
基音频率/Hz	167	233	172	210	260	161	195	390

北流型铜鼓鼓面直径虽各不相同，但仍有一个统计规律。北流型铜鼓鼓面直径以 70 厘米左右的居多。15 面北流型铜鼓之中有 7 面直径在 70 厘米左右，约占总数的一半，这些鼓的基音频率明显在 220 赫兹上下波动。鼓面直径在 100 厘米左右的鼓基频稍低一些，在 180 赫兹上下波动。

根据声学的振动理论，铜鼓的振动发声可被视为对称板的振动。影响铜鼓音频特性的因素很多，理想的振动频率由下式来确定：

$$f_1 = 0.467 \frac{h}{a^2} \sqrt{\frac{E}{\rho \left(1-\sigma^2\right)}}$$

$$f_2 = 3.91 f_1$$

$$f_3 = 8.75 f_1$$

……

式中：h 为板的厚度，a 为半径，ρ 为材料密度，E 为杨氏模量，σ 为泊松比。

由此可见，铜鼓合金成分的变化（影响 ρ、E、σ 值），以及鼓面半径和厚度变化，都会对铜鼓的音频音色产生影响。还应该注意到，板振动的泛音不是基音的倍频。如果要使铜鼓声音悦耳，或希望改变基音频率，则必须采取一定的调音措施。那么古人对铜鼓的调音是否符合科学道理呢？

经过调查研究，我们惊奇地发现，尽管古人对铜鼓的制作都是凭借实际经验进行的，但他们每一个步骤都合乎现代科学的原理。思索之余，使人不能不为古代少数民族工匠的精湛技艺拍案称绝。

从北流型铜鼓的成分分析可知：

（1）俚人及其前身乌浒人已经懂得，要使大铜鼓有较好的音质，必须是"响铜"，铜鼓的铜、锡成分要有合适的比例。为了使铜鼓铸得很大，还必须加入一定比例的铅，这样不仅可以起到降低熔点、增加流动性的作用，而且还可以有效地避免高锡青铜的脆性。

（2）经过测试的15面铜鼓频率相当接近，这反映了设计者的匠心。

（3）《广东新语》所载"以药物淬脐及鼓四旁"，应当是指对鼓面进行表面处理。这种处理可以改变铜器表面层的成分及结构，从而改变铜鼓的音频特性。在古代青铜铸件中，这种表面处理技术是常见的。举世闻名的越王勾践剑，就是通过表面硫化处理使其保持千年不锈、锋利无比的。汉代铜镜也是通过"粉以玄锡，磨以毛毡"，即通过将药物加在铜镜表面上研磨，改变其表面成分，使之平滑如玉、光彩照人的。至于北流型铜鼓调音用何药物，尚不得而知。

（4）《广东新语》载"稍挥冷锤攻之，用力松轻，不过十余锤"。为何铜鼓师稍挥冷锤敲打鼓面，轻松地击上十余下，即可改善鼓音呢？原来铜鼓在铸造过程中鼓面内部存在应力，会影响鼓面各部分的振动状态。有经验的铜鼓师通过敲打鼓面的适当部位，就可以消除鼓面内部的应力，使鼓面的振动不再受内部应力的影响，以后再敲打也就不容易开裂。现代的一些锣、拨等响器制成以后，也是要经过冷锤调音的，这就是"一锤定音"。

（5）铜鼓调音最重要的一道工序，即在鼓面背部中心部位有规律地铲削，从而在改善振动的同时，改变基音频率，使之达到制作者的要求。广西壮族自治区博物馆与北流县文物管理所的数十面北流型铜鼓（现藏于广西民族博物馆）绝大多数都可清楚地看到铲痕。在北流县文物管理所考察的16面铜鼓中，铲痕面积大小迥异，但铲削都有一个共同规律：先从背面圆心处铲起，每一铲都沿半径方向，铲痕呈同心圆环状分布，有的是呈对称的两个扇形；往往铲削一次后，又在铲削过的部分地方补铲第二次甚至第三次，直至达到预期的音响效果（图6-7）。

图 6-7　北流型铜鼓的铲痕（左图为王梦祥拍摄）

这些铲削痕迹不是制模时留下来的，因为如果用刀来雕泥模的话，可以雕得很光滑，绝对不是像现在看到的那样粗糙；也不是为了装饰，因为它们都在鼓的背部，为人们视线所不及。因此，我们有理由认为这些铲痕是在铜鼓铸成以后，在调音时一刀一刀铲削而成的。

圆板振动理论指出，圆板振动时有着沿半径方向的纵向振动节线和沿同心圆的横向振动节线，而北流型铜鼓背面的铲痕恰与图 6-8 相似，很可能所削去的部分正好位于鼓面振动的节线之间。

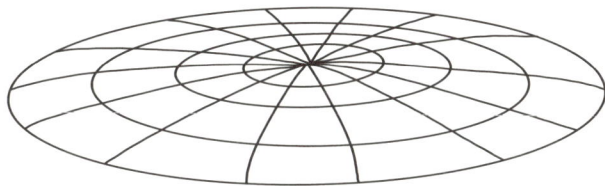

图 6-8　圆板振动模式示意图

那么，古代铜鼓调音师心目中标准的铜鼓基音频率是多少呢？从上述铜鼓音频特性分析看来，多数鼓面直径在 70 厘米左右的北流型铜鼓基频约为 220 赫兹，可见这应该是古代调音师心目中的标准。现代声学以 440 赫兹为标准频率，古代的标准音称为黄钟。不同历史时期黄钟的频率有差异。据文献记载，先秦黄钟管长九寸，孔径三分，围九分（据考究，先秦一尺长 230.8864 毫米），经计算，频率应为 368.85 赫兹。而从长沙马王堆一号汉墓发掘出来的十二律管，最长的黄钟管 176.5 毫米，孔径 6.5 毫米，如果把它当作闭管，可以算出 15° 时的频率为 446.5 赫兹，可见我国西汉标准音黄钟的频率应在 440 赫兹左右。而北流型铜鼓凡鼓面直径为 70 厘米左右的，其基频约为 220 赫兹，正好为汉代浊黄钟。

为什么要调到浊黄钟呢？因为浊黄钟的音程虽比黄钟低八度，但却与黄钟一样具有同样的音乐属性，听起来仍不失标准音的庄严，而低八度则更加深远浑厚，更显出权力重器的威严。我们在看戏剧表演时，听到的喊堂威"威——武——"大体上就是浊黄钟。西藏寺庙中喇嘛吹的长号（藏语名"铜钦"）发出的声音也是浊黄钟。

铜鼓大面积刮痕的存在，还反映了我国南方古代金属加工的工艺水平。众所周知，青铜的硬度是相当高的，要在坚硬的青铜表面刮出大面积的痕迹，没有硬度比青铜高得多的钢质工具是很难做到的。由此推断，钢质工具的使用在当时已经相当普遍。近年来，广西民族大学科技史与科技文化研究院黄全胜教授等在广西贵港市平南县发现了十多处西汉时期的块炼铁遗址，这些块炼铁经过锻打渗碳可以制成坚硬的钢材，为北流型铜鼓铲提供了技术支持，说明这一时期我国南方少数民族在金属冶炼和加工方面的水平很高。

灵山型铜鼓的调音铲痕比起北流型有了长足的进步，可以说是跨入了成熟阶段。我们所观察到的十几面灵山型铜鼓的调音铲痕，几乎全都达到了很高的水平，显示出定型的趋向（图6-9）。这些调音铲痕由里向外，一环归一环，层次分明，且刮削面积适当缩小，显得简练而精确。

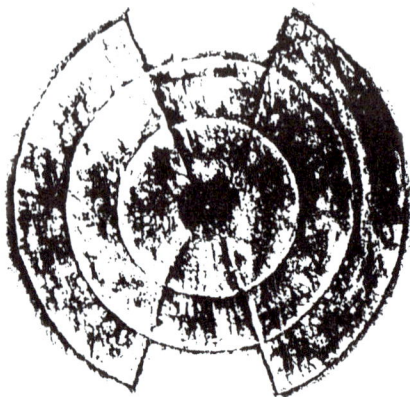

图6-9　灵山型铜鼓调音铲痕拓片

而冷水冲型铜鼓的调音刮痕，就显得十分凌乱，还没有掌握调音的要领。

麻江型铜鼓与冷水冲型铜鼓同属滇式铜鼓，系从冷水冲型一脉相承发展而来。我们没有发现麻江型铜鼓有调音铲痕，这也许是因为麻江型铜鼓属晚期铜鼓，冶铸技术的进步铜鼓的合金成分、形制尺寸包括鼓面厚度等一系列指标都已经控制得很好。事实上，麻江型铜鼓的外形、厚度乃至音频特性都已接近一致，给人一种趋向标准化的感觉。因此，铸成后的调音工作相对来说就没必要了。

然而当代新鼓普遍都进行了调音（图6-10）。广西河池市南丹县里湖瑶族乡的民间艺人表示，90%以上的新鼓都要调音，老鼓则很少需要调音。新鼓的声音不够响亮，传得不够远，余音拉得也不长，如果不调音的话就不会有人来买。

图6-10 现代铜鼓打磨调音

第七章

北流与北流型铜鼓

1. 文献中的"铜山"

宋人乐史在他著的《太平寰宇记》一书中说:"铜陵县本汉临允县,属合浦郡,宋之龙潭县,隋改为铜陵。以界内有铜山。铜山,昔越王赵佗,于此山铸铜。"汉初的临允县在今广东云浮市新兴县南35千米,属合浦郡,当时合浦郡的郡治在今广东雷州半岛。临允县南是高凉县(今广东阳江市),西北是苍梧郡(今广西梧州市),西是布山县(今广西贵港市)和安广县(今广西横州市),西南是合浦郡郡治所在地(今广东雷州市),汉代临允县"界内有铜山","铜山"指的是什么地方? 从地理位置来看,铜山是在今广东阳春和广西的贵港、横州之间的云开大山山区,即今广西北流市境内的铜石岭(图7-1)及容县的西山等地。从考古发现来看,北流铜石岭以及与之相连的容县西山等地区,都发现有汉代的冶铜遗址。这些冶铜遗址正好是在汉代交州的合浦郡临允县境内。从时间上看,铜石岭遗址和乐史在《太平寰宇记》中所讲的基本相同。乐史所述的赵佗在此铸铜,时间应该是西汉初年;从铜石岭遗址中出土的遗物和 ^{14}C、热释光测定来看,从西汉到东汉这一带都是冶铜和铸铜器的工场。

图 7-1 北流铜石岭(蒋廷瑜摄)

值得注意的是,过去有人把"昔越王赵佗于此山铸铜"中的"铸铜"两字误解为冶铜,我们认为这句话应理解为赵佗于"铜山"铸造铜器,当然也包括冶铜。

既然铜石岭是赵佗时代的"铜山",那么,铜石岭不仅是冶铜遗址,而且也应是一个铸造铜器和铜鼓的遗址。

2. 考古工作者在铜石岭的发现

铜石岭位于北流市东郊 13 千米处,分大小两岭,圭江自南而北绕过山前。山层峦耸秀、巍峨壮观。石皆紫铜色,有的兀然独立,骨骼清奇;有的苍茫一片,气势雄浑。这些令人叹为观止的奇峰怪石丛立,造型各异,千姿百态,栩栩如生。

北流铜石岭汉代冶铜遗址是广西壮族自治区文物工作队于 1966 年在玉林地区(今玉林市)做文物普查时发现的。为了解遗址内涵,考古队先后于 1977 年冬和 1978 年春对遗址进行了两次发掘,第一次发掘布设了 10 米 × 1 米的探沟 1 条,第二次发掘将原来的探沟扩大,在附近又开了 4 条小探沟。两次共揭露面积 250 平方米,发现了一批炼炉遗址和遗物(图 7-2、图 7-3)。

图 7-2 考古队发掘北流铜石岭汉代冶铜遗址

图 7-3 铜石岭遗址探沟和发掘出的炼炉

潘世雄参加了上述两次发掘工作，他对遗址地面和附近的古代铜鼓出土情况进行了详细调查，并深入旧矿井内调查（图7-4）。

图7-4 潘世雄对遗址地面和旧矿井进行调查

冶铜遗址位于大铜石岭西面的山脚下，南起麻风坡，北至塘夹村，东到山崖下，西至圭江边，长约500米，宽约40米（图7-5）。此外，在塘夹村东面的狗统岭上亦分布有炉渣。

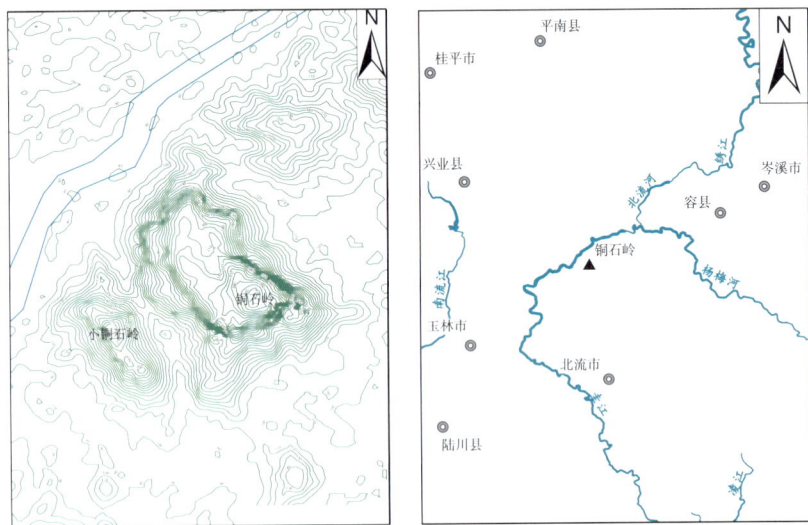

图7-5 遗址地理位置示意图

自1970年以来，由于群众挖掘和开荒植树，遗址受到了严重破坏。发掘前，只有杉木坡和麻风坡尚有一些堆积未受彻底破坏，故两次试掘主要在此两地进行。试掘发现1枚铜锭、大量炉渣、14座炼炉基底、20余节鼓风管、几块木炭、若干陶器、瓷器的残片和9个灰坑等遗物遗迹。此外，在遗址附近的冲沟地层中，还采集到一批翠绿色的矿石等。

圆饼形铜锭 1 件，重约 2500 克。表面灰黑色，间杂有铜绿色；通体布满沙眼；内为铜黄色，无沙眼。经化验，其成分为铜 96.640%、铅 0.142%、砷 0.230%、锑 0.685%。此外考古队还在铜石岭附近的上良村村民卢振东家中发现此前在遗址上（麻风坡西侧的山坡上）拾到的 30 多个类似的铜锭（共计约 35 千克），可见铜石岭铜矿资源丰富。

铜矿石（此地采集的是孔雀石），采集于遗址西边的冲沟断崖上。经化验，内含金属成分为铜 2.850%、铅 1.159% 和少量的锌、铁。

炉渣数量众多，个体大小不一，呈多棱形；灰黑色，有的表面呈铜绿色。

14 座炼炉虽出土于 3 个不同探沟，但炉的形状、结构、个体、质料及保存情况基本相同。均仅存炉基部分，为圆形圜底，外径 40～50 厘米，内径 36～43 厘米，残高 15～25 厘米（图 7-6）。炉壁用黏土掺和石英砂及稻秆等耐火材料制成，厚 4～7 厘米。在炉底一侧（即向山下的一侧）均有一个宽 10～15 厘米的圆弧形炉口。在炉口前的地面上，多有一片面积大小不等的红烧土，应是清除炉渣时地面受其高温烧烤而形成的。

其中，编号 T2 的探沟中炼炉数量最多，最密集，共发现炉基 11 座（图 7-7）。

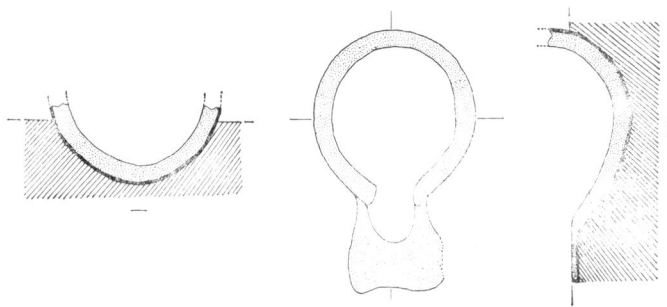

图 7-6　炼炉平面、剖面图

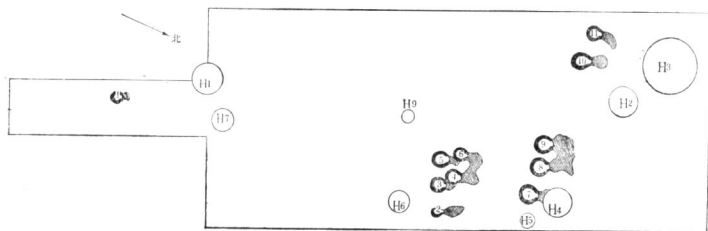

图 7-7　T2 探沟平面图

鼓风管呈圆筒状，是用黏土掺和谷壳、稻秆及石英砂等耐火材料经火烧烤而制成。末端黏附有铜绿色或灰黑色的琉璃状晶体，应是插入炉体内受高温烧烤或与溶液接触所致。

9 个灰坑中的 8 个均发现于 T2 探沟里，灰坑的形状，可分为袋形、筒形、亚腰形和锅底形 4 种。从这些灰坑密布于炼炉四周情况看，它们与炼炉应有着密切联系，有的可能是作备料池使用，靠近炼炉的灰坑有可能是铸造铜鼓的范坑。

考古工作者认为北流铜石岭遗址是目前广西发现的一处范围最大的冶铜遗址。根据遗址出土的各种遗物，推定该冶铜遗址的时代应为西汉晚期或东汉早期。铜石岭的炼炉和鼓风管虽然比较原始，但工匠们已较熟练地掌握了冶炼提纯技术，炼出来的铜应该与北流型铜鼓的铸造有密切联系。

此次发掘在铜石岭遗址的炼炉群上发现了一块青铜碎片。这块青铜碎片长 6.25 厘米，宽 3.6 厘米，厚 0.4～0.5 厘米（与北流型铜鼓的厚度相当），沿长的方向呈均匀的圆弧形，弦高约 0.07 厘米（图 7-8）。

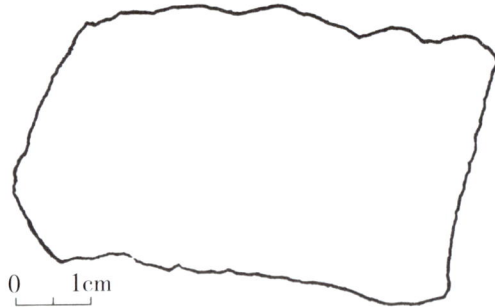

图 7-8　铜石岭遗址出土的青铜碎片线描图

1978 年 4 月 29 日，广西冶金试验研究所对这块青铜碎片进行了成分分析，其中铜、铅、锡等主要化学成分与北流型铜鼓非常接近（表 7-1）。

表 7-1　铜石岭青铜碎片与北流型铜鼓成分对比表

名称	出土地	铜 /%	铅 /%	锡 /%	化验单位
北流型铜鼓	玉林	61.98	23	6.19	广西冶金研究所
铜石岭青铜碎片	铜石岭遗址	57.53	34.52	6	广西冶金研究所

1985 年，广西民族学院万辅彬由此青铜碎片推算出原器直径约 137 厘米，正好与北流型较大的铜鼓的鼓面直径相当，所以这块铜片应是一面较大的北流型铜鼓的碎片。

这一事实表明，铜石岭遗址确实与铸造北流型铜鼓有直接关系。

在试掘铜石岭遗址时，在麻风坡下方，发现一个炼炉群，在面积约 10 平方米的阶地上清理出 8 个炼炉，有的炼炉间隔仅有 10 厘米左右，分布密度很大，这些炼炉如果同时熔炼铜液，从鼓范的浇铸口同时浇铸，完全可以铸造体形硕大的北流型铜鼓。从铜石岭遗址的宏大规模来看，它可以提供足够的铜料铸造大量的铜鼓。

从地理位置上看，铜石岭遗址濒临圭江，最近处离江岸只有 30 多米，运输条件比较好，铸造好的大铜鼓和熔炼好的铜锭运往别处，或铸铜鼓需要的铅、锡等原料从外地运来，都十分方便。

3. 北流型铜鼓的铜料取自铜石岭

器形硕大的北流型铜鼓数量众多，铸造如此多的大铜鼓不仅需要大量的铜矿，而且需要锡矿和铅矿。这些矿料究竟来自何处，是迫切需要弄清楚的问题。

20 世纪 60 年代以来，应用铅的同位素研究古代器物，如青铜器、钱币、玻璃、颜料和陶釉等，在国外已有先例，人们利用古物中铅同位素比值的分布特征，相互联系，以及与矿料产地的关系，并结合文史资料，为研究古代社会的制造业、贸易、交通和文化交流等问题开拓了一条新的途径。我们也应用铅同位素质谱分析法成功地追溯了北流型铜鼓的矿料来源。

为了取样，广西壮族自治区博物馆作为项目团队代表向广西壮族自治区文化厅、中华人民共和国文化部文物局提出对三具属国家一级文物的铜鼓进行取样化验测定的申请：

自治区文化厅、文化部文物局：

　　中国科技大学、广西民族学院和我馆于前不久达成协议，决定合作进行铜鼓矿料来源及冶铸遗址研究。这课题是当前国内外学术界尚未解决的问题。通过微量元素分析，对广西铜鼓的铜的来源进行测定，并通过对北流铜石岭等遗址的遗物进行化验 ^{14}C 测定，突破在铜鼓研究上的一些难题。这不仅对弄清铜鼓的铸造地点、年代、哪个民族铸造以及铜矿的来源有一定的价值，而且对研究南方少数民族的文化历史发展，自然科学史的发展以及民族关系史都有重要意义。

最近，广西民族学院和我馆的有关同志经多次磋商，反复研究在对馆藏铜鼓进行逐个筛选后。拟定对三具属一级藏品的铜鼓就进行取样化验测定。为保持文物的完整性，取样时，我们尽量摄取残片或从铜鼓的残破处、毛疵部分或足沿刮取适量粉末。总之，做到不影响铜鼓的外观、音响及其他一切性能。

现将这三具铜鼓的情况列表如下：

编号	类型	时代	出土（采集）地点	藏品级别	取样部位
土 280 号	石寨山型晚期	西汉	广西西林	——	残片
贵罗 M1：10	同上	西汉	广西贵县	——	足沿
鼓 101 号	北流型早期	汉代	广西北流	——	足残部

此呈，请予批示。

广西壮族自治区博物馆

一九八五年十一月十五日

不久，文化部文物事业管理局作出回复，复函如下：

广西壮族自治区文化厅文物处：

你处 11 月 20 日转来的广西壮族自治区博物馆"铜鼓取样化验请示报告"收悉。关于该馆与广西民族学院拟对三具属一级藏品的铜鼓进行取样化验测定问题。我局经征求有关部门意见后认为，目前对文物进行分析鉴定应尽量采取非破坏性分析方法，尤其是对一级藏品的分析、鉴定尤应慎重，更需采取非破坏性分析法。最好选择与上述藏品同时代、同类型的二、三级品作试样，并尽可能从残片或残破处或隐蔽部位取样，不宜在足沿等明显部位取样，否则难免造成对文物的损伤。由于报告未说明具体采用哪种分析方法及具体分析仪器。因此难以判断分析时需刮取多少样品和对文物损伤的程度。故请该馆将具体采取何种方法进行分析，刮取多少样品一并报予我局后，再行商定。此复。

文化部文物局办公室

一九八五年十二月五日

抄致：广西壮族自治区博物馆

根据文化部文物事业管理局的意见，我们采集了北流型铜鼓 16 面，冷水冲型铜鼓 1 面，北流铜石岭及其邻区容县、桂平出土的古铜矿 3 个、古铜锭 3 个、古铜渣 1 个、古铅锭 1 个、含渣炼铜风管 1 个和北流县周围地区的铅锌矿 7 个和锡砂矿 3 个样品供研究之用，我们测定了这批样品的铜锡铅含量和铅同位素比值，然后应用分布场对比的方法来探索北流型铜鼓的矿料来源。

（一）实验方法

首先对样品进行化学成分分析，所用的方法是原子吸收光谱法和电子探针法，后者采用多点测试，标样校正，对铜锡铅的常量分析误差优于 1%。

化学成分分析结果显示，北流型铜鼓普遍含有铅，这些铅又包含有 4 种同位素，即 ^{204}Pb，^{206}Pb、^{207}Pb、^{208}Pb，其中 ^{204}Pb 为非放射性成因，而 ^{206}Pb 和 ^{207}Pb 是由 ^{238}U 衰变而来的，^{208}Pb 是由 ^{232}Th 衰变而来的。古代铜鼓中的铅一般都相应地来自一定的矿石铅，因为在冶矿、熔铸等生产过程中，它仍能保持原产地的铅同位素组成不变，所以测定其比值为寻找原矿产地提供了重要线索。

采用电解沉积铅的方法，分离和富集上述样品中的铅，以作为质谱分析用的纯铅样品。首先，将 10 毫克的试样经稀酸剥洗以清除外来铅的污染，并用去离子水洗净。然后，以 1：1 的硝酸溶液样品，取离心后的溶样清液、蒸干，再加入几滴 4：1 的硝酸和高氯酸（总浓度为 0.025N）溶解。兑入 20 毫升去离子水移至电解池内。插入 φ2mm 的一对铂电极，在 1.8 伏条件下电解，数分钟后，即在

阳极上沉积出 PbO_2，该沉积物溶于 1N 的 HNO_3 内（加几滴过氧化氢），蒸干此溶液，即可待质谱分析之用。

电解沉积铅的反应式为

$$Pb^{2+}+Cu^{2+}+2H_2O \xrightarrow{\text{电解}} PbO_2+Cu+4H^+$$

阳极　　　　　　　　　　　阴极

实验中用的质谱仪为 VG-354，是英国 MICROMASS 公司的产品，具有高灵敏度和高分辨本领，分析铅同位素时使用 4 个接收器，一次装样十多个，可进行全自动实验操作。在本次实验中，33 个样品的 $^{208}Pb/^{204}Pb$、$^{207}Pb/^{206}Pb$、$^{208}Pb/^{206}Pb$ 的相对标准误差分别为小于 0.05%、小于 0.01%，而且在实验过程中穿插做了 NBS-981 国际标准铅样品，$^{208}Pb/^{204}Pb$、$^{207}Pb/^{206}Pb$、$^{208}Pb/^{206}Pb$ 分别为 16.933、0.91433 和 2.1673，这与文献值的相对误差为小于等于 0.3‰，由此说明实验结果是可靠的。由于实验结果是经过国际标样铅对比过的，因此实验数据可与国内外的同类结果进行对比。

（二）实验结果及所说明的问题

在进行矿料来源研究的过程中，所取的 16 面北流型铜鼓样品均出土于北流县及其邻区，其中仅有一面铜鼓属红铜制品（鼓 308），其铅锡含量小于 2%；而鼓 34、鼓 55、鼓 60、鼓 139、鼓 146、鼓 156、鼓 157、鼓 161 等八面鼓属锡青铜鼓（Sn 大于 2%，Pb 小于 2%）；鼓 32、鼓 35、鼓 56、鼓 115、鼓 140、鼓 143、鼓 163 等 7 面铜鼓属铅锡青铜鼓（Sn > 2%，Pb > 2%）。

铜锡铅成分的变化是铜鼓制作工艺演化的一个重要标志。一般认为早期的铜鼓由纯铜（又称红铜）制作为多数；随着合金的优越性被人们逐步认识，中、后期的铜鼓采用铜锡合金及铜锡铅合金的占大部分，只要适当选用合金比例，就可制造大型薄壁铜鼓。

16 面铜鼓的成分变化，可以粗略地反映整个北流铜鼓从早期（汉代）延续至晚期（隋唐），约 700～800 年的时代变迁，为此对这批样品的研究具有普遍性。

（1）16 面北流型铜鼓的铅同位素比值分布得比较集中，$^{207}Pb/^{206}Pb$ 比值为 0.842～0.858，$^{208}Pb/^{206}Pb$ 为 2.09～2.12，变化均不超过 2%，而其中北流县出土的 5 面铜鼓的 $^{207}Pb/^{206}Pb$ 比值平均值为 0.846，$^{208}Pb/^{206}Pb$ 平均值为 2.10（图 7-9）。从这些铅同位素比值变化范围小，以及北流县铜鼓铅同位素平均比值落在北流型铜鼓之间，可以推断它们所用的矿料来源比较集中，可能来自某处地点及其毗邻地区。

冷水冲型铜鼓（鼓149）的铅同位素比值远离北流型铜鼓比值的分布范围，加之该鼓出土于广西南宁市宾阳县，远离北流一带，说明它可能有其他的矿料来源。

（2）图7-10展示了来自北流铜石岭、容县和桂平等四处遗址的古铜矿、古铜锭和古铜矿渣的铅同位素比值分布图。结果显示北流的2个古铜矿和1个古铜锭的实验数据也比较接近，这表明出土的古铜锭确由当地的铜矿料冶炼而成。另外，来自容县的古铜锭和古铜矿的实验数据也比较接近，而桂平的古铜锭数据则偏离了上述两组数据，由此可见，用铅同位素来揭示矿料的分布性还是有一定的规律性的。

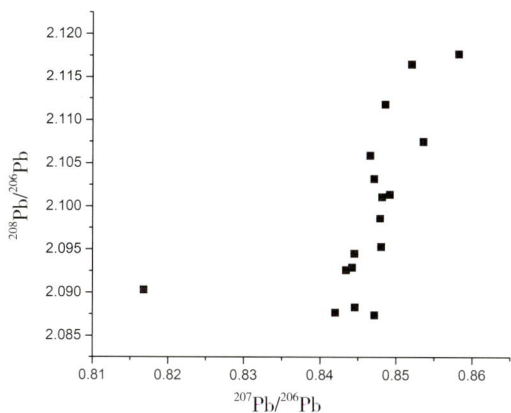

图7-9　北流型铜鼓的铅同位素比值分布图

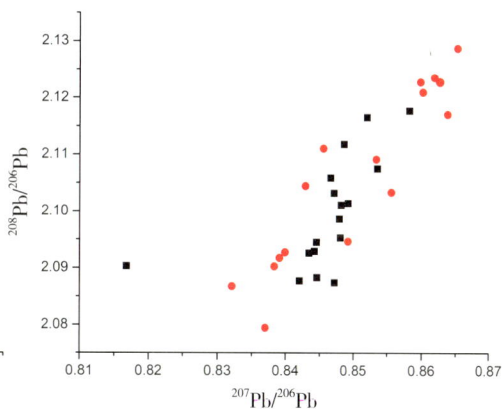

图7-10　北流铜石岭及其周围地区出土的古铜锭、古铜矿石、古铜矿渣的铅同位素比值分布图

可喜的是，由古铜矿和古铜锭的铅同位素构成的分布区覆盖了几乎整个铜鼓的分布场，又从铜鼓的实验点来看，其又比较集中在铜石岭及毗邻的容县西山和石头乡的古铜矿和古铜锭的铅同位素比值分布区内。由此，可进一步地推断广西北流型铜鼓的矿料也主要来自这些地区。

（3）所研究的16面北流型铜鼓中有7面属铅锡青铜制成，目前，人们普遍地认为这些含铅量大于2%的青铜样品是用外来的含铅矿料合铸而成的，那么这些含铅矿料从何处来？项目团队曾在北流市民乐镇采集到一些铅锌矿料，但含铅量为 0.11%，不宜作为铅的原料。项目团队又在北流县邻区的 5 处采集了 7 个铅锌矿样品，一个古铅锭和一个带有残渣的炼铜风管（含铅 4%），其铅同位素比值的变化范围可达到 4%，比铜鼓的变化范围大，这说明北流型铜鼓中的铅矿料可能来自北流邻近地区的含铅矿料。值得注意的是，其中有 2 个样品（鼓 35，鼓 115）含铅量高，分别为 5.5% 和 21.5%，但这两个样品的实验点正好落在由铅矿料构成的分布场内，由此可见，铜鼓中的含铅矿料可能来自北流周围地区的看法是比较可信的。

样品中的一个古铅锭出土于容县的石头镇，与它一起出土的还有古铜锭，但这两个样品的铅同位素比值相差很大，这说明它们是来源于一个含铜铅共生多金属矿床。古铅锭的铅同位素比值也与容县自良的铅锌矿相差很大。从目前的实验数据来看，古铅锭的铅矿来源不一定在出土的容县地区，它可能来自与其同位素比值相邻近的邻区，如横县（今横州）、博白或岑溪等处，如果这点确定，那么邻区冶炼出铅锭，再运到北流铜石岭或容县一带铸造铜鼓，也就成为可能。

（4）从 16 面北流型铜鼓的成分分析来看，有 15 面含锡量大于 2%，其中最高的可达 22%。在实地考察中，收集到北流石窝镇及其邻区博白，桂平出土的锡砂矿料，经化学分析，它们含锡量高达 15%～64%，有可能为铸造铜鼓提供了锡的矿料来源。

（5）综合上述讨论，以铅同位素作为"指纹"，由实验结果推断出广西北流型铜鼓的矿料是来源于北流铜石岭及其邻区，如容县、岑溪等地。这个结果与文献资料及野外考察是一致的。

4. 铜石岭研究故事

我国学者对于铜鼓的研究已有很久的历史，早在范晔写的《后汉书》中就记载有马援"好骑，善别名马，于交趾得骆越铜鼓，乃铸为马式，还上之。"这是我国史籍最早的铜鼓记录。此后，唐代刘恂的《岭表录异》和宋代范成大的《桂海虞衡志》、周去非的《岭外代答》等著作，对广西和广东的铜鼓出土情况、铜鼓的特点等问题作了描述，为研究岭南铜鼓历史源流和特点提供了可贵的历史资料。从5世纪的范晔所写的《后汉书》到现在已有1500余年，有关论述铜鼓的著作不下数十种。

西方学者研究铜鼓始于19世纪80年代。1884年，德国考古学家迈尔（A. B. Meyer）发表了《东印度群岛的古代遗物》一书，介绍在东印度群岛发现并保存在欧洲的铜鼓。此后一百多年来，论述铜鼓的著作不绝。1898年，迈尔和他的助手夫瓦（W. Foy）合作写了《东南亚的青铜鼓》；1904年，夫瓦又写了《东南亚的古代铜鼓》一文。1900年，荷兰汉学家狄葛乐（De. Groot）发表了《东印度群岛和东南亚大陆铜鼓考》。最有成就的是奥地利学者黑格尔（F. Heger），他于1902年在莱比锡出版了《东南亚古代金属鼓》一书，他收集了165面铜鼓的资料，将铜鼓分为四式和三个过渡形式，该书是一部集铜鼓研究之大成的著名作品。法国人戈露波（V. Goloubew）写有《关于铜鼓的起源和流布》与《东京和安南北部的青铜时代》，他认为铜鼓的发源地在安南，而铸造工艺则受到中国工人的影响。

总之，中外学者撰写的铜鼓论著都涉及铜鼓的形制、分布、年代、铸造工艺、族属等问题，唯独对铜鼓的铸造地点和矿料来源涉及较少，这也是当前铜鼓研究中的一个难题。既无考古发掘资料，又无历史记载，尽管考古学家和铜鼓研究者多少年来呕心沥血，付出了很大的劳动代价，问题仍然没有得到解决。

世界上已发现2000面古代铜鼓，它们究竟是在哪里铸造？为寻找这个答案，我国于1985年成立了铜鼓铸造地点和矿料来源课题小组，参加这一研究的有广西民族大学、中国科技大学、广西壮族自治区博物馆等单位的物理、化学、考古、历史、民族等方面的专家。课题小组首先对北流型铜鼓抽样进行常规分析，在此基础上富集样品中的铅，并对其铅同位素比值进行测定。课题小组还到北流、容县进行实地考察，经过综合分析研究，证实北流铜石岭遗址不仅是采矿冶铜遗址，而且也是铸造北流型铜鼓的遗址。

从寻找北流型铜鼓铸造遗址开始是由以下五个条件决定的：第一，北流型铜鼓主要分布于以北流为中心的地区，而北流在广西，便于研究和考察；第二，广西出土的北流型铜鼓最多，大多保存在广西壮族自治区博物馆，取样品和做实验方便；第三，广西壮族自治区博物馆文物工作队在1966年发现北流铜石岭是汉晋冶铜遗址，为研究北流型铜鼓铸造地提供了新的信息和考古资料；第四，北流型铜鼓体形硕大，工艺精良，世界铜鼓王（水埇庵铜鼓）即出于北流，研究北流型铜鼓的铸造对弄清铜鼓铸造技术和壮族先民的铸造史有着重大意义；第五，北流型铜鼓的年代众说纷纭，尚未完全解决，有的学者作过推断，但证据仍不够充分，如果北流型铜鼓铸造遗址确定了，解决年代问题的材料将更加充分，结论将更加准确。

铸造大批的北流型铜鼓，需要有大量的原料。铸造铜鼓最主要的金属原料是铜，在古代，这种铜的来源不可能完全仰仗于外地输入，而主要是依靠开采和冶炼当地的铜矿。

那么，在北流型铜鼓分布范围内，古代是否有铜矿的开采和冶炼呢？

《旧唐书·地理志》载唐铜陵县汉属合浦郡，"界内有铜山"。唐平萧铣之后，于武德四年（621年）在今广西北流、容县一带置铜州，就是因为州境出铜的缘故。铜州故城，在"今县治东二里金龟山下"。民国二十四年（1935年）修纂的《北流县志》载："铜石山，县东二十里，层峦耸秀，石皆紫色，南面整齐无边，亭亭如伞，又名朗伞石。大小二山，远望一大者，高数百丈，山顶宽平，上有灵池，四季不涸，有稻田十余亩，别饶风景。唐初建铜州，是从此山名之，洵县城下游之砥柱也。"今北流市东北13千米的铜石岭，就是县志上所说的铜石山。

20世纪60年代，广西壮族自治区地质局第六地质队在对北流铜石岭进行地质普查时，发现了7口古矿井。经地质钻探，发现铜石岭地下有不同成因类型和产在不同层位、矿化不一致的原生和次生淋滤铜矿。当时清理了3口矿井，发现矿井深达20多米，井中有许多木质支架，井上的地面有许多孔雀石碎块。广西冶金研究所和中华人民共和国冶金部矿冶研究院分别对铜石岭采集的矿石进行化验分析，结果显示硅孔雀石含铜量为2.85%，孔雀石含铜量则高达46.25%。这种矿石，只要同木炭一起加热，就可以还原出铜来。由此可以推知，铜石岭是古代的采矿场。但是，这些矿井还没有进行考古发掘，无法判断当时采矿的具体情况。1966年初，广西壮族自治区文物管理委员会玉林地区文物普查组到北流县进行文物考古调查，发现铜石岭是一处规模很大的古代采矿炼铜遗址。遗址分布在大铜石岭、小铜石岭和会岭台山约3平方千米的范围内。在铜石岭山麓下的大小山坡上，到处散布着炉渣，还有不少残炉壁和残断的鼓风管（图7-11），以铜罂山、塘峡屋背、杉木山、冲头岭丫、大社铜山窝等处的炉渣最多。

图 7-11　铜石岭出土的遗物

　　铜石岭遗址堆积一般厚 0.1 ～ 0.4 米，最厚的可达 1 米。但在 20 世纪 70 年代，由于一些单位大量收购炉渣，当地群众到遗址上掏挖，遗址受到了严重破坏。嗣后又有人在此遗址上开荒种树，种庄稼，使遗址再次受到破坏，原堆积层几乎扰乱殆尽。

　　1977 年冬和 1978 年春，广西壮族自治区文物工作队会同北流县文化局，对遗址做了 2 次试掘，第一次开 10 米 ×1 米探沟 1 条，第二次将原探沟扩大，并另开 4 条小探沟。2 次试掘共揭露面积 250 平方米。发现炼炉 14 座，灰坑 9 个，排水沟 2 条，采集到一批鼓风管、炉渣、铜锭、铜矿石、陶片等遗物（图 7-12）。

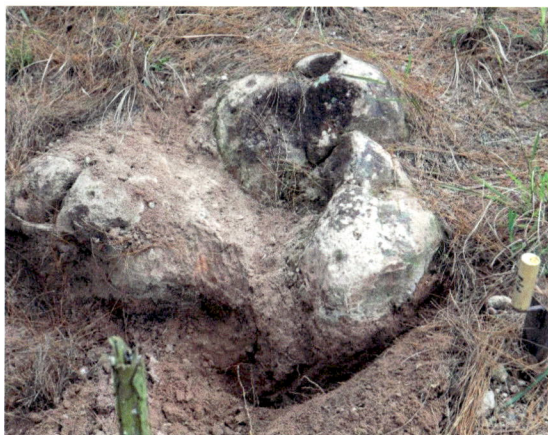

图 7-12　铜石岭遗址的残存炼炉

　　炼炉密布于山坡上，有不少炉子距离只有 10 余厘米，但排列有一定规律，一般两个相对而立。炉座深入生土层，炉身已残，炉壁用黏土掺和石英砂及稻秆等耐火材料制成，炉底靠山下的一侧为圆形流口，流口前的地面上有一片红烧土，应是清除炉渣时地面受高温烧烤而成。炉腔内充填灰烬炭屑，未发现其他遗物。炼炉形体小，炉壁薄，结构简单，采用内热法进行冶炼，以木炭为燃料，使用人工向炉内鼓风，可见冶炼方法比较原始落后。

铜石岭出土的鼓风管，系用黏土、石英砂掺上谷壳或稻草做原料手工制作而成，呈圆筒形鼓风管，内径为 3 ~ 5 厘米。有北京钢铁学院对鼓风管作了矿相检验，证实其主要成分除石英碎屑及黏土外，偶见赤铜矿及孔雀石，说明它们是炼铜炉上的鼓风管。

在大铜石岭山麓的山脚下，沿圭江东岸的阶地上，课题小组考察时发现沿途遍地是炉渣，炉渣分布区南北长约 2 千米，东西宽约 250 米。炉渣数量多，大小不一，形状均匀光滑，似玻璃状的碎块及薄片，呈黑色或褐色。北京钢铁学院（今北京科技大学）地质教研室对铜石岭遗址的炉渣作矿相检验，证实炉渣为炼铜炉渣，其含量主要是二氧化硅，含铜量在 0.50% 左右，5 个渣样的平均值为 1.07%。经广西冶金研究所化验室化验，其化学成分为铜 0.65%，铅 1.56%，锌 2.72%，铁 9.70%，硅 45.86%。湖北大冶铜绿山春秋早期炼渣中含铜平均为 0.70%。世界上一些地区发现属于青铜时代晚期的炼铜渣，含铜量一般高于 0.70%，最高达 12.00%。在铜石岭出土的一块铜锭，经广西冶金研究所分析，其化学成分为铜 98.680%，铝 0.142%，砷 0.230%，锑 0.685%。这些都说明铜石岭炼炉虽然原始落后，但工匠们有较高的技术水平和较丰富的炼铜经验。

铜石岭遗址发现的木炭，经中国社会科学院考古研究所 ^{14}C 实验室实验测定，其树轮较正年代为距今 1910 ± 90 年，灰坑中出土的水波纹、弦纹陶器，双耳白陶罐、青瓷器，说明铜石岭的冶铜遗址的年代是西汉至唐代，这在前面论述年代问题时作了详细介绍，在此不赘述。

综合以上情况可以推断，北流铜石岭铜矿在西汉就已开始采掘了，同时加以冶炼，大约东汉、南朝时期是其最繁荣的时期，往后也可能还延续使用了一段时间。北流铜矿冶炼的时代正好是北流型铜鼓大量铸造、流行的时代，它的兴盛繁荣很可能直接与俚人铸造北流型铜鼓有关。

1992 年 4 月，蒋廷瑜、蓝日勇到容县鉴定文物，随即考察铜石岭。在山的西坡，他们除了采集到铜矿石、矿渣、残风管和水波纹、弦纹陶片，还在一处冲沟采集到支撑矿坑的横梁木和槌打木桩的木槌各 1 件（图 7–13）。横梁木也可能是地梁木，一端已残，残长 48 厘米，直径 5 厘米左右，端头 9.5 厘米处被削去一半，形成明榫，以便平搭在立柱上。横梁木表面布满绿锈，说明其原在矿坑中长期与矿体接触。木槌以天然树节作槌头，长33厘米，槌头扁圆，宽约10厘米，厚约4厘米，两侧都有夯击的凹窝，槌柄圆滑，直径4.0～4.2厘米。横梁木和木槌的发现，说明这处遗址不但是冶炼铜遗址，而且是开采铜矿的遗址，为寻找古代矿井提供了可靠的线索。

图7-13 1992年4月蒋廷瑜、蓝日勇考察铜石岭（左）及发现的横（地）梁木和木槌（右）

1997年2月，中日铜鼓研究课题组的蒋廷瑜、罗坤馨、吉开将人到铜石岭考察，在20世纪70年代发掘过的塘夹村侧的冲沟南坎发现一处残炉灶，其直径33厘米，底厚45厘米（图7-14）。

图7-14 在冲沟南坎发现残炉灶（吉开将人摄）

1997年3月，蒋廷瑜、彭书琳陪同香港古物古迹办公室邹兴华到北流铜石岭参观和考察，发现炼渣和风管，还发现一圆形石臼，这个石臼和炼炉一样大，深36厘米（图7-15）。相距一米处，又看到同样的一处石臼，只是下半部崩塌了，该石臼南侧一面平石上凿了两行小圆窝，每行六个杯纹（图7-16）。

图7-15 在大铜石岭北侧的小山峰
发现石臼（彭书琳摄）

图7-16 铜石岭遗址的杯纹石刻

2001年5月，万辅彬、蒋廷瑜与时任中国科学院自然科学史研究所所长陈久金结伴，再次考察铜石岭。一行人来到1997年发现的石刻石凿痕迹的地方，石臼和小圆窝依在。这次还专门到容县公园考察了唐代贞元十二年（796年）容州铸造的开元寺铜钟。

下面从铜石岭考古发掘的实据、对铜石岭遗址附近的考察、史书记载赵佗在铜山"铸铜"及北流古代铸铜技术等方面，进一步论证北流铜石岭就是铸造北流型铜鼓的遗址。

（1）铜石岭考古发掘的实据

在论述北流型铜鼓矿料来源时，已通过铅同位素比值法详细论证了铜石岭的铜矿以及由此炼出的铜就是北流型铜鼓的铜料来源之一这一事实。

（2）对铜石岭遗址附近的考察

与铜石岭遗址隔圭江相望的容县西山，也有汉晋冶铜遗址，绵延十多个山岭都有铜渣堆积，以莲塘村背后的山岭最多。这一遗址与铜石岭几乎连成一片，两处遗址出土的陶器印纹多为汉代常见的方格纹和水波纹（图7-17）。

图7-17 铜石岭与西山冶铜遗址示意图

据分析，西山遗址出土的古铜矿渣的铅同位素比值，与铜石岭出土的古铜矿、铜渣的铅同位素比值十分接近。在同一分布场，从大的范围看，西山汉晋冶铜遗址与铜石岭遗址山岭相连，实为同一铸铜遗址。

在西山西北面的容县石头乡月镜岭下，于1975年出土饼状铅锭3块，重约8千克（图7-18）；另出土铜锭20多块，共计重约15千克。铅锭的发现很有意义，铅是北流型铜鼓的重要合金成分，铅锭和铜锭在月镜岭同时出土，有力地说明这个地方曾经铸过铜鼓。从石头乡再往西北几千米就是桂平县的罗秀乡，在那里也出土了2块铜锭，并且发现了古代冶铜的矿渣。

图 7-18　容县石头大桥出土的铅锭

我们把北流铜石岭、容县西山和石头乡以及桂平县的罗秀乡在地图上标出来，恰好能连成一条线，它们均位于大容山山区，这一带均是出土北流型铜鼓较多的地方。上述情况表明，铜石岭及其附近有很多铜鼓铸造点，随着今后考古发掘工作的深入，定会有更多的新发现（图7-19）。

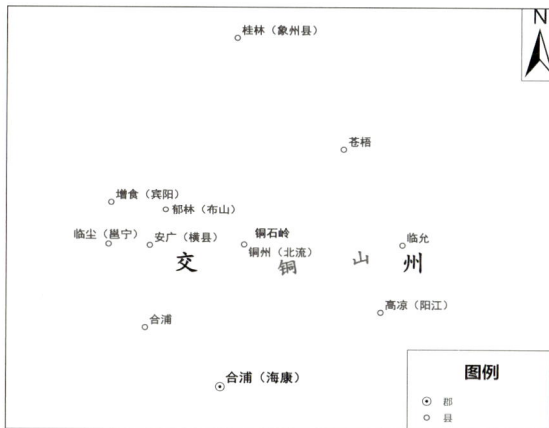

图 7-19　"铜山"位置示意图

（3）北流古代铸铜技术精湛

考古发现告诉我们，北流地区铸铜业在汉代就已兴旺发达。中华人民共和国成立后，广西有 18 个县（区、市）出土北流型铜鼓，广东则有 10 个县（区、市）出土，而以广西的北流、容县，广东的信宜最为密集。世界最大的铜鼓鼓面可横卧身高 1.65 米的成年人，通身铸有精细的云雷纹，可见汉代北流俚人铸鼓技术的高超。他们的冶炼技术也是惊人的，铜石岭出土的炉渣含铜量很低，而铜锭的含铜量高达 96.94%。北流地区的冶炼和铸铜技术一直延续下来。现藏于容县的唐代景子钟，铸造于唐贞元十二年（796 年）的容州开元寺。钟上铸有"贞元十二年岁在景子十一月廿二日已酉当道经略使守容州刺史兼御史中丞房孺复与幕府及诸大将等于开元寺敬铸鸿钟一口重三千五百斤永充供养"。铜钟通高 1.83 米，身围 3.25 米，口径 1.09 米，重 1750 千克。钟身铜色光润，体形浑厚庄重，中部铸有四朵圆形花瓣纹，浮雕纵横，弦纹豪放流畅，继承铜鼓花纹的风格，可见唐代容县铸铜技术之精良，应是汉代铸造铜器技术的发展（图 7-20）。武德四年（621 年）在今北流市北部 1 千米的古城村设铜州，管辖北流和容县。如今铜州故城城墙仍存断壁，城周方圆 10000 平方米，南依圭江，与铜石岭遥遥相望，这使人们极易联想到汉唐时期北流冶炼铜矿和铸造铜鼓的繁荣景象。正因为如此，唐代将这里设为"铜州"。

图 7-20　容县开元寺铜钟

（4）铜石岭应是俚人铸造铜鼓的场地

史书记载，汉代俚人在岭南铸造铜鼓，这些铜鼓应是北流型铜鼓，北流铜石岭乃是俚人铸造铜鼓工场之一。

晋人裴渊的《广州记》记载："俚僚铸铜为鼓，鼓唯高大为贵，面阔丈余。"这种铜鼓的特点是既高又大，而北流型铜鼓的体形硕大，世界"铜鼓王"就是北流型铜鼓，裴渊讲的俚人所铸的铜鼓，应该包括北流型鼓。

古代俚人崇拜雷神，云雷纹为俚人所爱。任何艺术都是人们思想观念的反映，北流型铜鼓上的云雷纹，是古代俚人崇拜雷神的观念在艺术造型上的反映。

俚人是汉唐时期的民族。史籍记载，汉代俚人活动的广东西南部和广西南部等地，正是北流型铜鼓分布的地区。直到东汉末年和三国初年，俚人仍然分布在"广州之南，苍梧、郁林、合浦、高凉五郡中央，地方数千里"，即今广西苍梧、贵港，以及广东湛江、阳春之间的云开大山区，这正是今日出土北流型铜鼓最多的地区，也是汉代铸造铜鼓的铜山所在地区，20 世纪 60 年代在北流发现的铜石岭铸铜遗址就是在这个范围之内的，它应是"俚僚铸铜鼓"的地点之一。

综合上述，充分说明北流铜石岭及其周围一带等汉晋冶铜遗址，也是铸造铜鼓的遗址。这仅仅是我们初步的看法，有关结论，还有待继续深入探索。

参考文献

[1] 中国古代铜鼓研究会.中国古代铜鼓 [M].北京：文物出版社，1988.

[2] 姚舜安，万辅彬，蒋廷瑜.北流型铜鼓探秘 [M].南宁：广西人民出版社，1990.

[3] 蒋廷瑜.古代铜鼓通论 [M].北京：紫禁城出版社，1999.

[4] 徐恒彬.俚人及其铜鼓考 [C]//中国古代铜鼓研究会.古代铜鼓学术讨论会论文集.北京：文物出版社，1982.

[5] 何纪生.北流型铜鼓初探 [C]//中国古代铜鼓研究会.古代铜鼓学术讨论会论文集.北京：文物出版社，1982.

[6] 朱明，陆义彬.我国首次发现北流铜石岭古铜鼓铸造遗址 [J].广西民族学院学报(哲学社会科学版)，1987(4)：10.

[7] 彭子成，万辅彬，姚舜安.广西北流型古代铜鼓的铅同位素考证 [J].科学通报，1988(5)：360-364.

[8] 李世红，万辅彬，农学坚.古代铜鼓调音问题初探 [J].自然科学史研究，1989，8(4)：333-340.

[9] 李世红，万辅彬.北流型铜鼓调音问题初步研究 [J].南方民族考古，1990：121-128.

[10] 万辅彬，姚舜安，李世红，等.古代铜鼓矿料来源的铅同位素考证 [J].物理，1990(3)：148-152.

[11] 李世红，万辅彬，农学坚.南方古代铜鼓调音刮痕的探讨 [J].文物，1991(10)：76-80.

[12] 邱明.试论"蛙鼓"与蛙饰 [C]//中国古代铜鼓研究会.铜鼓和青铜文化的新探索——中国南方及东南亚地区古代铜鼓和青铜文化第二次国际学术讨论会论文集.南宁：广西民族出版社，1991.

[13] 万辅彬，李世红，蒋廷瑜，等.世界铜鼓之王——北流型101号铜鼓铸造工艺研究 [J].文物保护与考古科学，1995(1)：11-20.

[14] 李世红.北流型101号铜鼓复原研究 [J].自然科学史研究，1997(4)：384-389.

［15］郭立新.论冷水冲型、北流型与灵山型铜鼓的关系［J］.广西民族学院学报（哲学社会科学版），1997（3）：78-81.

［16］陈文.岭南地区铸造古代铜鼓略考［C］//中国古代铜鼓研究会.铜鼓和青铜文化研究——中国南方及东南亚地区古代铜鼓和青铜文化第四次国际学术讨论会论文集.贵阳：贵州人民出版社，2001.

［17］吉开将人."印模铸造纹饰工艺"在铜鼓研究的重要性——兼论"敲痕"和制作地点问题［J］.中国古代铜鼓研究通讯（第十五期），1999：33-35.

［18］邱钟仑.漫谈北流型铜鼓年代上限的推断［J］.中国古代铜鼓研究通讯，2000（16）：44-46.

［19］李延祥，黄全胜，万辅彬.广西北流铜石岭容县西山冶铜遗址初步考察［J］.有色金属，2007（4）：175-179.

［20］蒋廷瑜，彭书琳.骆越铜鼓调音研究——骆越文化研究系列之二十四［J］.广西社会主义学院学报，2020，31（5）：82-85.

［21］蒋廷瑜，彭书琳.海南岛铜鼓来源试探——骆越文化研究之十八［J］.广西社会主义学院学报，2020，31（2）：86-91.

［22］申欣."铜鼓王"出土地点考察记［J］.中国古代铜鼓研究通讯，2002（18）：47-48.

［23］覃彩銮.广西北流铜石岭汉代冶铜遗址的试掘［J］.考古，1985（5）：404-410，403.

附录

1. 北流型铜鼓出土记事

北流型铜鼓历史悠久，唐僖宗乾符年间广东高州牧童掘蛮酋冢得铜鼓（《岭表录异》）。宋嘉泰初年，广东高州县民于地中得铜鼓。

宋人周去非《岭外代答》载："广西土中铜鼓，耕者屡得之。"明景泰三年（1452 年）北流县舟人自铜鼓潭中获得铜鼓。弘治十二年（1499 年）博白县铜鼓潭也出一铜鼓。正德十年（1515 年）博白县铜鼓潭又得一铜鼓。万历三十二年（1604 年）茂名高田村溪水冲出铜鼓。万历四十五年（1617 年）浔州白石山土人开垦获铜鼓。

清《北流县志》载雍正八年（1730 年）北流有铜鼓出土；乾隆年间玉林城北谷山村有铜鼓出土；嘉庆二年（1797 年）北流石一里庞坡上有铜鼓出土；道光六年（1826 年）在北流县卞一里、十八年（1838 年）在北流县扶来里大伦村分别有铜鼓出土。《郁林州志》载，雍正十年（1732 年）郁林县六西村有铜鼓出土；道光二十一年（1841 年）在玉林城西荔枝根旺岭山旁有铜鼓出土；道光二十六年（1846 年）在玉林腾龙堡，三十年（1850 年）在北流新圩也分别有铜鼓出土；同治七年（1868 年）在玉林镇武山有铜鼓出土。

清康熙年间广东阳江县铜鼓岭掘得铜鼓。清雍正五年（1727 年）广东茂名鹤洞水冲出铜鼓。

有关因开荒种地、打井修渠而无意中挖到铜鼓的事例不胜枚举。清谢启昆在《铜鼓歌》中说："唐宋以来代有作，罗获多从渔与耕。"

据《合浦县志》记载：清光绪四年至五年间（1878—1879 年）渔人于白龙城南门外二里许烟墩岭海沙内挖出铜鼓五面。

中华人民共和国成立以来，也陆续发现北流型铜鼓，其简况如下。

（1）1972 年出土北流担水岭铜鼓

1972 年 11 月，北流县大坡外小学组织学生在大坡白马山东坡劳动，挖到一面鼓面直径 70 厘米、残重 37 千克的铜鼓。1976 年 9 月 28 日，北流县六靖公社镇南大队甘竹塘6人在泽塘岭开荒造地时挖到一面铜鼓。1977年5月8日,北流县六靖公社镇南大队长塘生产队在担水岭四捞化西坡中部挖到一面鼓面直径90厘米的大铜鼓。

（2）1980年出土北流高坡铜鼓

1980年,北流县白马公社（今白马镇）金头村高坡屯社员邓进瑞在村南览嘴岭半山腰锄地时挖出铜鼓。该鼓鼓面直径57.5厘米,鼓身高30.5厘米,重15千克。鼓面中心饰太阳纹六芒,边沿顺时针环列四只蛙饰。胸腰间缠丝有环耳两对（一耳残缺）,耳根有三趾纹。鼓面饰云纹、雷纹,身饰雷纹、雷纹填线纹。足已残。现为北流市博物馆馆藏19号藏品。

（3）1983年出土北流六月化铜鼓

1983年5月中旬,北流县石窝镇煌炉村旺祖屯村民吕培雄在六月化岭除草时挖出一面完好的铜鼓。该鼓鼓面直径约112厘米,鼓身高59.5厘米,重111.5千克。鼓面中心饰太阳纹（八芒）。鼓面沿顺时针环列六只蛙饰。胸腰间有缠丝环耳两对。鼓面、鼓身皆以三弦分晕,饰云纹、雷纹逐层相间（附录图1-1）。该鼓已上交北流县博物馆,被编为馆藏23号藏品。

附录图1-1　北流六月化铜鼓（王梦祥摄）

（4）1984年出土信宜大垌乡观二村铜鼓

1984年3月8日，广东省信宜县水口区大垌乡青年农民吴敬胜在该乡观二村一块叫大地的水田上种地时，在距地面1.2米左右的深处挖出一面北流型铜鼓。该鼓鼓面宽于鼓身，鼓面直径为71厘米，鼓身高42厘米，重28千克，鼓面三弦分晕，共五晕，有裙边。鼓面中央凸起一个圆饼形的太阳光体，有六条细小而纤长的光芒，太阳光体的直径为4厘米。鼓面四周有四只等距离排列的蛙饰，形态生动，三只为逆时针方向，其中一只则为顺时针方向。由于腐蚀严重，鼓面的拓本模糊不清，仅可辨识部分，整个鼓面的纹饰为雷云纹。鼓身分胸、腰、足三部分，纹样微细清晰，三弦分晕，晕间饰以菱形云雷纹。胸腰之间有四个环耳，两两相对。鼓身内壁平整，但在鼓面内正中有凹下圆形套扇形的图案，是调音时铲凿留下的痕迹，图案外圆直径为24厘米，内圆直径为18厘米，正中小圆点直径为3厘米（附录图1-2）。该鼓现藏于信宜市博物馆。

附录图1-2　信宜大垌乡观二村铜鼓

（5）1988年出土钦州鹿耳环铜鼓

1988年，在钦州犀牛脚镇鹿耳环村南海边沙滩上出土一面云雷纹铜鼓。该鼓鼓面直径 90 厘米，残高 16 厘米，重 39.5 千克。鼓面中心饰太阳纹（七芒）。鼓面沿逆时针环列六只蛙饰。胸腰间有缠丝纹环耳两对，耳根有三趾纹。

（6）1992 年出土北流垌尾铜鼓

1992 年 1 月 7 日，北流县白马镇黄金村垌尾屯黄金村民李荣清在其果园锄地时挖出一面大铜鼓。该鼓鼓面直径 104 厘米，鼓身高 58 厘米，重 107.5 千克。鼓面中心饰太阳纹（八芒），鼓面边沿环列四只蛙饰，两两相对。胸腰间有环耳两对，耳根有三趾纹。鼓面饰雷纹，鼓身饰填线雷纹，皆以三弦分晕。鼓足一部分残缺（附录图 1–3）。该鼓由北流县博物馆收回，编为馆藏 21 号藏品。

附录图 1–3　北流垌尾铜鼓（下图为王梦祥拍摄）

（7）1993 年出土北流寨顶铜鼓和北海崇表岭铜鼓

1993 年 1 月 20 日，北流县平政镇六沙村寨顶屯村民陈开宫挖宅基地时发现一面铜鼓，保存完好。该鼓鼓面直径 88 厘米，高 51.5 厘米，重 55.5 千克。鼓面中心饰太阳纹（八芒），鼓面边沿逆时针环列四只蛙饰。胸腰间有环耳两对。鼓面、鼓身都饰云纹、雷纹（附录图 1-4）。北流县博物馆将其编为馆藏 22 号藏品。

附录图 1-4　北流寨顶铜鼓（王梦祥摄）

　　1993 年 1 月 31 日上午，北海市郊区农民林绍伟在西塘乡禾沧桑村公所崇表岭村东南面约 1 千米的海边沙滩取沙时，在深约 60 厘米处挖到一面铜鼓。这面铜鼓出土时鼓面向下，鼓足朝天，内面填满海沙。鼓面直径 83 厘米，鼓身通高 48.5 厘米，鼓面边沿顺时针方向环列四只蛙饰；各晕花纹图案是羽状纹、云纹和四出钱纹，晕圈窄而密，遍饰雷纹填线纹，胸腰间有缠丝纹环耳两对（附录图 1-5）。

附录图 1-5　北海崇表岭铜鼓（王梦祥摄）

（8）1994年出土陆川坡尾铜鼓和北海红九匡铜鼓

1994年1月29日，陆川县乌石镇坡脚村坡尾队村民在山坡上锄地挖出一面铜鼓。鼓高42厘米，鼓面直径76厘米，重30.5千克。鼓面中心饰太阳纹（八芒），每四芒间隔较大，芒间饰回形雷纹。三弦分六晕，均饰圆形雷纹；鼓面沿顺时针方向环列四只蛙饰，均四足突眼，体小素面；鼓面边沿伸出鼓胸并下折。鼓身晕圈密集，除胸、腰、足上下为一弦外，余均三弦分晕，共三十晕，内饰回形雷纹。胸腰间置环耳两对。鼓身有多个破洞，鼓足残缺不平（附录图1-6）。据形制与纹饰推断，该鼓应属北流型铜鼓，现藏于陆川县文物管理所。

附录图1-6　陆川坡尾铜鼓

1994年5月25日，北海市营盘镇白龙村委坪底村两位十几岁的男孩在红九匡海边沙滩挖"地龙"，掏沙坑时在沙滩下约40厘米深处挖出一面北流型铜鼓。铜鼓出土时鼓面朝下，鼓足朝天。鼓面直径75厘米，鼓身高39厘米，足径71厘米，壁厚0.4厘米。鼓面宽于鼓胸，鼓面边沿下折成"垂檐"。鼓胸微凸，最大径偏下，略显斜直。鼓腰微呈反弧形，胸腰之际以一浅槽分界，附以缠丝纹环耳两对，每耳都有二道脊线，耳根有三趾纹，耳拱起3厘米，跨度3.8厘米。鼓足外侈，腰足分界处有凸棱。鼓面沿顺时针方向环立四只蛙饰，均四足，其中一蛙头部已缺损，蛙体无纹饰；太阳纹八芒，芒尖略见一小丁点，日体圆凸；三弦分晕，晕宽，晕距疏密不等，共七晕，遍饰雷纹，边缘一晕为填线雷纹。鼓身亦三弦分晕，晕窄而密，晕距相等，共三十晕，遍施雷纹填线纹，胸、腰、足间以一晕雷纹过渡。鼓身有铸痕两道（附录图1-7）。综观此鼓的鼓形及纹饰，与北流型铜鼓的特点较为吻合，应属北流型铜鼓，年代为东汉至唐代中叶。

附录图1-7　北海红九匡铜鼓

（9）1995 年出土北流横岭山铜鼓、北流大坡外铜鼓和北流肚刀田铜鼓

1995 年 4 月 11 日下午，北流市新丰镇水垌村村民潘永振在横岭山的半山腰挖施肥带时，在地下 1 米深处挖出一面铜鼓。这面铜鼓出土时足朝上、面朝下倒置，没有伴出物。鼓面直径 98 厘米，通高 50 厘米，胸围 279.5 厘米，腰围 257 厘米，足围 288.5 厘米，重 73.25 千克。鼓面中心饰太阳纹（八芒），三弦分晕，饰雷纹。鼓面边沿顺时针方向环列六只蛙饰。鼓身云纹、雷纹相间，胸腰之际有两对绳纹环耳（附录图 1-8）。

附录图 1-8　北流横岭山铜鼓

1995 年 5 月 17 日，北流市大坡外镇大坡外村村民罗枝新、李成枝在木鸡岭半山坳挖土时挖出一面铜鼓。这面铜鼓出土时足朝上、面朝下倒置埋藏，无伴出物。该鼓鼓面直径 104 厘米，通高 56.5 厘米，胸围 296 厘米，足围 324 厘米，重 83 千克。鼓面中心饰太阳纹（十二芒），三弦分晕。纹饰为云纹、雷纹相间。鼓面边沿顺时针方向环列四只蛙饰。鼓身纹样与鼓面相同，胸腰之际有大绳纹环耳两对和小绳纹环耳一对。在一侧大绳纹环耳下近鼓足处有一只小虎饰，虎饰长 5 厘米、宽 1.7 厘米、高 2.5 厘米，圆睛咧嘴露齿，长尾下垂，头朝下（附录图 1–9）。

附录图 1–9　北流大坡外铜鼓（王梦祥摄）

　　1995 年 10 月 4 日，北流市六麻镇六楼村肚刀田组村民胡四海夫妇在大坟地岭半山腰开挖施肥带时也挖到一面铜鼓。这面铜鼓被埋在距地表约 1.5 米深处，出土时鼓足朝上面朝下倒置，没有伴出物。该鼓鼓面直径 92.3 厘米，通高 55.3 厘米，重 60.5 千克。鼓面中心饰太阳纹（八芒），三弦分晕，遍饰雷纹。鼓面边沿逆时针环列四只蛙饰，鼓身云雷纹相间，胸腰之际有绳纹环耳两对（附录图1-10）。

附录图 1-10　北流肚刀田铜鼓（王梦祥摄）

（10）1996年出土北流上劈岭铜鼓

1996年7月15日早上，北流市六麻镇六楼村塘梨根组村民李夏强，在上劈岭顶砍柴时发现一面铜鼓。当时，该鼓足部已露出地面（据调查，主要是因隆盛镇陈智村建设防火带加上雨水冲刷而露出地面），出土时鼓足朝上、面朝下倒置，周围无伴出物。该鼓鼓面直径67.5厘米，通高39厘米，胸围192.5厘米，腰围179厘米，重22.25千克。鼓面中心饰太阳纹八芒，三弦分六晕，晕间饰雷纹，鼓面边沿顺时针方向环列四只蛙饰。鼓身胸部三弦分八晕，腰部三弦分十晕，足部三弦分九晕，均云纹、雷纹相间，胸腰之际有环耳两对（附录图1-11）。该鼓现藏于北流市博物馆，编为32号藏品。

附录图1-11　北流上劈岭铜鼓（王梦祥摄）

（11）1997 年出土北流南蛇岭铜鼓

1997 年 3 月初，北流市六麻镇大旺村南龙组村民樊惠芬在南蛇岭的半山腰挖木薯时发现一面铜鼓。该鼓埋深 1.3 米，出土时鼓足朝上、鼓面朝下倒置，掩埋痕迹仍十分清晰，周围无伴出物。该鼓鼓面直径 77 厘米，鼓身高 46.3 厘米，足径 77.7 厘米，胸围 218.5 厘米，腰围 201.6 厘米，重 43 千克。鼓面中心饰太阳纹八芒，三弦分八晕，云纹、雷纹相间；鼓面边沿逆时针环列四只蛙饰。鼓胸二、三弦分为十晕，鼓腰三弦分十三晕，鼓足三弦分十一晕，均云纹、雷纹相间。腰胸处有两对对称的环耳。同年 3 月 9 日，在时任北流市委宣传部副部长罗崇荣的亲自带领下，广西壮族自治区博物馆的专家和北流市博物馆的领导对铜鼓出土地点进行了详细考察。经鉴定，确认该鼓为魏晋时期的遗物，属北流型铜鼓，后将其征集回北流市博物馆存放（附录图 1–12）。

附录图 1–12　北流南蛇岭铜鼓（左，王梦祥摄）与其征集工作（右）

（12）1998年出土北流凌云冲铜鼓和陆川蕃豆岭铜鼓

1998年8月5日，掘土机手罗广在北流北宝公路平政镇凌云冲段驾驶掘土机掘出一面铜鼓，该工程的承包商田利文、朱国林及时把发现铜鼓情况报告北流市博物馆，并亲自将这面铜鼓送交北流市博物馆。这面铜鼓鼓面直径69厘米，鼓身高37.5厘米。鼓面中心饰太阳纹（八芒），鼓面边沿环列四只蛙饰，蛙头朝向为顺时针方向。鼓身胸腰间有环耳两对，鼓面和鼓身的纹饰均为云纹和雷纹相间（附录图1-13）。经鉴定，该鼓为东汉时代铸造，同属北流型铜鼓。

附录图1-13　北流凌云冲铜鼓图（王梦祥摄）

1998 年 12 月 24 日，广西玉林市陆川县乌石镇坡脚村蕃豆岭兴丰果场场主余国际在给果树挖坑施肥时，发现一面古代铜鼓，随即上交。该鼓出土时距地表约30 厘米，鼓足朝上、鼓面向下，表面已被锈蚀，属北流型铜鼓。鼓高 37 厘米，鼓面直径 65 厘米，重 37 千克。鼓面中心饰太阳纹（八芒），芒针较尖锐，三弦分四晕，晕内饰雷纹。鼓面边缘下折，上面饰以四只蛙饰，四足较粗大，眼睛外凸，形象逼真，其中三只顺时针方向排列，一只则为逆时针方向排列。鼓身晕圈密集，共分二十三晕圈，除腰足间凸棱上下第一圈为单弦外，其余的为三弦；纹饰为云雷纹和菱纹相间。胸腰之间有环耳两对（附录图 1–14）。

附录图 1–14　陆川蕃豆岭铜鼓

（13）2009 年出土恩平大帽鼓铜鼓

2009 年 10 月 9 日上午，广东恩平市大槐镇的村民在大帽鼓山上挖排水沟时，发现排水沟内露出类似金属制品的物体，于是将其挖掘出来，发现竟然是一面铜鼓。该铜鼓鼓面径 122 厘米，通高 69 厘米，铜鼓体形厚重硕大，鼓面伸出鼓颈外，鼓面边沿下折呈"垂檐"状。鼓面边缘铸有两两相对的四只蛙饰。鼓面三弦分九晕，中心太阳纹（八芒）凸起如圆饼状，细长的芒穿透第一道晕圈。鼓身呈反弧形，六只圆茎环耳分两组对称附于凹槽水平线位置，一组为单耳相对，另一组为双耳相对。鼓足外撇，足径与面径大小相等。出土时，鼓面较完好，鼓身有破孔，鼓足残缺。

2009 年 10 月 14 日，恩平市相关部门邀请广东省文物考古研究所专家对该铜鼓的出土进行现场考察。专家鉴定该铜鼓属东汉的北流型铜鼓，是当时的祭祀礼器。从史籍记载考证，该铜鼓可能是在广西制造，后运到广东恩平；广东省文物考古研究所专家则认为，该铜鼓极有可能是在广东阳春铸造，因为历史上广东阳春地区曾有铸铜厂。该铜鼓现存于恩平市博物馆（附录图 1–15）。

附录图 1–15　学生在恩平市博物馆参观恩平大帽鼓铜鼓（梁晓敏摄）

（14）2010年出土容县独山岭铜鼓

2010年4月，容县灵山镇六良村村民朱全生在独山岭木茹地除草时发现一面铜鼓。这面铜鼓体形硕大，鼓面直径90厘米，鼓身高83厘米，重达46.5千克，通身有精致细密的云雷纹。鼓面中心饰太阳纹（八芒），太阳纹细长并穿透第一道晕圈，鼓面有均匀分布的三线弦纹环绕，四只蛙饰对称分布在鼓面边沿，鼓身两边分别有一对绳纹环耳（附录图1-16）。根据造型、纹饰、鼓耳和立蛙等特征，专家经考证认定这面铜鼓为汉代的北流型铜鼓。

附录图1-16　容县独山岭铜鼓

2.复制"铜鼓王"的故事

出土于广西北流县（今北流市）石窝镇的"铜鼓王"属北流型早期铜鼓，铸造年代不晚于东汉，历经千年，其铸造技术早已失传。20世纪90年代，万辅彬、蒋廷瑜、谭德睿、吴来明等学者联合南宁重型机械厂杨年、梁学政等工程师先后几次对"铜鼓王"进行复制（附录图 2-1），并留下了一些工作日记、往来信件、方案手稿和设计图纸等资料。在这里，我们讲一讲复制"铜鼓王"的故事。

附录图 2-1 "铜鼓王"复制品

1985 年，姚舜安、万辅彬在对北流型铜鼓矿料来源进行考察期间，常听闻村民讲起有关"铜鼓王"的故事，村民们认为"铜鼓王"是上天赐予他们的神物。为探究这一大铜鼓及其铸造奥秘，万辅彬萌发了复制"铜鼓王"的想法。万辅彬把这一想法告诉了时任广西壮族自治区博物馆（以下简称"广西博物馆"）馆长蒋廷瑜，蒋廷瑜欣然赞同。因为"铜鼓王"是国家一级文物，必须经过国家文物管理部门批准后方可实施复制。蒋廷瑜担任复制"铜鼓王"项目组组长，向广西壮族自治区文化厅提出复制"铜鼓王"的申请，自治区文化厅同意后又行文向国家文物管理部门提出正式申请，几经周折，文化部文物事业管理局批准复制一件北流型 101 号铜鼓（即"铜鼓王"）。接着，项目组向广西壮族自治区科学技术委员（以下简称"广西科委"）会申请复制"铜鼓王"的经费，广西科委会将其作为广西"九五"国家科技攻关项目正式立项，并拨付 8 万元的复制经费。有了批文和经费的支持，项目组便开始了漫长的复制铜鼓王的工程。

　　复制"铜鼓王"是一个系统工程。首先要制作一个"铜鼓王"的内外范，蒋廷瑜安排广西博物馆韦显初工程师负责，韦显初先要选择上好的泥料，前往钦州坭兴陶产地买来已经配好的陶土用以制作内外范。内外范的制作有三个难题。一是鼓身的复原，因为"铜鼓王"足部残缺，所以需要经过深入研究复原其鼓足。为了探求铜鼓王原来外型曲线的全貌，广西民族学院李世红等在对多面北流型铜鼓尤其是大型北流型铜鼓外形数据进行系统测量的基础上，得出北流型铜鼓鼓胸、鼓腰、鼓足三者比例的统计平均值为 1 ： 1.34 ： 1.06，以及鼓面直径与鼓足直径大致相等这两条规律。韦显初按照这一要求，制作了一个可以转动的拟合鼓身弧度的刮板，不仅做好了鼓身，而且有胸、腰、足各部分的弦纹。二是鼓面不是水平的平面，有一定弧度，因此要经过精确的测量与计算，确定内外范鼓面的设计（附录图2-2）。参与鼓面母模制作的有韦显初和邓任生。三是如何制作云雷纹及在云雷纹下显示垫片。为此，韦显初绞尽脑汁，发明了做云纹的金属滚轮，还刻了许多印制雷纹的木章。这项工作从 1991 年 4 月开始，直至同年 10 月才完成，整个内外范的制作花了差不多半年时间之久。

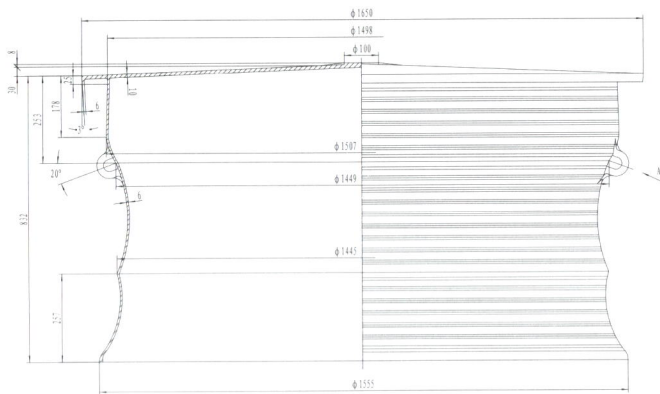

附录图 2-2　北流型 101 号铜鼓的测绘图

　　以万辅彬、蒋廷瑜共同牵头的铜鼓研究复制项目组积极联合外界力量，邀请中国科学院自然科学史研究所华觉明担任技术顾问。华觉明与项目组商谈并拟订了复制"铜鼓王"的计划。为了能使"铜鼓王"复制件的纹饰能很好地显现，华觉明建议采用陶瓷型内外范进行复制铸造（附录图2-3）。上海博物馆文物保护与考古科学实验室主任、中国铸造协会精密铸造分会会长谭德睿同意这一技术路

线，并带领上海博物馆吴来明、徐惠康和南宁重型机械厂杨年等专家共同参与
"铜鼓王"的复制。

附录图 2-3　鼓身陶瓷模具

广西博物馆韦显初工程师首先在南宁重型机械厂同志的协助下翻好石膏模。与此同时，项目组购买了铜、锡、铅锭等金属原材料，并且从江苏宜兴买来制陶瓷范的匣钵粉、硅酸乙酯等材料。1991 年 9 月中旬，上海博物馆谭德睿一行来到南宁，住进南宁重型机械厂简陋的招待所，开始第一次浇铸的准备工作。上海博物馆的三位同志各有分工，谭德睿负责陶瓷模的总体设计，吴来明工程师负责技术环节的具体把控，退休老技师徐惠康负责具体施工事宜。

9 月下旬，陶瓷内外范做好了，韦显初在谭德睿先生的协助与指导下也做好了鼓耳的模。浇注前，南宁重型机械厂的领导和技术人员与项目组通力合作，无偿提供工装，协调场地，组织施工人员。硕大的陶瓷内外范送进 4 米高的大烘炉中烘模后，迅速拉到浇注车间，在杨年的指挥下，车间主任凌越和庞济乾、封奕强等师傅现场操作，熔融的铜水注入范中。第二天，打开鼓范，发现铜鼓鼓身、鼓面有多处冷隔气隔的缺陷。所有参与复制的同志并不气馁，现场认真分析出现缺陷的原因，总结改进复制方案，调整浇口，加强内模外范的透气性，注意浇注缝隙的对称性。

10 月上旬，项目组原班人马开始了第二次复制"铜鼓王"的艰苦准备。实施浇铸后，鼓面很成功，但鼓身仍然有铸造缺陷，当时因经费告罄，复制工作只好告一段落。但参与人员都认为已经离成功不远，决心寻找经费，互相鼓励，再接

再厉。10 月 10 日，谭德睿先生一行返回上海，蒋廷瑜和万辅彬等人前往车站送行，大家依依惜别，相约来年"再战"。令人感动的是，当时 55 岁的谭德睿先生、60 多岁的徐惠康师傅和吴来明工程师不计报酬，也不嫌住的地方简陋，和工人们一起起早贪黑，汗水流在一起，一心只为把铜鼓王复制成功。

1992 年，上海博物馆谭德睿先生等众希望重振旗鼓，然而由于经费没有到位，且项目组其他成员有别的事情牵绊，因此未能如愿。

1994—1996 年，项目组锲而不舍，多次与广西壮族自治区财政厅、文化厅文物处，广西科委乃至北流市相关部门沟通，希望能得到再次复制"铜鼓王"的经费，但一直未能落实。此时，上海博物馆的专家们建议在外省生产条件较好、铸造青铜器经验较多的大工厂再次复制"铜鼓王"。后来，项目组找到时任自治区副主席李振潜同志，恳切陈词，说明再次复制"铜鼓王"的必要性，希望政府予以支持，并为此写了专门的项目申请书。李振潜在申请书上批了字："同意由科委立项，支持 5 万元，但必须在广西复制，不要拿到外省去。"得到批示后，项目组把这一申请通过广西民族学院科研处呈报给广西科委，1996 年底，再次复制"铜鼓王"的项目在广西科委正式立项。

1997 年年初，广西民族学院、广西壮族自治区博物馆再次携手上海博物馆和南宁重型机械厂筹备复制。这一年，南宁重型机械厂面临停产的危机，必须抓紧复制，因为一旦停产，在广西就找不到可以复制铜鼓的地方。于是备料、清理工装、再次翻制石膏模等工序紧张进行。同年 6 月中旬，万辅彬、蒋廷瑜和杨年发出邀请传真，与上海博物馆谭德睿、吴来明紧急磋商，并由蒋廷瑜与时任上海博物馆馆长马承源沟通，请求援助。然而恰逢上海博物馆在同年 8 月有重要学术活动，需谭德睿等筹备，于是复制铜鼓的计划一再搁置。

1998 年春，在与上海博物馆多次沟通后，吴来明工程师和徐惠康师傅于 5 月 12 日到达南宁，再次入住南宁重型机械厂招待所。谭德睿先生与在邕项目组成员电话沟通，隔空指导。广西民族学院副院长万辅彬每天骑自行车到位于安吉的南宁重型机械厂，与项目组其他成员一起，起早贪黑，准备复制事宜。杨年带领南宁重型机械厂众多技术人员与工人及广西博物馆韦显初和邓任生，积极准备工装设备（鼓面砂箱与鼓身砂箱的制作与加固、泥芯钢筒的制作）、研究浇注系统并予以实施。他们还配合吴来明、徐惠康共同制作陶瓷内外范、烘模合箱，做好熔铜及浇注吊装准备。由于工作原因，吴来明于6月12日先行返回上海，他虽然回到上海，但和谭德睿先生一样心系复制工作，每天都与项目组的同志沟通。

在大家通力合作下，终于在当年6月27日准备就绪。当天下午，配完雨淋浇口，在砂箱上加了4块约3吨重的压铁，中箱、底箱用大螺杆铆紧，中箱与底箱交界处套上大砂箱，搭好浇注架时，已接近下午6：00。开始浇注后，在场人员都屏住呼吸，看着通红的铜水注入范中。浇注过程历时1分45秒，场面十分壮观，现场有摄像、摄影全程记录（附录图2-4）。当天晚上，全体工作人员兴致很高，在一起用餐，预祝翌日开箱成功。

附录图2-4　复制"铜鼓王"的浇铸现场（潘郁生摄）

第二天上午8：15开箱后，发现鼓身基本完好，但鼓面明显浇注不足，有气孔，特别是接近圆心处，有穿透性大孔，这给复制工作再次留下遗憾（附录图2-5）。因短期内不可能再有经费投入，杨年和万辅彬经过反复考虑，决定将1991年复制时完好的鼓面与此次漂亮的鼓身焊在一起。后来，韦显初还给铜鼓表面着色作旧。同年10月11日，时任自治区副主席吴恒到南宁重型机械厂查看复制的"铜鼓王"，还用鼓杵撞了几下铜鼓，认为"铜鼓王"的复制实属不易，基本成功，并肯定了这种产、学、研合作的好模式。

但是项目组成员对这一结果还不够满意，总想有机会再来复制。如今，蒋廷瑜和万辅彬都已年逾八十，再次复制铜鼓王的愿望只能寄托于年轻一辈了。

附录图 2-5 "铜鼓王"复制品

3. 北流型铜鼓在国际会议亮相

1985 年，广西民族学院、广西壮族自治区博物馆联合中国科学技术大学研究北流型铜鼓矿料来源的成果得到了时任北京钢铁学院（今北京科技大学）副院长柯俊院士团队的认可。1986 年 10 月，姚舜安、万辅彬等人受到邀请，出席在郑州召开的"金属早期生产及应用"第二次国际会议。会上，课题组代表宣读了北流型铜鼓铜料来源于铜石岭的研究成果，同时播放了 17 分钟的纪录片《北流型铜鼓与铜石岭遗址》。由于研究过程十分详细，研究原理和研究方法比较前沿，推理丝丝入扣，非常有说服力，因此这一成果被认为是这次国际会议的亮点之一。会上，国外的多位学者对这一研究报告产生极大兴趣，并在会上提问，当时，英语水平很好的中国科学技术大学彭子成教授作了详尽的回答，获得满堂彩。

1988 年，在昆明举办的第一届"中国南方及东南亚地区古代铜鼓和青铜文化"国际会议上，万辅彬再次宣读了相关论文并播放视频，北流型铜鼓给全世界铜鼓界留下了深刻的印象，此后，张光直先生的高足慕容杰（Robert Murowchick）博士和指导我们开展研究的中国科学技术大学李志超教授也先后前往广西北流铜石岭进行科学考察。

1990 年，万辅彬在澳大利亚墨尔本大学留学期间，又收到在英国剑桥举行的第六届国际中国科学史会议的邀请，在会上书面发表论文《俚人铸造铜鼓考》，再次介绍北流型铜鼓。

2022 年 10 月，陆秋燕、邹桂森等学者在国际期刊 *Heritage Science* 上发表题为 Separation or Integration? Further Insights from a Study on Chemical Datasets of Ancient Bronze Drums from South and Southeast Guangxi, China（《割据或融合？基于化学数据集对桂东南和桂南出土古代铜鼓的进一步研究》）的最新研究成果。文章从科技考古的化学分析方法入手，分析了 12 个北流型铜鼓和 7 个灵山型铜鼓样本，探讨了这两型铜鼓在矿源及使用人群方面的相关性。

4. 国内馆藏北流型铜鼓统计

序号	原编号及鼓名	收藏单位	鼓面直径/cm	高/cm	主要装饰 鼓面	鼓身
1	族鼓0032灯草塘铜鼓	广西民族博物馆	90.2～91.7	52.8	太阳纹（八芒）、云纹、雷纹，鼓面边缘顺时针环列四只四足素面立体青蛙	雷纹；环耳两对饰缠丝纹
2	族鼓0034云雷纹铜鼓	广西民族博物馆	74.3～74.5	43.5（残）	太阳纹（八芒）、云纹、雷纹，鼓面边缘逆时针环列四只四足素面立体青蛙	雷纹；环耳两对
3	族鼓0035牛地顶铜鼓	广西民族博物馆	77.5～78	47.3（残）	太阳纹（八芒）、云纹、圆雷纹，鼓面边缘顺时针环列四只四足素面立体青蛙	雷纹填线纹、云纹；环耳两对
4	族鼓0036云雷纹铜鼓	广西民族博物馆	69～70	27.5（残）	太阳纹（八芒）、雷纹，鼓面边缘逆时针环列四只四足素面立体青蛙	云纹、雷纹；环耳两对，饰缠丝纹
5	族鼓0037海水纹铜鼓	广西民族博物馆	74.5～76	8（残）	太阳纹（六芒）、圆雷纹、半同心圆填线纹、雷纹填线纹，鼓面边缘环列四只四足素面立体青蛙	半同心圆填线纹

续表

序号	原编号及鼓名	收藏单位	尺寸		主要装饰	
			鼓面直径/cm	高/cm	鼓面	鼓身
6	族鼓 0055 万大越种塘铜鼓	广西民族博物馆	70.2~70.8	35（残）	太阳纹（八芒）、圆雷纹，鼓面边缘逆时针环列四只四足素面立体青蛙	雷纹填线纹；环耳两对，饰缠丝纹
7	族鼓 0056 云雷纹水波纹铜鼓	广西民族博物馆	102.5~103.6	60	太阳纹（八芒）、雷纹、水波纹，鼓面边缘环列四只两两相对四足素面立体青蛙	半同心圆纹、雷纹、云纹、水波纹，四瓣花纹、半同心圆填线纹；环耳两对，饰缠丝纹
8	族鼓 0060 云雷纹铜鼓	广西民族博物馆	75.5~77	42（残）	太阳纹（八芒）、雷纹，鼓面边缘环列四只两两相对四足素面立体青蛙	雷纹；环耳两对，饰缠丝纹
9	族鼓 0101 云雷纹大铜鼓	广西民族博物馆	163.5~164.8	63.5（残）	太阳纹（八芒）、云纹、雷纹	云纹、雷纹；环耳两对，饰缠丝纹
10	族鼓 0107 雷纹铜鼓	广西民族博物馆	137.8	72.5	太阳纹（十二芒）、连线纹、雷纹交替，鼓面边缘逆时针环列六只四足螺旋纹立体青蛙	雷纹、席纹、蝉纹；环耳两对，环形附耳一对
11	族鼓 0108 雷纹填线纹铜鼓	广西民族博物馆	90.2	49.5	太阳纹（八芒）、雷纹填线纹，鼓面边缘顺时针环列六只四足立体青蛙	雷纹填线纹、半云填线纹；环耳两对，饰缠丝纹

续表

序号	原编号及鼓名	收藏单位	尺寸		主要装饰	
			鼓面直径/cm	高/cm	鼓面	鼓身
12	族鼓 0115 雷纹铜鼓	广西民族博物馆	88.5~89	55	太阳纹（六芒）、半雷纹填线纹、雷纹，鼓面边缘环列四只四足青蛙	雷纹、半雷纹填线纹；环耳两对，饰缠丝纹
13	族鼓 0116 牛芒铜鼓	广西民族博物馆	68.3~69	37.8	太阳纹（八芒）、雷纹，鼓面边缘逆时针环列四只四足素面立体青蛙	云纹、雷纹；环耳两对，饰缠丝纹
14	族鼓 0118 雷纹铜鼓	广西民族博物馆	85.8	50	太阳纹（八芒）、雷纹，鼓面边缘顺时针环列四只四足立体青蛙	雷纹，环耳两对，饰缠丝纹
15	族鼓 0129 云雷纹铜鼓	广西民族博物馆	97.5~100.3	53.6	太阳纹（八芒）、雷纹，半同心圆填线纹交替，鼓面边缘顺时针环列六只四足素面立体青蛙	半同心圆填线纹、雷纹填线纹；扁耳两对，饰辫纹、网格纹
16	族鼓 0137 云雷纹铜鼓	广西民族博物馆	93~94.4	53.8	太阳纹（八芒）、云纹，鼓面边缘环列四只两两相对四足素面立体青蛙	云纹、雷纹填线纹；环耳两对，饰缠丝纹
17	族鼓 0138 云雷纹铜鼓	广西民族博物馆	83.6~84	50.3	太阳纹（十芒）、云纹、席纹，鼓面边缘顺时针环列六只四足素面立体青蛙	云纹、席纹；扁耳两对

续表

序号	原编号及鼓名	收藏单位	尺寸		主要装饰	
			鼓面直径/cm	高/cm	鼓面	鼓身
18	族鼓0139 云雷纹铜鼓	广西民族博物馆	123.1	68.9	太阳纹（八芒）、云纹、雷纹，鼓面边缘顺时针环列四只四足素面立体青蛙	雷纹、云纹；环耳两对，饰缠丝纹
19	族鼓0140 云雷纹铜鼓	广西民族博物馆	114.5～115.3	63.5	太阳纹（八芒），可辨雷纹，其余磨蚀，鼓面边缘顺时针环列六只四足素面立体青蛙	可辨雷纹、半同心圆纹、水波纹、席纹、线纹，其余磨蚀；环耳两对，一侧环耳上各应一对小蛙立饰
20	族鼓0143 云雷纹水波纹铜鼓	广西民族博物馆	122～122.5	68.4	太阳纹（十二芒）、云纹、雷纹交替，鼓面边缘逆时针环列六只四足立体青蛙，蛙间有一四足立饰痕迹	水波纹、云纹、雷纹；环耳两对，饰凸棱纹
21	族鼓0146 云雷纹铜鼓	广西民族博物馆	92.8～94	54.3	太阳纹（九芒）、云纹、雷纹，鼓面边缘顺时针环列四只四足羽纹立体青蛙	雷纹填线纹、云纹、水波纹；扁耳两对，饰羽纹
22	族鼓0156 云雷纹铜鼓	广西民族博物馆	82.5～83.5	48.5（残）	太阳纹（八芒）、云纹、雷纹，鼓面边缘逆时针环列四只四足素面立体青蛙	云纹、雷纹填线纹；环耳两对，饰缠丝纹
23	族鼓0157 雷纹铜鼓	广西民族博物馆	90.5～92	51.7	太阳纹（八芒）、云纹、雷纹，鼓面边缘环列四只四足立体青蛙	雷纹、云纹；环耳两对，饰缠丝纹

续表

序号	原编号及鼓名	收藏单位	尺寸 鼓面直径/cm	尺寸 高/cm	主要装饰 鼓面	主要装饰 鼓身
24	族鼓0159 云雷纹铜鼓	广西民族博物馆	75.5～76.6	42.5	太阳纹（十二芒）、云纹、雷纹,鼓面边缘环列四只两两相对立体青蛙	雷纹;环耳两对,饰缠丝纹
25	族鼓0161 雷纹铜鼓	广西民族博物馆	76～76.5	44.4（残）	太阳纹（八芒）、通面雷纹,鼓面边缘逆时针环列四只四足素面立体青蛙	雷纹、缠丝纹填线纹;环耳两对,饰缠丝纹
26	族鼓0163 山口村铜鼓	广西民族博物馆	67.8～69.5	22（残）	太阳纹（十芒）、云纹,鼓面边缘逆时针环列四只四足素面立体青蛙	云纹、雷纹填线纹;扁耳两对
27	族鼓0167 云雷纹铜鼓	广西民族博物馆	90.5～91.5	51.9	太阳纹（八芒）、雷纹,鼓面边缘顺时针环列四只四足素面立体青蛙	雷纹、云纹;环耳两对,饰缠丝纹
28	族鼓0308 银山铜鼓	广西民族博物馆	69.5～70.3	38.8（残）	太阳纹（八芒）、连线纹、雷纹交替,鼓面边缘逆时针环列四只四足螺旋纹、谷穗纹立体青蛙	水波纹、雷纹;环耳两对,饰乳钉纹

续表

序号	原编号及鼓名	收藏单位	尺寸		主要装饰	
			鼓面直径/cm	高/cm	鼓面	鼓身
29	族鼓 0315 云雷纹鱼鸟混合纹铜鼓	广西民族博物馆	98.5～99.8	55	太阳纹（八芒）、云纹、雷纹、雷纹填线纹、连线纹、鸟鱼混合纹，变形羽人纹，鼓面边缘逆时针环列六只四足素面立体青蛙	雷纹、连线纹、云纹、雷纹填线纹、四瓣花纹；环耳两对
30	族鼓 0316 人形图案云雷纹铜鼓	广西民族博物馆	104.2～106	55.5	太阳纹（八芒）、云纹、雷纹、人形图案，鼓面边缘逆时针环列六只四足立体青蛙	雷纹、云纹；环耳两对，饰凸棱纹
31	族鼓 0317 那国铜鼓	广西民族博物馆	97.4～98.3	58.5	太阳纹（八芒）、云纹、雷纹填线纹，鼓面边缘环列四只两两相对四足立体青蛙	云纹；环耳两对，饰缠丝纹
32	族鼓 0319 罗箅铜鼓	广西民族博物馆	81.8～82	44（残）	太阳纹（十二芒）、云纹、雷纹，鼓面边缘逆时针环列六只素面立体青蛙	雷纹填线纹、云纹；扁耳两对
33	族鼓 0327 牛南铜鼓	广西民族博物馆	69.7～71	25.5（残）	太阳纹（八芒）、圆雷纹，鼓面边缘环列四只立体青蛙（已失）	雷纹；环耳两对，饰缠丝纹

续表

序号	原编号及鼓名	收藏单位	尺寸 鼓面直径/cm	尺寸 高/cm	主要装饰 鼓面	主要装饰 鼓身
34	族鼓0345那卜铜鼓	广西民族博物馆	77.6～78	44.3	太阳纹（八芒）、雷纹、云纹，鼓面边缘环列四只两两相对四足素面立体青蛙	雷纹、云纹；环耳两对
35	总00069号雷华屯铜鼓（原苍梧01）	梧州市博物馆	71～71.5	41	太阳纹（八芒），可辨云纹，鼓面边缘原环列四只四足立体牛，现已断开，并有两只缺失	雷纹填线线纹、云纹；环耳两对，耳下鼓足位置立体装饰缺失
36	总0018号雷纹铜鼓	岑溪市文物管理所	72.6～74	41	太阳纹（八芒），鼓面边缘顺时针环列四只四足素面立体青蛙	通体雷纹；环耳两对
37	总0019号东叶坑鼓	岑溪市文物管理所	76.5～77.4	46.3	太阳纹（八芒）、云纹，鼓面边缘顺时针环列四只四足素面立体青蛙	云纹、雷纹填线纹；环耳两对
38	总0020号岑02号古藏屯铜鼓	岑溪市文物管理所	73.1～73.6	41.4	太阳纹（八芒）、云纹、雷纹填线纹，鼓面边缘饰四只两两相对四足立体青蛙	雷纹；环耳两对饰缠丝纹、辫纹

续表

序号	原编号及鼓名	收藏单位	尺寸		主要装饰	
			鼓面直径/cm	高/cm	鼓面	鼓身
39	总01332号原苍梧02号广平铜鼓	苍梧县文物管理所	87～89	12（残）	太阳纹（十芒）、云纹、雷纹填线纹，鼓面边缘饰四只逆时针四足立体青蛙	云纹，大部分残缺
40	藤01号芦塘岗铜鼓	藤县博物馆	61.4～62.4	15（残）	太阳纹（八芒）、云纹、雷纹、雷纹填线纹，鼓面边缘饰四只逆时针四足素面立体青蛙	云纹、水波纹，大部分残缺；扁耳两对
41	藤07号杨村鼓	藤县博物馆	83～87.7	44	太阳纹（六芒），鼓面边缘饰四只逆时针四足素面立体青蛙	通体雷纹填线纹；环耳两对，饰谷穗纹
42	藤08号陈村铜鼓	藤县博物馆	68.5～68.8	40.5	太阳纹（八芒）、席纹、云纹、雷纹、鸟形纹、雷纹填线纹，鼓面边缘饰四只逆时针四足素面立体青蛙	水波纹、雷纹填线纹、云纹、席纹；扁耳两对饰辫纹
43	崇表岭屯铜鼓	北海市文物局	81.5～83	47	太阳纹（八芒）、叶脉纹、云纹底出线纹、云纹，鼓面边缘饰四只顺时针四足素面青蛙，其中三只残缺	雷纹填线纹；环耳两对饰缠丝纹；耳根部分三叉
44	红九匡鼓	北海市文物局	74.6	39	太阳纹（八芒）、雷纹，鼓面边缘饰四只顺时针四足素面立体青蛙	雷纹、雷纹填线纹；环耳两对饰缠丝纹

续表

序号	原编号及鼓名	收藏单位	尺寸		主要装饰	
			鼓面直径/cm	高/cm	鼓面	鼓身
45	坪底村铜鼓	合浦汉代文化博物馆	85.3～86.7	48	太阳纹（八芒），雷纹底四出线纹，鼓面边缘四只逆时针四足立体青蛙	雷纹填线纹、云纹；环耳两对
46	云纹鹿耳环鼓	钦州市博物馆	90～91.6	16（残）	太阳纹（八芒），鼓面边缘逆时针环列六只四足素面立蛙；仅存鼓面及部分鼓胸	通体云纹；环耳两对，残缺一对
47	总0014号原灵山10号高塘岭鼓	灵山县博物馆	93.4～93.8	53.5	太阳纹（八芒），云纹，雷纹，变体雷纹，鼓面边缘逆时针环列四只素面四足立体青蛙	雷纹、云纹；环耳两对，饰缠丝纹
48	总0016号原灵山11号榕树岭鼓	灵山县博物馆	71.8～72.8	40	太阳纹（八芒），鼓面边缘逆时针环列四只四足素面立体青蛙	通体云纹；扁耳两对，无纹饰
49	总0020号原灵山08号红尾塘鼓	灵山县博物馆	60～61	34.5	太阳纹（八芒），鼓面边缘顺时针环列四只四足素面立体青蛙	通体云纹，雷纹；环耳两对，饰缠丝纹

续表

序号	原编号及鼓名	收藏单位	尺寸		主要装饰	
			鼓面直径/cm	高/cm	鼓面	鼓身
50	总0066号 原灵山16号雷岭鼓	灵山县博物馆	74.3~75	42.5	太阳纹（八芒），通体雷纹、变体云纹，鼓面边缘逆时针环列四只四足素面立体青蛙	半圆填线纹、雷纹；环耳两对，饰缠丝纹
51	总0146号 原灵山20号杉木鹿鼓	灵山县博物馆	59.2~59.8	33（残）	太阳纹（八芒），鼓面边缘逆时针环列四只四足素面立体青蛙	通体雷纹，扁耳两对饰叶脉纹
52	总0349号 绿水村二号鼓	灵山县博物馆	78.3~78.6	45.8	太阳纹（八芒）、雷纹，鼓面边缘顺时针环列四只四足素面立体青蛙	云纹、雷纹填线纹；环耳两对，无纹饰
53	总34号平石村鼓	浦北县博物馆	53.9~56.6	—	太阳纹（八芒）、雷纹，鼓面边缘顺时针环列四只四足素面立体青蛙	仅存鼓面及部分鼓胸，云纹；环耳两对饰缠丝纹，缺失一对
54	总45号佛新村鼓	浦北县博物馆	86.6~86.8	52.3（残）	太阳纹（八芒）、云纹，鼓面边缘逆时针环列四只四足素面立体青蛙	对称半同心圆纹、云纹；扁耳两对，无纹饰
55	总46号原浦北03号北河村鼓	浦北县博物馆	96.7~99	53.4	太阳纹（八芒），鼓面边缘顺时针环列四只四足素面立体青蛙	通体云纹、雷纹；环耳两对饰缠丝纹

续表

序号	原编号及鼓名	收藏单位	尺寸		主要装饰	
			鼓面直径/cm	高/cm	鼓面	鼓身
56	总48号公租屯鼓	浦北县博物馆	71~72.5	—	太阳纹（八芒），鼓面边缘逆时针环列四只四足素面立体青蛙；仅存鼓胸及部分鼓腰	通体云纹；环耳两对无纹饰
57	总255号沙梨山鼓	浦北县博物馆	78	45.5	太阳纹（八芒），云纹，鼓面边缘逆时针环列四只四足素面立体青蛙	鼓身纹饰锈蚀；扁耳两对，饰辫纹
58	总1772号龙胆塘铜鼓	平南县博物馆	82.7~83.2	47.5	太阳纹（八芒），云纹，鼓面边缘逆时针环列四只四足素面立体青蛙	雷纹填线纹、云纹、雷纹、水波纹；扁耳两对，无纹饰
59	总000434号佛子山铜鼓	桂平市博物馆	102.4~103.6	57（残）	太阳纹（八芒），云纹，鼓面边缘逆时针环列四只四足素面立体青蛙	水波纹、雷纹、云纹；扁耳两对，无纹饰
60	总000435号沙岗铜鼓	桂平市博物馆	62	34.4	太阳纹（八芒），鼓面边缘逆时针环列四只四足素面立体青蛙	通体雷纹；环耳两对，无纹饰
61	总000615号过山路铜鼓	桂平市博物馆	84.8~85.5	45	太阳纹（八芒），鼓面边缘逆时针环列四只四足素面立体青蛙	通体云纹、雷纹；扁耳两对，饰羽纹

续表

序号	原编号及鼓名	收藏单位	尺寸		主要装饰	
			鼓面直径/cm	高/cm	鼓面	鼓身
62	玉林01号新民村铜鼓	玉林市博物馆	59.3～60.3	30（残）	太阳纹（八芒）、雷纹，鼓面边缘逆时针环列六只四足素面立体青蛙	雷纹填线纹、水波纹，无纹饰；扁耳两对，无纹饰
63	玉林02号岭头铜鼓	玉林市博物馆	71.3～71.7	42.4	太阳纹（八芒）、云纹、鸟纹，鼓面边缘逆时针环列六只四足素面立体青蛙	云纹、雷纹填线纹；扁耳两对，无纹饰
64	00625号浪平铜鼓	玉林市博物馆	124.6	66	太阳纹（八芒）、雷纹、水波纹、席纹、连线纹，鼓面边缘逆时针环列六只四足青蛙立体螺旋纹	席纹、雷纹、雷纹填线纹；环耳两对，饰辫纹、直线纹
65	00632号古城铜鼓	玉林市博物馆	85.3～88	47	太阳纹（十芒），鼓面边缘逆时针环列四只四足叶脉纹立体青蛙	通体雷纹；扁耳两对，饰辫纹
66	北流01号下浪湾铜鼓	北流市博物馆	90.5～91.5	53	太阳纹（八芒），鼓面边缘逆时针环列四只四足素面立体青蛙	通体云纹、雷纹；环耳两对，饰缠丝纹
67	北流02号黄叶塘铜鼓	北流市博物馆	70～71	22.5	太阳纹（八芒）、云纹，鼓面边缘立体青蛙缺失	通体雷纹填线纹；环耳两对，饰缠丝纹

续表

序号	原编号及鼓名	收藏单位	尺寸		主要装饰	
			鼓面直径/cm	高/cm	鼓面	鼓身
68	北流03号波罗根铜鼓	北流市博物馆	70.5～71.4	33.5	太阳纹（八芒）、云纹，鼓面边缘逆时针环列四只四足素面立体青蛙	雷纹、雷纹填线纹；环耳两对饰缠丝纹
69	北流04号白马山铜鼓	北流市博物馆	69.5～70.8	23	太阳纹（八芒），鼓面边缘逆时针环列四只四足素面立体青蛙	通体纹饰锈蚀；环耳两对、残缺
70	北流05号大人岭铜鼓	北流市博物馆	77.8～78.4	44	太阳纹（八芒）、雷纹，鼓面边缘逆时针环列四只四足素面立体青蛙	通体雷纹填线纹；环耳两对、饰缠丝纹
71	北流06号大星铜鼓	北流市博物馆	91.2～92.5	54	太阳纹（八芒）、雷纹，鼓面边缘环列四只两两相对四足素面三足立体青蛙	云纹、雷纹；环耳两对，耳根开三叉
72	北流08号山牛（土化）铜鼓	北流市博物馆	76～77	48	太阳纹（八芒）、叶脉纹、云纹、角形填线纹、云纹，鼓面边缘逆时针环列四只四足素面立体青蛙	通体雷纹；扁耳两对，无纹饰
73	北流09号圆山铜鼓	北流市博物馆	73.5～74	42	太阳纹（八芒）、雷纹，鼓面边缘环列四只两两相对四足素面三足立体青蛙	通体雷纹填线纹；环耳两对、饰缠丝纹，耳根开三叉

续表

序号	原编号及鼓名	收藏单位	尺寸		主要装饰	
			鼓面直径/cm	高/cm	鼓面	鼓身
74	北流 10 号担水岭铜鼓	北流市博物馆	90.3～92	53.8	太阳纹（八芒）、云纹，鼓面边缘顺时针环列四只四足素面立体青蛙	云纹、席纹、雷纹填线纹；扁耳两对，无纹饰
75	北流 11 号	北流市博物馆	69.2～69.8	—	太阳纹（八芒）、雷纹，鼓面边缘逆时针环列四只四足素面立体青蛙；仅存鼓面	—
76	北流 12 号	北流市博物馆	82.2～84.2	—	太阳纹（八芒）、雷纹填线纹，鼓面边缘立体青蛙缺夫；仅存鼓面	—
77	北流 13 号党屋铜鼓	北流市博物馆	68.5～69	37.8	太阳纹（八芒）、雷纹，鼓面边缘逆时针环列四只四足素面立体青蛙	云纹、雷纹；环耳两对，无纹饰
78	北流 14 号新圩铜鼓	北流市博物馆	71.8～73.5	—	太阳纹（八芒）、云纹，鼓面边缘逆时针环列四只四足素面立体青蛙	雷纹填线纹；仅存鼓面及部分鼓胸
79	北流 15 号	北流市博物馆	79	32.5	太阳纹（八芒）、云纹、雷纹，鼓面边缘逆时针环列四只四足素面立体青蛙，缺两只	网纹、雷纹；仅存一对环耳，饰缠丝纹；仅存鼓面及部分鼓胸，鼓腰

续表

序号	原编号及鼓名	收藏单位	尺寸		主要装饰	
			鼓面直径/cm	高/cm	鼓面	鼓身
80	北流16号王塘铜鼓	北流市博物馆	72~73	39	太阳纹（八芒）、云纹、雷纹，鼓面边缘顺时针环列四只四足素面立体青蛙	雷纹、雷纹填线纹；环耳两对，饰缠丝纹
81	北流17号南禄村鼓	北流市博物馆	55~56.8	—	太阳纹（六芒）、直线分格云纹，鼓面边缘逆时针环列四只四足素面立体青蛙	雷纹填线纹；仅存鼓面及部分鼓胸
82	北流19号高坡铜鼓	北流市博物馆	57.5~57.8	30.5	太阳纹（六芒）、雷纹，鼓面边缘顺时针环列四只四足素面立体青蛙	雷纹填线纹；环耳两对，饰缠丝纹
83	北流20号华东鼓	北流市博物馆	76~76.5	32	太阳纹（八芒），鼓面边缘有四只立体青蛙痕迹	通体雷纹；仅存一只环耳
84	北流21号桐尾铜鼓	北流市博物馆	103.5~105	58	太阳纹（八芒）、雷纹，鼓面边缘环列四只两两相对四足素面立体青蛙	雷纹填线纹；环耳两对，饰缠丝纹，耳根开三叉
85	北流22号寨顶铜鼓	北流市博物馆	89.5~90.5	51.3	太阳纹（八芒）、雷纹、云纹，鼓面边缘逆时针环列四只四足素面立体青蛙	雷纹、云纹；环耳两对，饰缠丝纹

续表

序号	原编号及鼓名	收藏单位	尺寸		主要装饰	
			鼓面直径/cm	高/cm	鼓面	鼓身
86	北流23号六月岭铜鼓	北流市博物馆	111.1～113	59.8	太阳纹（八芒）、雷纹、云纹、鼓面边缘顺时针环列四只四足素面立体青蛙	云纹、雷纹；环耳两对，饰缠丝纹、辫纹
87	北流24号石径岭铜鼓	北流市博物馆	68.8～70	37.8	太阳纹（六芒）、雷纹，鼓面四足素面四只四足立体青蛙	雷纹；环耳两对，无纹饰
88	北流25号屋背山铜鼓	北流市博物馆	70.5～71.2	30（残）	太阳纹（八芒）、雷纹，鼓面边缘逆时针环列四只四足素面立体青蛙	雷纹填线纹；环耳两对，饰缠丝纹
89	北流26号西岸铜鼓	北流市博物馆	91.2～93	51.3	太阳纹（八芒）、雷纹，鼓面边缘逆时针环列四只四足素面立体青蛙	云纹、雷纹；环耳两对，饰缠丝纹
90	北流27号六村鼓	北流市博物馆	70.4～71.1	38（残）	太阳纹（八芒）、云纹，鼓面边缘顺时针环列四只四足素面立体青蛙	雷纹填线纹；环耳两对，无纹饰
91	北流28号大伦鼓	北流市博物馆	76.5～77	45	太阳纹（八芒）、云纹、雷纹，鼓面边缘逆时针环列四只四足素面立体青蛙	云纹、雷纹；环耳两对，无纹饰

续表

序号	原编号及鼓名	收藏单位	尺寸		主要装饰	
			鼓面直径/cm	高/cm	鼓面	鼓身
92	北流29号水桐铜鼓	北流市博物馆	97.2～100.3	50.2	太阳纹（八芒）、雷纹，鼓面边缘逆时针环列六只四足素面立体青蛙	雷纹、云纹；环耳两对，饰缠丝纹
93	北流30号大坡外铜鼓	北流市博物馆	103.2～104.2	56.7	太阳纹（八芒）、雷纹、云纹，鼓面边缘逆时针环列四只四足素面立体蛙	雷纹、云纹，一侧鼓耳下鼓足位置饰一立体兽；环耳两对，饰缠丝纹
94	北流33号南蛇岭铜鼓	北流市博物馆	77～77.6	46	太阳纹（八芒）、云纹、雷纹，鼓面边缘逆时针环列四只四足素面立体青蛙	雷纹、云纹；环耳两对，无纹饰
95	北流34号凌云冲铜鼓	北流市博物馆	69～69.5	37.6	太阳纹（八芒）、雷纹，鼓面边缘顺时针环列四只四足素面立体青蛙	云纹、雷纹；环耳两对，饰缠丝纹
96	北流31号六楼铜鼓	北流市博物馆	91～92.3	55	太阳纹（八芒）、雷纹，鼓面边缘逆时针环列四只四足素面立体青蛙	云纹、雷纹；环耳两对，饰缠丝纹
97	北流32号上劈岭铜鼓	北流市博物馆	67.8～68.6	39	太阳纹（八芒）、雷纹，鼓面边缘顺时针环列四只四足素面立体青蛙	云雷纹交替；环耳两对，饰缠丝纹

续表

序号	原编号及鼓名	收藏单位	尺寸		主要装饰	
			鼓面直径/cm	高/cm	鼓面	鼓身
98	容03号大庙岗铜鼓	容县博物馆	99.8~102.8	56.5	太阳纹（八芒）、雷纹，鼓面边缘逆时针环列六只四足素面立体青蛙	雷纹、云纹；环耳两对，无纹饰
99	容04号三夺山铜鼓	容县博物馆	100.4~102.5	56.8	太阳纹（八芒）、雷纹，第八晕雷纹地方孔钱纹；鼓面边缘逆时针环列四只四足素面立体青蛙	雷纹填线纹；环耳两对，饰缠丝纹，合范线附近各一附耳，耳根开三叉
100	狼山岭鼓	容县博物馆	82.2~84	46.2	太阳纹（八芒）、雷纹填线纹；鼓面边缘环列四只两两相对四足素面立体青蛙	云纹、雷纹填线纹；环耳两对，饰缠丝纹
101	00003号蛤蟆田蛙铜鼓	陆川县文体广电和旅游局	68.5~69	38.8（残）	太阳纹（八芒）、云纹、雷纹；鼓面边缘逆时针环列四只四足素面立体青蛙	云纹、雷纹填线纹；环耳两对，无纹饰
102	00004号雅松铜鼓	陆川县文体广电和旅游局	71~72.5	45（残）	太阳纹（十一芒）、半同心圆羽纹、雷纹填线纹；鼓面边缘顺时针环列四只四足素面立体青蛙	方孔钱纹、雷纹填线纹、云纹；环耳两对，饰缠丝纹

续表

序号	原编号及鼓名	收藏单位	尺寸		主要装饰	
			鼓面直径/cm	高/cm	鼓面	鼓身
103	00006号石洞铜鼓	陆川县文体广电和旅游局	77.5～78.5	43.5（残）	太阳纹（八芒）、云纹；鼓面边缘顺时针环列四只四足素面立体青蛙	云纹、雷纹填线纹；环耳两对，无纹饰
104	00007号横山村铜鼓	陆川县文体广电和旅游局	54～56	25.9（残）	太阳纹（八芒）、雷纹填线纹；鼓面边缘逆时针环列四只四足素面立体青蛙	云纹填线纹；环耳两对，饰缠丝纹
105	00008号吕屋鼓	陆川县文体广电和旅游局	71～72.8	41（残）	太阳纹（八芒）、菱形填线填点纹、雷纹、雷纹填线纹、云纹；鼓面边缘逆时针环列四只四足素面立体青蛙	雷纹填线纹、半圆填线纹、复线折角形同心圆纹、云纹；饰缠丝纹
106	00009号早塘鼓	陆川县文体广电和旅游局	71.2～72	40	太阳纹（八芒）、雷纹；鼓面边缘环列四只立体青蛙，已缺头	雷纹填线纹、饰缠丝纹，环耳两对，耳根开三叉
107	00010号坡尾铜鼓	陆川县文体广电和旅游局	74.2～75.6	42（残）	太阳纹（八芒），鼓面边缘顺时针环列四只四足素面立体青蛙	通体雷纹；环耳两对，环列缠丝纹

续表

| 序号 | 原编号及鼓名 | 收藏单位 | 尺寸 | | 主要装饰 | |
			鼓面直径/cm	高/cm	鼓面	鼓身
108	01021号沙坡鼓	陆川县文体广电和旅游局	75.4～78	41.7（残）	太阳纹（六芒）、云纹；鼓面边缘顺时针环列四只四足素面立体青蛙	雷纹；环耳两对，无纹饰
109	01009号蕃豆岭铜鼓	陆川县文体广电和旅游局	64.4～66	35（残）	太阳纹（八芒）、雷纹；鼓面边缘顺时针环列两只两两相对四足素面立体青蛙	雷纹、云纹；环耳两对，饰缠丝纹
110	013号塘排山铜鼓	博白县博物馆	78.4～79.4	39.7（残）	太阳纹（八芒）、雷纹、方孔钱纹；鼓面边缘环列四只四足青蛙，已缺失	雷纹、云纹；环耳两对，无纹饰
111	015号江南岭铜鼓	博白县博物馆	89.5～91.2	49.8（残）	太阳纹（八芒）、雷纹；鼓面边缘顺时针环列六只四足素面立体青蛙	云纹、雷纹；环耳两对，无纹饰
112	019号四方印铜鼓	博白县博物馆	67.4～67.8	（残）	太阳纹（八芒）、雷纹；鼓面边缘逆时针环列四只四足素面立体青蛙；仅存鼓面	—
113	五铢钱纹铜鼓	国家博物馆	90	53	太阳纹（十二芒）、云纹、水波纹、五铢钱纹；鼓面边缘环列四只素面立体青蛙	水波纹、云纹、五铢钱纹；扁耳两对，饰辫纹

续表

序号	原编号及鼓名	收藏单位	尺寸 鼓面直径/cm	尺寸 高/cm	主要装饰 鼓面	主要装饰 鼓身
114	宫77171号鼓	故宫博物院	78.5	—	面有两蛙，两两相对。三弦分晕，共九晕。第一晕为大阳纹（八芒），芒间云纹；第二至第九晕遍布云纹	身三弦分晕。胸九晕：第一至第八晕为半云纹，第九晕为云雷纹填线纹；腰十四晕：第一、第二至第十二晕为半云纹，第十三晕为半云纹，第十四晕为云雷纹填线纹。环耳两对，饰缠丝纹。面、身有两道合范线。身露垫片痕
115	宫18721号鼓	故宫博物院	79.7	47	面有四蛙，两两相对。三弦分晕，共九晕。第一晕为大阳纹（八芒），芒间云纹；第二至第九晕遍布云纹	身三、身二或一弦一分晕。胸九晕、腰十四晕、足九晕，皆上下各一晕，半云纹填线纹，中饰缠丝纹。环耳两对，各有一道。身有两道合范线
116	音0450号鼓	文化和旅游部中国艺术研究所	103	—	面有六蛙，两两相对。三弦分晕，除最外一晕余都等晕。共八晕：第一晕为大阳纹（八芒），芒间雷纹填线纹；第二至第六、第八晕为雷纹填线纹；第七晕为雷纹填线纹，上叠四出线纹	身三弦分晕。胸九晕、腰十三晕、足残存五晕，皆饰雷纹线纹。另有一侧腰部立虎一只（尾部缺失）。环耳两对，饰缠丝纹。背面有两道合范线痕。身面有模痕

续表

序号	原编号及鼓名	收藏单位	尺寸		主要装饰	
			鼓面直径/cm	高/cm	鼓面	鼓身
117	亏38235号鼓	上海博物馆	77.2	44.5	面有四蛙，逆时针环列。三弦分晕，共六晕：第一晕为太阳纹（八芒），第二、三晕为云纹；第四至六晕为雷纹	身三弦分晕。胸九晕，腰十三晕，足十晕，皆为云雷纹填线纹与雷纹相间。环耳两对。身有两道合范线
118	亏12043号鼓	上海博物馆	62.3	—	面有四蛙，逆时针环列。三弦分晕，共五晕：第一晕为太阳纹（八芒），芒间和其余各晕皆遍饰细雷纹	身仅存胸胸部一块，雷纹与云纹相间
119	亏6597号鼓	上海博物馆	145	78.8	面有大小相背的累蹲蛙四只，两两相对。三弦分晕，皆有三趾纹，共九晕。第一晕为太阳纹（八芒），芒间云纹；第二至八晕为雷纹，第九晕为云纹填线纹	身三弦分晕。胸十一晕，腰十六晕，足十一晕，皆为云雷纹填线纹与云纹逐层相间。一侧耳下方的足部立骑士一骑，大环耳两对，背有双趾纹，耳根有三趾纹，耳饰缠丝纹，小环耳一对，饰缠丝纹，背有雷纹，身有两道合范线
120	亏38234号鼓	上海博物馆	82.7	48.5	面有四蛙，逆时针环列。三弦分晕，共六晕：第一晕为太阳纹（八芒），第二晕模糊；第五晕为复线角形云纹；第六晕云纹与复线角	身三弦分晕。胸七晕，腰九晕，足六晕，均为角形填线纹或雷纹填线纹与云纹相间。环耳两对。身有两道合范线

续表

序号	原编号及鼓名	收藏单位	尺寸 鼓面直径/cm	尺寸 高/cm	主要装饰 鼓面	主要装饰 鼓身
121	亏3237号鼓	上海博物馆	67.2	36.8	面有四蛙，逆时针环列。三弦分晕，共六晕。第一晕为中为太阳纹（八芒），各晕均饰细雷纹。	身三弦分晕。胸、腰、足各七晕，皆以云纹，雷纹逐晕相间。环耳两对，身四道合范线。
122	浙004号鼓	浙江省博物馆	84.2	48	面有四小蛙，两两相对（一蛙残失）。三弦分晕，等晕。共七晕。第一晕为太阳纹（八芒），余纹皆模糊	胸十晕，腰十三晕，足九晕，皆通饰云纹。环耳两对（一耳已残失）。身有两道合范线。
123	浙005号鼓	浙江省博物馆	134	—	面有四蛙，两两相对。第一晕为太阳纹（八芒），芒间云纹。其余各晕通饰云纹	胸部模糊不清。身有两道合范线。
124	粤099号鼓	广东省博物馆	79	46	面有四蛙，两两相对。第一晕为太阳纹（八芒），共九晕，芒间云纹，第二至二晕，芒穿云纹，晕遍饰云纹、雷纹。	身三弦分晕，等晕。胸十晕，十二晕，足九晕，皆饰雷纹填线纹。复线半右纹，环耳两对，饰缠丝纹。身有两道合范线。
125	粤100号鼓	广东省博物馆	80	—	面有四蛙，逆时针环列。三弦分晕。第一晕为太阳纹（六芒），芒间云纹，芒尖分叉。第二晕雷纹，第三至第六晕为四出线纹与云雷纹	身三弦分晕，等晕。胸十晕，胸残剩一晕，腰十晕，足七晕，皆饰雷纹填线纹。耳根有三趾纹。身有两道合范线。

続表（续表）

序号	原编号及鼓名	收藏单位	尺寸		主要装饰	
			鼓面直径/cm	高/cm	鼓面	鼓身
126	粤101号鼓	广东省博物馆	74.5	42	面有四蛙，两两相对，蛙足有三趾纹。共九晕，三弦分晕（八芒），芒间雷纹；第一晕为太阳纹，四芒尖分三叉；第二至第九晕遍饰雷纹。	胸十晕，腰十四晕，足十晕，皆饰雷纹。环耳两对，耳根有三趾纹；身有两道合范线。
127	粤039号鼓	广东省博物馆	75	—	面有四蛙，顺时针环列。三弦分晕，共八晕，第一晕为太阳纹（八芒），芒间云纹；第二至第八晕为云纹、雷纹。	足部三弦分晕，共十一晕，为羊云纹、雷纹填线纹相间。
128	粤122号鼓	广东省博物馆	79.5	—	面有四蛙，两两相对，三弦分晕，共九晕，芒间云纹；第一晕为太阳纹（八芒），第二至第九晕遍布云纹。	身三弦分晕，等晕。胸八，腰九晕，皆饰云纹，雷纹与雷纹填线纹相间。环耳两对，饰缠丝纹，身有两道合范线。
129	粤131号鼓	信宜市文化馆	107	61	面有四蛙，两两相对。三弦分晕，共十晕，芒间云纹；第一晕为太阳纹（八芒），芒尖尖分叉；第二至第十晕遍布云纹。	身三弦分晕，等晕。胸十四晕，腰十七晕，足十晕，皆饰雷纹填线纹。环耳两对，身有四道合范线。面、身露垫片痕。

续表

| 序号 | 原编号及鼓名 | 收藏单位 | 尺寸 | | 主要装饰 | |
			鼓面直径/cm	高/cm	鼓面	鼓身
130	粤132号鼓	信宜市文化馆	91	51.5	面有四蛙，顺时针环列。三弦分晕，共八晕，芒间云纹。第一晕为大阳纹（八芒），第二至第八晕遍饰云纹	身三弦分晕，等晕。胸十晕、腰十四晕、足十晕，皆饰雷纹。环耳两对，身有两道合范线。面、身露垫片痕
131	粤133号鼓	信宜市文化馆	77	39	面有四蛙，两两相对。三弦分晕，共九晕，芒尖分叉；第二至第八晕间饰云纹、第九晕为雷纹填线纹	身三弦分晕，等晕。胸七晕、腰十晕、足八晕，皆饰云纹与雷纹填线纹相间。环耳两对，饰缠丝纹，耳根有三趾纹。面、身有两道合范线
132	粤139号鼓	湛江市博物馆	77	42.5	面有四蛙，逆时针环列。三弦分晕，共八晕，芒间云纹。第一晕为大阳纹（六芒），第二至第八晕遍饰云纹	身三弦分晕，等晕。胸十晕、腰十二晕、足十晕，皆饰雷纹。环耳两对，饰缠丝纹，耳根有三趾纹。面、身有两道合范线
133	粤142号鼓	湛江市博物馆	79	46	面有四蛙，两两相对。三弦分晕，共十晕，芒间云纹。第一至第九晕为云纹，第十晕为雷纹	身三弦分晕，等晕。胸十晕、腰十二晕、足十晕，皆云纹与雷纹填丝纹线纹相间。环云纹、饰缠丝纹，耳根有三趾纹。身两道合范线，面、身露垫片痕

续表

序号	原编号及鼓名	收藏单位	尺寸 鼓面直径/cm	尺寸 高/cm	主要装饰 鼓面	主要装饰 鼓身
134	粤144号鼓	湛江市博物馆	70.5	—	面有四蛙，顺时针环列。三弦分晕，共七晕：第一晕为太阳纹（八芒），芒穿至第二晕；第二至第七晕遍饰云纹	身三弦分晕，等晕。胸七晕，腰十晕，皆饰雷纹。耳头
135	粤145号鼓	湛江市博物馆	69	39	面有四蛙，两两相对。三弦分晕，共七晕：第一晕为太阳纹（八芒），芒间云纹；第二至第七晕遍布云纹	身三弦分晕，等晕。胸十晕，腰十四晕，足十晕，皆饰雷纹。环耳两对，饰缠丝纹，耳根有三趾纹，身露两合范纹。
136	粤146号鼓	湛江市博物馆	71	38	面有四蛙，逆时针环列。三弦分晕，共八晕：第一晕为太阳纹（八芒），芒间云纹；第二至第八晕遍饰云纹	身三弦分晕，等晕。胸八晕，腰十晕，足八晕，皆饰雷纹填线纹。环耳两道填线纹。面，身露垫片痕。
137	粤147号鼓	湛江市博物馆	95	56.4	面有四只累蹲蛙，共九晕，两两相对。三弦分晕，芒间云纹；第一晕为太阳纹（八芒），芒间云纹；第二至第九晕遍饰云纹	身三弦分晕，等晕。胸十晕，腰十四晕，足十晕，皆云纹与雷纹填线纹相间。环耳两对，饰缠丝纹，上下出三叉，中间多两个晕环耳。身露两合范纹。面，身露垫片痕。

续表

序号	原编号及鼓名	收藏单位	尺寸		主要装饰	
			鼓面直径/cm	高/cm	鼓面	鼓身
138	粤140号鼓	湛江市博物馆	110	66	面有六蛙（缺失）。三弦分晕，共八晕；第一晕为太阳纹（八芒），芒尖分叉；第二至七晕为云纹，第八晕为雷纹	身三弦分晕，等晕，胸八晕，腰九晕，足六晕，皆云雷纹相间。环耳两对，皆缠丝纹。身有两道合范线。面、身露垫片痕
139	粤143号鼓	湛江市博物馆	71	—	面有四蛙，逆时针环列。三弦分晕，共七晕：第一晕为太阳纹（八芒），芒间云纹；第二至第七晕为云纹	身三弦分晕，等晕，胸七晕，腰九晕，皆饰雷纹。环耳两对，饰缠丝纹。身两道合范线
140	粤137号鼓	湛江市博物馆	78	—	面有四蛙（缺失）。三弦分晕，共八晕：第一晕为太阳纹（八芒），芒间云纹；第二、四、六、八晕为形羽人纹，第三、第五、第七晕为云纹	—
141	粤138号鼓	湛江市博物馆	70	—	面有四蛙，顺时针环列。三弦分晕，共六晕：第一晕为太阳纹（八芒），芒间云纹；第二晕为云纹；第三至第六晕为雷纹	身残存，胸七晕，三弦分晕，等晕，皆云纹与雷纹相间

续表

序号	原编号及鼓名	收藏单位	尺寸		主要装饰	
			鼓面直径/cm	高/cm	鼓面	鼓身
142	粤141号鼓	湛江市博物馆	80	—	面有四蛙，逆时针环列。三弦分晕，共八晕；第一晕至二晕（八芒），芒穿至第二晕；第二至第八晕为云纹	身三弦分晕，等晕。胸八晕，腰十晕，皆饰雷纹填线纹。环足残剩五晕，足饰缠丝纹。耳两对，饰缠丝纹，耳根有三趾纹。身有两道合范线。面、身露垫片痕。
143	粤134号鼓	高州市文化馆	92	52	面有四蛙，顺时针环列。三弦分晕，共八晕；第一晕为太阳纹（八芒），四芒尖分叉，芒间云纹；芒间第八晕遍布云纹	身弦分晕，等晕。胸十一晕，腰十四晕，足十二晕，皆雷纹与云纹相间。环耳两对。身有两道合范线。面、身露垫片痕。
144	粤135号鼓	高州市文化馆	90	—	面有四蛙，顺时针环列。三弦分晕，等晕。第一晕为太阳纹（八芒），芒间云纹；第二至第七晕为遍饰云雷纹	身残存胸部，三弦分晕，等晕。环与雷纹相间。环耳两对。身有两道合范线。面、身露垫片痕。
145	粤148号鼓	昌江县文化馆	95	55	面有四蛙，两两相对。三弦分晕，共九晕；第一晕为太阳纹，芒间云纹；第二至第九晕遍布雷纹	身三弦分晕，等晕。胸十一晕，腰雷纹，十六晕，足十一晕，皆云纹与雷纹填线纹，饰缠丝纹。耳根有三趾纹。身有两道合范线。面、身露垫片痕。

续表

序号	原编号及鼓名	收藏单位	尺寸		主要装饰		
			鼓面直径/cm	高/cm	鼓面	鼓身	
146	粤149号鼓	海口市五公祠	100	56	面有四蛙，逆时针环列。三弦分晕（八芒），共八晕：第一晕为大阳纹（八芒），第二至第八晕遍饰雷纹；芒间雷纹。	身三弦分晕，等晕，胸八晕，腰十一晕，足九晕，皆云纹与雷纹填线纹相对。环耳两对，饰云纹，耳根有三趾纹。面、身有两道合范线。面、身露垫片痕	
147	粤150号鼓	陵水黎族自治县文化馆	55	—	面有四蛙，顺时针环列。三弦分晕（六芒），共六晕：第一晕为大阳纹（六芒），第二至第六晕皆饰雷纹；芒间雷纹	身三弦分晕，等晕，皆饰雷纹填线纹。环耳两对，饰缠丝纹。面、身露垫片痕	
148	粤151号鼓	陵水黎族自治县文化馆	55	—	面有四蛙，逆时针环列。三弦分晕（六芒），共七晕：第一晕为大阳纹（六芒），第二至第七晕遍饰雷纹；芒间雷纹	身三弦分晕，等晕，皆饰雷纹	
149	粤170号鼓	南海博物馆	69	40	面有四蛙，逆时针环列。三弦分晕（八芒），共五晕：第一晕为大阳纹，第二至第五晕为雷纹；芒间雷纹	身三弦分晕，等晕，胸六晕，腰八晕，足五晕，皆云纹和雷纹相间，环耳两对，饰缠丝纹。身有两道合范线。面、身露垫片痕	

续表

序号	原编号及鼓名	收藏单位	尺寸		主要装饰	
			鼓面直径/cm	高/cm	鼓面	鼓身
150	粤176号鼓	汕头市博物馆	89	53	面有四蛙，顺时针环立。二、三或六弦分晕，晕距不等（八芒），共五晕；第一晕为太阳纹，芒间云纹；第二至第五晕饰云纹与半云填线纹	身三弦分晕，等晕。胸七晕，腰八晕，足六晕，皆雷纹和半云填线纹。环耳两对，饰缠丝纹。身有两合范线。面、身露垫片痕
151	粤177号鼓	普宁市博物馆	81	46	面有四蛙，两两相对。三弦分晕，晕距不等（八芒），共九晕；第一晕为太阳纹，芒间雷纹；第二至第九晕皆饰雷纹	身三弦分晕，晕等。胸十晕，腰十三晕，足九晕。各晕上、下一晕为半云纹，余皆雷纹和雷纹线纹。环耳两对，饰缠丝纹，耳根有三趾纹。身有两道合范线。面、身露垫片痕
152	粤178号鼓	普宁市博物馆	80	47	面有四蛙（缺失）。三弦分晕，晕距不等，共八晕（八芒），第一晕为太阳纹，芒间云纹；第二至第八晕皆云纹	身三弦分晕，等晕。胸八晕，腰十一晕，足八晕，皆雷纹线纹和云纹相间。环耳两对。面、身露垫片痕
153	粤004号鼓	广东省博物馆	53.5	—	面有四蛙，两两相对。三弦分晕，晕距不等，共四晕（六芒），第一晕为太阳纹；芒间云纹；第二至第四晕为雷纹	身三弦分晕，等晕。胸四晕，腰八晕，足五晕，皆饰半云填线纹。环耳两对。面、身露垫片痕

续表

序号	原编号及鼓名	收藏单位	尺寸 鼓面直径/cm	尺寸 高/cm	主要装饰 鼓面	主要装饰 鼓身
154	粤005号鼓	广东省博物馆	75	—	面有四蛙，逆时针环列。三弦分晕，晕距不等，共八晕；第一晕为太阳纹（八芒），空间云纹；第二至第八晕为角形填纹	身三弦分晕，等晕。胸八晕，腰十一晕，皆饰雷纹填线纹。环耳两对，饰缠丝纹。耳根背有三趾纹。面、身两道合范线。身有露垫片痕
155	粤006号鼓	广东省博物馆	80.5	47	面有四蛙，两两相对。三弦分晕，等晕，共八晕；第一晕为太阳纹（八芒），空间云纹；第二至第八晕为角形填纹	身三弦分晕，等晕。胸十一晕，腰十五晕，足十晕，皆饰雷纹填线纹、云纹。环耳两对，饰缠丝纹。耳根三趾纹。身两道合范线。身有露垫片痕
156	粤048号鼓	广东省博物馆	—	—	面三弦分晕，饰雷纹。仅剩一蛙，逆时针针方向	身饰有雷纹
157	粤093号鼓	广东省博物馆	111	—	面有六蛙，逆时针环列。三弦分晕，等晕，共八晕；第一晕为太阳纹（八芒）；第二至第八晕皆饰雷纹填线纹	身三弦分晕，等晕。胸七晕，腰十晕，皆饰雷纹与云纹相间。环耳两对，饰缠丝纹。身有两道范合线
158	粤094号鼓	广东省博物馆	94.5	55.5	面有四蛙，逆时针环列。三或二弦分晕，等晕，共六晕；第一晕为太阳纹（八芒），空间云纹；第二至第六晕为角形填纹	身三弦分晕，等晕。胸六晕，腰八晕，足五晕，皆饰云纹、雷纹、半云填线纹。仅胸腰间两层角形纹，环耳两对，饰缠丝纹。身有两道合范线

续表

序号	原编号及鼓名	收藏单位	尺寸		主要装饰	
			鼓面直径/cm	高/cm	鼓面	鼓身
159	3-258号鼓	广州市博物馆	92.8	55	面有四蛙，顺时针环列。二弦分晕，等晕，共九晕：第一晕为太阳纹（八芒），芒间雷纹；第二至第九晕遍饰雷纹	身三弦分晕，等晕，皆饰雷纹填线纹。环耳两对，饰缠丝纹。身两道合范线
160	3-261号鼓	广州市博物馆	71	—	面有四蛙，顺时针环列。二弦分晕，共十二晕：第一晕为太阳纹（十芒），芒间雷纹填线纹；第二至第十二晕遍布雷纹填线纹	身三弦分晕，等晕，遍布雷纹填线纹。另在一侧耳下的腰部有一骑士造型，头向下。环耳两对，饰缠丝纹，耳根有三延纹。身有两道合范线
161	3-764号鼓	广州市博物馆	138	77.4	面有六蛙（皆被锯去），顺时针环列。三弦分晕，共八晕：第一晕为太阳纹（八芒），芒间模糊；第二、第四、第五、第六、第七晕为云纹；第三、第八晕为云纹，第八晕为四出线纹	身三弦分晕。胸九晕：第一至八晕为辛圆纹与云纹逐层相间，腰十二晕出线纹。第十二晕为四出线纹；第八、第十晕为半云纹；第九、第十一晕为云纹，第九、第十一晕为云纹。足九晕：第一、第二、第四、第六晕为四出线纹；第二、第五、第七晕为半云纹。弦一道，第八、第九晕为四出云纹。环耳两对，饰缠丝纹，耳根有半云纹。身有两道合范线

续表

序号	原编号及鼓名	收藏单位	尺寸		主要装饰	
			鼓面直径/cm	高/cm	鼓面	鼓身
162	3-775号鼓	广州市博物馆	96.3	55.7	面有六蛙，顺时针环列。三弦分晕。第一晕至十七晕，共十七晕：第一晕为大阳纹（八芒），第二、第三、第五、第七、第九、第十一、第十三、第十五晕为雷纹；第二、第四、第六、第八、第十、第十二、第十四、第十六晕为半云填线纹；第十七晕为云纹	身三弦分晕。胸十、腰十四、足十晕，皆饰半圆填线纹和雷纹填线纹。足边饰一四足动物。一侧耳下有一四足动物（已头）。环耳两对，饰缠丝纹。身有两道合范线
163	3-779号鼓	广州市博物馆	91.6	51.5	面有四蛙，逆时针环列。三或二弦分晕。第一晕至七晕，共七晕：第一晕为大阳纹（八芒），第二至七晕遍饰雷纹	胸十、腰十三、足十一晕，皆云纹和雷纹相间。环耳两对，饰缠丝纹。身有两道合范线
164	3-783号鼓	广州市博物馆	91.4	54	面有四蛙，两两相对。三弦分晕。第一晕至九晕，共九晕：第一晕为大阳纹（八芒），第二至九晕遍布雷纹	胸十、腰十四、足十一晕，通身饰雷纹填线纹。环耳两对，饰缠丝纹。身有两道合范线
165	3-784号鼓	广州市博物馆	83	45.9	面有四蛙，顺时针环列。三弦分晕。第一晕至八晕，共八晕：第一晕为大阳纹，鼓面花纹模糊，除大阳纹八芒外，隐约可见者皆为云纹	身三弦分晕。胸八、腰十一、足八晕，皆雷纹和云纹相间。环耳两对，饰缠丝纹。身有两道合范线。背面有扇形模痕

续表

序号	原编号及鼓名	收藏单位	尺寸		主要装饰	
			鼓面直径/cm	高/cm	鼓面	鼓身
166	3—786号鼓	广州市博物馆	68.5	41.5	面有四蛙，两两相对。三弦分晕，等晕，共七晕；第一晕为大阳纹（八芒），芒间小云纹；第二、第四、第五晕为大云纹；第三、第六晕为细云纹，雷纹填线纹	身三弦分晕，等晕。皆云纹和雷纹相间。环耳两对。身有两道合范线。背面有环形模痕
167	温州博物馆藏铜鼓	温州博物馆藏	102.5	56.8	鼓面平，三弦分晕，晕间距离约相等，晕圈窄而密，共十五晕；中心太阳纹（十芒）光体凸起呈圆饼状，芒间为如意云纹，其外为雷纹、复线角形纹、席纹、云纹、连线填线纹、雷纹填线纹等	鼓身晕间距离约相等，晕圈窄而密，有两条合范线。以合范线两边的纹饰均不相同。鼓胸共饰七晕，合范线一侧为如意云纹，双钱填线纹，另一侧为四出钱纹，席纹，如意云纹，席纹。鼓腰共九晕，合范线一侧为如意云纹，四出钱纹，另一侧为四出钱纹，如意云纹，双钱填线纹，雷纹填线纹。鼓足共饰六晕，合范线一侧为四出钱纹，席纹，双钱填线纹，雷纹填线纹，另一侧为如意云纹，席纹，雷纹填线纹，双钱填线纹

续表

序号	原编号及鼓名	收藏单位	尺寸		主要装饰	
			鼓面直径/cm	高/cm	鼓面	鼓身
168	义熙铜鼓	扬州市博物馆	74.5	44.5	鼓面二弦或三弦分晕，分成距离不等的五晕；鼓面中心饰以大阳纹（八芒），光体凸起呈圆饼状，直径4.5厘米，光芒细长，晕圈中均饰以细小密集的凸起云雷纹	鼓身二弦或三弦分晕，晕圈宽窄而密。胸、腰、足的晕圈内间隔饰以云雷纹，斜方格纹，纹饰细小。胸、腰际有两对环耳，饰缠丝纹
169	苏州网师园铜鼓	江苏苏州网师园	71	40	鼓面中心为大阳纹（六芒）。三弦分晕，等晕，共六晕：其中第一、第五、第六晕是云雷纹，第二、第三、第四晕是雷纹	胸六、腰九、足六晕，皆雷纹
170	澳门艺术博物馆铜鼓	澳门艺术博物馆	99	55	面有六蛙，两两相对。鼓面大于鼓身，中心太阳纹凸起呈圆饼状	胸腰之间有一道凹槽分界，分界处有两对圆茎环形耳。腰足间有一道凸棱。腰部三弦分晕，晕间饰有几何纹带，几何纹含有两种不同的雷纹：一种是点的菱形纹，一种是中心填饰菱形框的较大的三重菱形纹
171	台湾历史博物馆铜鼓	台湾历史博物馆	120	66	面有六蛙，顺时针环列。鼓面中心为大阳纹（八芒）	鼓身纹饰都比较简朴，只有云纹和雷纹

续表

序号	原编号及鼓名	收藏单位	尺寸		主要装饰	
			鼓面直径/cm	高/cm	鼓面	鼓身
172	台湾大学考古人类学系B鼓	台湾大学考古人类学系	70.5～72.1	40	鼓面四蛙。鼓面中心为太阳纹（八芒），芒间夹直斜雷纹	胸腰之间有实心环耳两对，饰斜方斗形雷纹
173	恩平大帽鼓铜鼓	恩平市博物馆	122	69	面有四蛙，两两相对。鼓面三弦分九晕，中心太阳纹（八芒）凸起呈圆饼状，细长的芒穿透第一道晕圈	六只圆茎环耳分两组对称附于凹槽，水平线位置，一组为单耳相对，另一组为双耳相对

后　记

2021 年，新任北流市委书记刘启同志刚刚到任不久，就给我发来消息，说"来北流才发现北流的铜鼓还蛮有名的"，并询问有哪些研究北流型铜鼓的文章或书，想仔细了解一下。旋即，我回复"刘书记：谢谢您对铜鼓文化的关注，以北流冠名的北流型铜鼓是中国八大类型铜鼓之一，北流是出土铜鼓最多（60 面左右）的地区之一，世界铜鼓王就是在六靖镇出土的。1990 年我和自治区博物馆蒋廷瑜馆长、已故姚舜安教授合作写了一本书《北流型铜鼓探秘》"，并将该书的电子版发给了刘启同志。不久，我和蒋廷瑜馆长、邹桂森博士在陪同广西农业科学院韦本辉教授前往北流市推广粉垄技术的期间，刘启同志接见了我们，谈起了北流型铜鼓的事情。我提出重新写一本全面宣传北流型铜鼓的书，刘启同志让我们起草一份撰写这本书的详细计划，并安排北流市委宣传部负责人和我们联系。因市委宣传部部长陈小凤在区委党校学习，由常务副部长蒙昭亮和我们对接。项目组回到南宁后，抓紧拟好计划和撰写提纲，将书名定为《北流型铜鼓大观》。北流市委高度重视此事，将编写此书列入 2022 年财政预算项目。

2022 年初，项目组开始编写事宜。蒋廷瑜馆长动作很快，上半年就动手写了好几章，对本书编写进度是一个很大的促进。此后，邹桂森博士投入了很大精力，查找资料，并根据提纲逐章编写，搭起了框架。同年 11 月，我和邹桂森博士一起统稿，并将统编好的初稿传给蒋馆长审核、改正和补充。经过一年的努力，呈现在读者面前的这本《北流型铜鼓大观》约有 15 万字，100 余张图，与30 多年前的《北流型铜鼓探秘》一书相比，内容更加丰富，资料更加翔实，故事更加精彩，突出了北流人在历史上追求卓越、拒绝平庸、敢为人先的精神。

北流市委和市人民政府领导支持这本书的编写和出版，是有深意的，旨在用北流人在铸造北流型铜鼓的过程中大胆创新、争创一流的品格，激活"千年铜州"的活力，高举习近平新时代中国特色社会主义思想伟大旗帜，为建设壮美广西和中华民族伟大复兴而努力奋斗。

最后，对北流市委和市人民政府、北流市委宣传部、广西壮族自治区博物馆、北流市博物馆表示衷心感谢，特别对刘启书记欣赏北流型铜鼓文化并促成《北流型铜鼓大观》的问世表示深切的谢意。感谢广西科学技术出版社给予的大力支持与帮助。感谢韦德记先生、樊道智博士和陈凤梅博士为本书提供资料。

祝愿北流型铜鼓和北流精神光耀千秋！

祝愿北流市踔厉笃行，在社会主义现代化的征程中，勇拔头筹！

万辅彬

2024 年 6 月

北流型铜鼓
博物馆

BEILIU TYPE
BRONZE DRUM
MUSEUM

扫码云游

感悟声震千年的
壮美铜鼓

溯源北流文化
朴实影像，见证历史变迁。

TONGGU

观摩传统歌舞
真实记录，感受独特风情。

TONGGU

探寻铜鼓奥秘
跟随专家，揭开神秘面纱。

TONGGU

近赏铜鼓风采
高清大图，细节尽收眼底。

TONGGU

图书在版编目（CIP）数据

北流型铜鼓大观 / 万辅彬，蒋廷瑜，邹桂森著 .

南宁：广西科学技术出版社，2024.7. -- ISBN 978-7

-5551-2160-2

Ⅰ . K875.5

中国国家版本馆 CIP 数据核字第 2024R0H486 号

北流型铜鼓大观

万辅彬　蒋廷瑜　邹桂森　著

责任编辑：饶　江　韦贤东　　　　　　　责任校对：夏晓雯

责任印制：陆　弟　　　　　　　　　　　装帧设计：陈　凌　梁　良

出 版 人：岑　刚

出版发行：广西科学技术出版社

社　　　址：广西南宁市东葛路 66 号　　　　邮政编码：530023

网　　　址：http://www.gxkjs.com

印　　　刷：广西民族印刷包装集团有限公司

开　　　本：787mm×1092mm　1/16

字　　　数：400 千字　　　　　　　　　印　　张：16.25　　插页：4 页

版　　　次：2024 年 7 月第 1 版

印　　　次：2024 年 7 月第 1 次印刷

书　　　号：ISBN 978-7-5551-2160-2

定　　　价：198.00 元